Mädchenklima

Holger Niederhausen

Mädchenklima

Das Menschenwesen hat eine tiefe Sehnsucht nach dem Schönen, Wahren und Guten. Diese kann von vielem anderen verschüttet worden sein, aber sie ist da. Und seine andere Sehnsucht ist, auch die eigene Seele zu einer Trägerin dessen zu entwickeln, wonach sich das Menschenwesen so sehnt.

Diese zweifache Sehnsucht wollen meine Bücher berühren, wieder bewusst machen, und dazu beitragen, dass sie stark und lebendig werden kann. Was die Seele empfindet und wirklich erstrebt, das ist ihr Wesen. Der Mensch kann ihr Wesen in etwas unendlich Schönes verwandeln, wenn er beginnt, seiner tiefsten Sehnsucht wahrhaftig zu folgen...

1. Auflage April 2019

Umschlagabbildung: Shutterstock / Mcimage, verändert.
Herstellung und Verlag:
BoD – Books on Demand, Norderstedt
ISBN 978-3-7494-6490-6

Selig sind, die ein Mädchen lieben,

denn sie werden Gott schauen.

‚Wir sind hier, wir sind laut, weil ihr uns die Zukunft klaut! Wir sind hier, wir sind laut...'

Der vielstimmige Chor der Schülerinnen und Schüler ergoss sich über den Platz der Abschlusskundgebung, der sich nahe des Regierungsviertels befand und von einer freundlichen Märzsonne überstrahlt war.

Sie rief die Worte mit. Sie war Teil des Ganzen – eine von vielen tausend Schülerinnen und Schülern, die heute hier waren, um gegen Verantwortungs- und Tatenlosigkeit ihre Stimme zu erheben. Jahrelang hatten auch sie geschlafen, so schien es. Man hatte es irgendwie gewusst, aber man hatte doch geschlafen. Man war ja auch noch so jung gewesen. Man hatte den Großen vertraut – den Erwachsenen, den Eltern, den Politikern.

Vieles war schlimm in der Welt, das wusste man auch irgendwann – und immer mehr. Aber irgendwie kümmern sich die Politiker auch darum – dachte man. Und man dachte es so lange, bis die Erkenntnis dämmerte, dass Politik vielleicht das Gegenteil bedeutete: sich *nicht* zu kümmern. Dinge auszusitzen, zu verschleiern, zu verharmlosen, winzigste Maßnahmen zu Großtaten auszuschmücken und in Wirklichkeit nichts zu tun. Und diese schmerzliche Erkenntnis war der eigentliche Abschied von der Kindheit. Genauso hatte sie es erlebt: die Großen tun nichts. Und: ich bin erwachsen. Ich bin kein Kind mehr. Noch nicht erwachsen, aber allein – alleingelassen mit allen Sorgen und Nöten der Zukunft, denn die Großen tun nichts. Sie tun einfach nichts.

Ein gnadenloses Gefühl des Allein-gelassen-Seins, des Verrats – Verrats der älteren Generation an der jüngeren. Und dann die Erkenntnis: an *allen* jüngeren. An allen, die noch nachkommen werden. Auch sie war nur die erste, Teil der ersten Generation, die verraten wurde. Es würde auch alle anderen noch betreffen.

Und dann der Berg: der Berg ungelöster Probleme. Wie aus dem Nebel trat er allmählich in den Blick. Der Nebel der Kindheit löste sich auf und sichtbar wurde: der Berg. Ein Himalaya aus Problemen. Man wusste nicht, wo man anfangen sollte. Man konnte nur aufzählen, was man sah – zu sehen begann, weil die Kindheit nicht mehr ihre schützende Blindheit über einen hüllte. Kriege. Kriegsähnliche Zustände. Tod. Elend. Armut. Ungerechtigkeit. Ungleichheit. Wachsende Ungleichheit und Ungerechtigkeit, selbst in den reichsten Ländern, selbst in Deutschland. Naturzerstörung. Artensterben. Rücksichtslose Überfischung der Meere. Abholzung der Regenwälder. Anderer Wälder. Rücksichtsloser Anbau. Zerstörung der Böden. Ausrottung der Wildpflanzen. Mit ihnen der Wildtiere. Die Bienen. Überall Gifte. Überall Technik. Überall Asphalt und Beton. Immer weniger Natur – und auch diese war immer *weniger* Natur. Man arbeitete an künstlicher Intelligenz, aber nicht an der Rettung des Planeten. Man arbeitete an Konsum, nicht an Bewahrung und Heilung. Nur immer mehr ‚Fortschritt'. Effektivität. Mobilität. Modernität. Wofür? Man entriss der Erde das letzte Öl, die letzte Kohle – und verheizte sie in die Atmosphäre. Und hier nun begann eine Entwicklung, die planetarische Ausmaße erreichte – Ausmaße, die selbst menschliche Reparaturbemühungen lächerlich erscheinen ließen. Die Veränderung des Klimas. Die Aufheizung der Erde. Das Steigen der Meere. Die Zunahme von Dürren und Stürmen. Die Zugrunderichtung des Planeten bis in die Atmosphäre hinein. Und alles nur durch blinde Rücksichtslosigkeit und Gier – Gier selbst da noch, wo die Blindheit beendet wurde und die Menschheit sehend wurde. Jetzt. Hier. Heute.

‚Wir sind hier, wir sind laut...'

Unvermittelt traten ihr die Tränen in die Augen, während sie weiter mit den anderen die einprägsamen, eindringlichen Worte rief – und mit ganzem Herzen spürte, *warum* sie hier war, wofür...

„Marja – was ist denn?"
Sie war mit ihrer Freundin Lucie hier.
Vor ihr schämte sie sich nicht – und sie hatte längst gelernt, sich ihrer Tränen überhaupt sehr selten zu schämen.
Sie schüttelte nur sanft den Kopf. Auch wenn das Herz sich seiner Tränen nicht schämte, wollte es sie nicht begründen müssen. Jedes andere Herz würde dann auch ohne Worte verstehen können...
Sie fühlte Lucies tröstende Hand auf ihrem Rücken und sandte ihr einen dankbaren Blick. Sie empfing den Blick ihrer Freundin, in dem nicht nur Mitgefühl lag, sondern auch dieses leise andere: dieses immerwährende Staunen, das ihr immer wieder den Unterschied fühlbar machte.
Sie wischte sich einmal über die Wangen und blickte schmerzlich weiter auf einige Köpfe weiter vorn in der Menge. Die Zipfelmütze eines kleinen Mädchens fiel ihr in den Blick. Sie wollte nicht bestaunt werden. Denn es bedeutete etwas ... woran sie auch nicht denken wollte.
Tapfer unterdrückte sie ihre Empfindungen. Die Tränen versiegten. Nicht aus Scham, sondern aus einem noch anderen, jetzt nicht in Worte zu fassenden Leid.
Noch einmal blickte sie kurz zu Lucie. Diese war erleichtert, dass es ihr wieder besser ging.
Tausend Gefühle im Herzen. Alles zusammen.

*

Nach der Abschlusskundgebung schlenderten sie nach Hause. Zuerst noch inmitten vieler anderer junger Menschen, dann irgendwann nur noch inmitten der üblichen Passanten auf den Straßen der Hauptstadt.

„Die Rede am Ende war toll. Diese Lena hat wirklich Power“, sagte Lucie.
„Ja...“
„Glaubst du, die Politiker kapieren bald, was los ist?“
„Was los ist?“
Sie war mit ihrer Seele irgendwie ganz woanders.
„Ja – denkst du, sie wachen auf?“
„Ich weiß nicht.“
„Woran *denkst* du denn, Marja?“
Sie seufzte innerlich. Lucie war immer so lieb...
„Ich weiß nicht, Lucie...“
Ihre Freundin lächelte verständnisvoll und ungläubig zugleich.
„Das musst du doch wissen. Du denkst doch immer so viel nach! An was denkst du denn gerade...“
Wieder atmete sie innerlich leise ratlos aus.
„An alles irgendwie.“
„An alles?“
„Ja.“
„Und was alles?“
„Das weißt du doch, Lucie...“
Lucie schwieg eine Weile. Natürlich wusste sie es. Sie war schließlich ihre Freundin. Aber es half auch nichts, keine Antworten zu haben, wenn man dann doch wieder gefragt wurde, denn jetzt war jetzt...

Es tat ihr auch leid, sie bei dieser Antwort gelassen zu haben, und auch das gehörte wieder dazu – auch das war ein weiteres dieser eintausend Gefühle, die sie hatte und die andere irgendwie nicht hatten. Und was sie auch wieder nicht verstand, und was auch wieder ein Gefühl mehr war. Sogar das Nichtverstehen war ein neues Gefühl. Kein neues. Ein schon immer gekanntes...

Sie ging noch einige Schritte und versuchte, den Anfang eines Fadens zu finden, den sie einfach nur aufzurollen brauchte. Ein Urtraum ihrer Seele: den roten Faden zu finden. Wissen, was man sagen konnte. Wissen, was man tun konnte. So sein wie die anderen. Einfach nur leben. Nicht ‚einfach', sondern eben lebendig. Nicht dauernd nachdenken, nicht so schweigsam zu sein, nicht so schwer – schwer für die Umwelt und sogar für einen selbst. Sie schämte sich nicht für ihre Tränen – aber sie schämte sich dafür, dass sie für andere, sogar ihre Freundin, so oft *erklärungsbedürftig* war. Sie fühlte sich schuldig, wenn ihre Freundin sich Sorgen machte. Sie wusste irgendwie, dass sie das nicht brauchte – und dann fühlte sie sich sogar deswegen schuldig: dass sie sich schuldig fühlte... Sie konnte den Strom ihrer Gedanken und Gefühle nicht abschalten. Aber sie *wollte* es auch nicht. Denn auch das spürte sie: dass sie dies war. Dass sie nicht Lucie war, nicht ihre anderen Schulkameradinnen, nicht ihre Eltern, nicht dieser da oder jener dort. Sie war sie – und sie war, wie sie war. Manchmal wollte sie anders sein. Aber mehr noch sehnte sie sich danach, dass die anderen anders wären. Denn dann würde man auch verstehen, wie *sie* war. Aber man verstand es nicht. Und nicht einmal Erklärungsversuche nützten etwas. Sie machten nur offenbar, dass man manches nicht erklären *konnte*. Aber einer Freundin müsste man alles erklären können. Diese Hoffnung hatte sie nie aufgegeben.

Aber sie fand den Beginn des Fadens nicht. Und so konnte sie wie immer nur *irgendwo* beginnen. Sie wusste, dass es nicht der Anfang war.

„Und du, Lucie? Was fühlst *du*?"

Lucie starrte sie einen winzigen Moment lang an. Dann lachte sie liebevoll los.
„Marja! Ich habe dich gefragt, was du *denkst*. Jetzt fragst du mich, was ich fühle? So, als ob ich dich das gefragt hätte?“
Noch einmal sah Lucie sie an.
„Ich glaube, du bestehst nur aus Gefühlen, oder, Marja?“
Es war warmherzig. Kein Vorwurf – Verständnis.
„Nein...“, sagte sie leidvoll. „Ich habe auch ebenso viele Gedanken.“
„Dann merkt man davon nicht so viel“, kommentierte Lucie liebevoll. „Gedanken kann man doch aussprechen. Gefühle eigentlich auch. Und vor allem weiß man doch, was man denkt. Und auch, was man fühlt. Eigentlich ist es doch die einfachste Frage der Welt: Was denkst du? Also ... ist es doch, oder nicht?“

„Ja ... vielleicht“, murmelte sie. „Aber für mich irgendwie nicht...“
„Ja – das meine ich“, erwiderte Lucie. „Warum nicht? Was ist denn so schwierig? Sind deine Gedanken so kompliziert? Oder ... oder was genau ist es? Ich meine, ich kenne dich ja. Ich kenne dich doch ganz gut. Ich weiß ja, dass es bei dir schwierig ist – ach du Scheiße, nein, ich meine, das hört sich völlig idiotisch an. Ich meine – du weißt, wie ich es meine. Ich weiß, dass es bei dir ... *anders* ist. Aber warum? Ich meine ... *muss* es so sein? Und ... ist das nicht viel zu *anstrengend*?“
Solche Fragen waren wieder dieses Schmerzliche. Sie spürte, wie gut es ihre liebe Freundin meinte. Sie spürte, dass es ganz leicht sein müsste, eine Antwort zu geben, die alles erklären würde – aber sie wusste, dass sie diese Antwort nicht hatte. Sie fühlte sich wie in einer Art Gefängnis.
„Nein, es ist nicht anstrengend...“, begann sie leidvoll. „Es tut nur weh, es nicht erklären zu können. Man würde es gerne – aber man kann es nicht. Wenn es so einfach wäre, wäre es ja

schon geschehen. Und jeder würde einen verstehen. Aber es *ist* eben nicht zu verstehen – ich meine, nicht zu erklären. Ich meine, *ich* kann es nicht. Ich verstehe auch nicht, warum nur *ich* das habe. Und das“, sagte sie verzweifelt, „klingt auch wieder wie eine Krankheit. Ich will nur sagen: Ich verstehe auch nicht, warum ich so anders bin. Warum ihr nicht so seid. Du und alle anderen auch nicht.“

„Das kann ich dir gleich sagen“, antwortete Lucie. „Weil *ich* es anstrengend finden würde! Ich kann es mir nicht vorstellen. Nicht bei mir. Bei dir schon – du bist ja so. Und es passt zu dir. Aber ich könnte das nicht. Und es wäre anstrengend. Ich meine – es *ist* doch anstrengend, oder nicht?“
„Nein... Ich habe doch gesagt, nein...“
„Aber das *verstehe* ich nicht! Wie kann das nicht anstrengend sein?“, fragte Lucie völlig ratlos.
„Was denn genau?“, fragte sie nun genauso ratlos. „So viele Gedanken zu haben?“
„Ja – und sich nicht ausdrücken zu können. Nicht sagen können, was man gerade denkt. Überhaupt nicht viel sagen. Aber wahrscheinlich umso mehr denken. Und es beschäftigt dich ja auch sehr. Du leidest doch darunter. Ist es nicht wie ein übergroßer Sack voller Gedanken und Gefühle und man findet den Ausgang nicht? Will man das nicht einmal alles loswerden? Willst du davon nie frei sein?“

Einen Moment lang staunte sie über eine Art große Klarheit. Dann stand sie wieder vor demselben Rätsel. Denn die Wahrheit war: Ja und nein. Auch *dies* war wiederum nicht so klar, wie alle immer dachten. Es war eben kein Sack. Es ging eben nicht um einen Ausgang. Es ging nicht um Frei-Sein oder Nicht-frei-Sein, es war etwas, was völlig anders lag. Schon die Frage war falsch, weil sie gar nicht zutraf – weder noch. Sie litt und litt nicht. Sie litt darunter, dass die anderen nicht litten. Das, woran sie litt oder was dieses sogenannte Leiden war, war nicht die *Krankheit*. Sie war nicht das Problem. Und Lucie war auch nicht das Problem. Aber die Lösung war sie auch nicht.

„Es geht nicht darum, frei zu sein, Lucie."
„Nicht? Worum geht es denn dann?"
Das waren die Fangfragen. Nicht böse gemeint von ihrer lieben Freundin. Sie meinte nie etwas böse – nicht zu ihr. Aber die Fangfrage fing sie in ihrer eigenen Antwortlosigkeit. Sie konnte nicht begründen, was ... wahrscheinlich auch niemand anders begründen konnte, weil man etwas entweder selber einsah oder nicht einsah. Man konnte nicht begründen, warum ein Sonnenuntergang schön war. Es *war* nicht zu begründen.

„Wenn du jemanden liebst, Lucie, aber wenn er dich verlassen hat ... würdest du dann den ‚Sack' voller Gefühle und Gedanken auch schnell wieder loswerden wollen?"
Sie wusste nicht einmal genau, ob der Vergleich nun ein guter war, aber Lucie verstummte erstaunt, um kurz zu überlegen.
„Jaa... Schon...", sagte sie etwas gedehnt, noch im Überlegen, aber schon mitten in der Antwort. „Ich würde jedenfalls nicht künstlich lange leiden. Ich würde mein Leben *fortsetzen*. Ich würde, wenn mich jemand verlassen hat, den Typen wahrscheinlich schnell wieder vergessen."
Sie war doch etwas bestürzt, obwohl sie Lucie auch kannte.
„Schnell wieder vergessen – oder schnell wieder vergessen *wollen*?"
„Vergessen wollen. Und deswegen auch vergessen."
„Also ganz einfach?"
„Weiß ich nicht. Aber eben auch nicht besonders kompliziert. Es wäre, wie es ist. Aber ich würde kein Problem daraus machen. Ich bin lieber Teil der Lösung. Also weiterleben. Neue

Richtung einschlagen. Ein neuer Freund – oder eben auch mal keiner."
„Ist das so *einfach*?"
„Ich denke, es ist so einfach, wie man es sich macht."
„Es ist also mach-bar?"
„Na klar ist es machbar. Man macht es sich doch auch *schwer*. Das macht man doch auch selbst?"
„Das finde ich nicht."
„Doch. Auf jeden Fall könnte man es *leichter* nehmen. *Das* könnte man auf jeden Fall tun."
„Aber vielleicht will man es gar nicht."
„Ja – siehst du? Das meine ich! Vielleicht will man es gar nicht. Dann will man es nicht – also will man es schwerer. Aber dann macht man es sich doch selbst schwer, oder nicht?"

„Ja, wenn du es so siehst..."
„Wie siehst du es denn?"
Sie dachte darüber nach.
„Ich weiß nicht. Ja ... was soll ich denn sagen? Wenn du es so siehst... Schwerer... Was heißt denn das? Ich weiß nicht, was ‚schwerer' heißt. Ich will nicht, wenn ich jemanden geliebt habe, ihn vergessen, bloß weil er *mich* vergessen oder eben verlassen hat..."
Lucie stutzte.
„Aber – du musst doch nicht darunter *leiden*!"
„Ja, ich muss nicht."
„Aber – du willst?"
„Ja, vielleicht will ich..."
„Aber *warum*?"
Wieder dachte sie nach.
„Vielleicht, weil ich *meine* Liebe nicht einfach so wegwerfen will."
„Was heißt denn wegwerfen? Du hast doch bis dahin geliebt? Reicht das nicht? Wenn er dich verlassen hat, nützt doch deine Liebe gar nichts mehr. Sie quält dich doch nur. Und

solange du den blöden Typen noch liebst, der dich verlassen hat, kannst du auch niemand anderen lieben. Das heißt also, du lebst nur noch in der Vergangenheit. Nein – das möchte ich nicht."
Sie schwieg.
„Würdest du dann nicht nach vorne gucken?", beharrte Lucie.

‚Vor einem wäre dann noch immer der Schmerz, aber auch noch immer die Liebe', dachte sie.
„Ich könnte meine Gefühle nicht einfach abschneiden", sagte sie – in dem leidvollen Wissen, dass ihre Freundin bereits eine Gegenantwort hätte.
„Ja, aber wenn sie dich quälen."
„Aber es sind *meine*, Lucie!"
Lucie sah sie von der Seite an.
„Ja...", sagte sie warm und versöhnlich. „Ich will dir doch nur – – Ich will doch nur ... Marja..."
„Ich weiß doch, Lucie..."
Sie sah ihre Freundin voller Zuneigung an.
„Gibst du mir deine Hand?"
Lucie tat es bereitwillig, und als sie die warme Berührung der Freundin spürte, war ihr viel wohler. Niemand an ihrer Schule ging so Hand in Hand, aber Lucie hatte sich daran gewöhnt und fand es auch schön. Sie selbst aber konnte auch dies nicht verstehen: wieso man das nicht tat. Manchmal hatte sie schon gedacht, sie sei lesbisch, aber das war es sicher nicht. Es war auch hier nur das, was die anderen nicht hatten...

Mit diesem zärtlichen, intimen Kontakt fiel ihr auch das weitere Sprechen viel leichter. Nicht, dass man mehr vertraute. Das tat sie sowieso. Aber der Kontakt ... der Kontakt ermöglichte mehr *Verständnis*. Der Andere würde einen mehr verstehen, das spürte sie. Das Verständnis ging durch das Herz, also ging es auch durch die Hände...

„Du brauchst mir nicht helfen, Lucie...“, begann sie dankbar. „Ich bin schon glücklich, dass du meine Freundin bist. – – Ich will meine Gefühle gar nicht verlieren. Wenn ich jemanden geliebt habe, habe ich jemanden geliebt. Das ist unabänderlich. Wenn er mich verlässt, wird es mir wehtun. Aber das bin immer noch ich. Ich werde meine Gefühle nicht aktiv abschneiden, nur weil er mich verlassen hat. Ich *habe* ihn geliebt und werde ihn sicher noch immer lieben. Und gerade deshalb, wegen beidem, wird es mir wehtun, und ich werde ihn vermissen. Aber warum sollte ich dieses Gefühl abschneiden? Weil es nicht mehr erreichbar ist? Oder weil es enttäuscht wurde? Aber es ist doch deswegen nicht weniger wahr. Ich liebe ihn doch, auch *wenn* er mich verlässt. Sonst würde es doch nicht so wehtun. Kannst du ... sind es ... sind es denn noch ehrliche Gefühle, wenn man sie einfach so *abschneiden* kann? An- und abschalten? Oder zumindest abschalten? Wie ... wie ehrlich liebt man denn dann den *nächsten...*?“

„Genauso ehrlich, warum denn nicht?“, erwiderte Lucie. „Wenn wieder jemand da ist, den man lieben kann, liebt man ihn – aber wenn man noch immer unter der vergangenen Liebe leiden würde, würde man ihn nicht lieben können. Vielleicht nicht einmal sehen. Man hätte keine Augen dafür, obwohl das Leben längst etwas Neues gebracht haben könnte. Vielleicht extra für dich...“

„Ja, vielleicht...“, ließ sie sich auf diesen Gedanken ein. „Aber dann muss das Leben eben Geduld mit mir haben...“

„Es gibt Gelegenheiten, und die kommen und gehen auch wieder.“

„Ja, dann gehen sie eben wieder. Wenn ich noch nicht so weit bin, kann ich nichts dafür...“

„Marja, du bist romantisch, und du leidest lieber.“

„Nein, ich *liebe* lieber.“

„Nein, tust du nicht. Denn du leidest noch immer unter der vergangenen Liebe und siehst die mögliche neue nicht."
„Aber, verstehst du, die vergangene Liebe *ist* noch gar nicht vergangen. Nicht für mich..."
„Ja, aber sie besteht nur noch in deiner Vorstellung."
„Nein, sie besteht noch in meinem Herzen. Nicht mehr in seinem, aber in meinem noch immer."
„Aber was *nützt* das?", fragte Lucie völlig ratlos.
„Weißt du", sagte sie, „ich glaube, Liebe muss nicht immer *glücklich* sein. Es reicht ihr, überhaupt da zu sein – als Liebe..."
„Aber wäre es nicht schöner – glücklich?"
„Nein. Es ist schöner, seine Gefühle nicht abschneiden zu müssen, um möglichst schnell wieder glücklich zu sein. Das ist wie im Supermarkt. Gerät kaputt – umtauschen – schnell wieder glücklich sein. Liebe kann man nicht einfach umtauschen. Wenn einen jemand unglücklich gemacht hat, dann ist das so. Die Liebe kann das nicht ändern. Aber sie schafft sich deswegen nicht ab. *Sie* ist treuer als der andere."

„Na, das nützt einem ja viel!"
„Ich weiß, dass du das nicht verstehst."
„Du bist also lieber treu, als mit einem *anderen* Jungen glücklich zu werden, der dich vielleicht wirklich liebt? Du bist einem Idioten treu, um an dem wirklichen Glück vorbeizugehen?"
„Ich möchte nur sagen, dass für mich die Gefühle kein Supermarkt sind. Ich kann und ich möchte auch gar nicht meine Gefühle steuern. Wenn ich jemanden geliebt habe, höre ich damit nicht auf, bloß weil er mich verlassen hat. Wie soll das gehen? Danach kommt das *Leid* darüber. Wieso ist das so schwer zu verstehen? Ist es ... ist es so modern, das *auszulassen*? Dann ... dürfte man doch auch nicht trauern, wenn jemand gestorben ist. Es könnte einen ja vom Glück abhalten..."

Lucie überlegte ein wenig.
„Der Gestorbene hat einen ja nicht verlassen – ich meine, er wollte es ja nicht. Er hat einen nicht im Stich gelassen. Er ist nicht das, was ich vorhin einen ‚Idioten' nannte."
„Du kannst niemanden ‚Idiot' nennen, der dich einmal *geliebt* hat."
„Vielleicht hat er mich ja nie wirklich geliebt, wenn er mich verlässt."
„Du weißt nicht, warum er dich verlässt."
„Na, weil er eine Neue hat, natürlich."
„Aber das heißt noch immer nicht, dass er dich nicht geliebt hat."
„Mann, Marja, du bist so geduldig – mit dir kann man alles machen!"
„Aber mit meiner Liebe eben gerade nicht. Sie ist *nicht* abhängig davon, ob ich verlassen werde oder nicht. Sie liebt selbstständig. Sie richtet sich nicht danach, was der andere tut. Sie leidet, aber sie schaltet sich nicht selbst ab, nur weil der andere *seine* Liebe abgeschaltet hat. Sie ist kein Nachmacher. Sie ist keine bloße Kopie. Sie ist *echt*."

„Sie ist echt...", murmelte Lucie noch einmal.
Sie gingen eine Weile schweigend, während eine Straßenbahn an ihnen vorüber fuhr.
„Und ... irgendwann hört sie dann auf?", fragte Lucie nun weiter.
„Ja, wahrscheinlich."
„Und wann?"
„Lucie! Wie soll ich das wissen? Ich war noch nicht in der Situation. Ich hab noch gar keinen Freund!"
„Ja, gut", lenkte diese ein. „Du hast Recht. Aber willst du denn einen Freund? Du weißt, es stehen genügend Jungen in den Startlöchern..."
„Hör auf, Lucie. Ich mag es nicht, wenn du so davon redest. Du weißt, dass ich ... schon auch einen Freund haben wollen

würde. Gern sogar... Aber die Jungen aus unserer Klasse, an die du denkst, sind es alle nicht. Das weißt du doch bestimmt auch.“

„Na ja, Mehmet ist schon ganz nett, oder?“

„Mehmet!? Du weißt ganz genau, dass ich dieses Coole nicht mag!“

„Er ist gar nicht so cool. Weniger als die anderen! Und er hat sich in letzter Zeit sehr geändert.“

„Das mag sein. Er ist es trotzdem nicht. Niemals.“

„Und was schwebt dir vor?“

„Wie?“

„Ach, Marja, du bist so süß... Was schwebt dir denn vor? Was ist denn dein Typ? Was für einen Jungen suchst du denn nun?“

„Das weißt du doch auch. Einen, der mich wirklich verstehen würde. Aber wenn *du* es schon so schwer hast, wird wohl nur einer von tausend Jungen auch nur theoretisch in Frage kommen. Vielleicht gibt es nur einen einzigen irgendwo auf der Welt...“

„Ach, Marja, das ist doch auch wieder nur so eine blöde, kitschige, falsche Hollywood-Vorstellung. Auch wieder so eine, die dir das Glück gerade nimmt, weil du es nie findest, wenn du an so einen Blödsinn glaubst!“

„Es geht nicht um Vorstellung. Es geht um Tatsachen. Ich will mir gerade nicht fortwährend vorstellen, dass mich irgendein beliebiger Junge verstehen würde, um dann festzustellen, dass er es natürlich *nicht* tut!“

„Warum sollte er es nicht tun?“

„Weil er garantiert nicht begabter ist als du!“

„Oh, danke...“

„Ich meine es ernst, Lucie. Warum sollte ein Junge mich verstehen?“

„Weil er dich vielleicht liebt?“

„Das reicht nicht.“

„Was reicht denn dann?“
„Lucie, du weißt es doch ganz genau. Um sich zu verstehen, muss man sich Mühe geben. Man muss ... man muss sich Mühe geben. Du weißt doch, was Mühe geben heißt?“
„Denkst du, ein Junge kann sich keine Mühe geben?“
„Du kennst mich doch. Denkst du, irgendein Junge würde sich diese Mühe geben?“
Lucie sah sie kurz an.
„Ich denke, wenn er dich liebt, ja – würde er.“
Sie verstummte.
Sie ging der Reihe nach die Jungen durch, von denen sie irgendwie glaubte, sie würden vielleicht, wie Lucie es sagte, ‚in den Startlöchern stehen’. Sie schüttelte innerlich den Kopf. Nein, in ihrer Klasse war überhaupt kein Junge ernst genug. Sie würden alle irgendwie zu Lucie passen, aber nicht zu ihr.

„Es liebt mich kein Junge so, Lucie.“
„Aber du lässt ja auch keinen an dich heran, Marja.“
„Was soll denn das heißen? Ich will ja auch gar keinen von ihnen als Freund.“
„Vielleicht würden sie sich völlig verwandeln, wenn du sie erst einmal ließest.“
„Was heißt ‚erst einmal ließest’?“
„Ich meine, dass manche von diesen Jungs noch ganz anders sein können, wenn man sich mit ihnen mal länger unterhält. Was man so sieht, täuscht auch oft ein bisschen. Oder sogar sehr.“
„Zum Beispiel?“
„Zum Beispiel Sam. Man denkt immer, er ist der völlige Draufgänger. War er früher auch. Aber jetzt liest er Tolstoi! Hätte ich nie gedacht! Bis er es vor zwei Wochen oder so erwähnte.“
Lucie hatte mit vielen Jungen Kontakte, ohne dass einer von ihnen ihr Freund im engeren Sinne wäre. Lucie hatte eine

absolute Gabe für Freundschaften im weiteren Sinne. Auch mit Mädchen.

„Das kann ich mir gut vorstellen. Ich habe längst gesehen, dass Sam sich sehr verändert.“

„Wirklich?“

„Ja.“

„Na gut, du hast gute Augen.“

„Aber das weißt du doch.“

„Na ja – also dann siehst du auch, dass diese Jungs auch anders sind, als sie oft tun.“

„Ja, aber nicht so anders, wie für mich ein Freund sein müsste.“

„Und dann sag es mir noch mal.“

„Ein bisschen so wie ich.“

„Was?“, lachte Lucie. „Ich dachte, jetzt kommt eine halbe Stunde eine Beschreibung von Eigenschaften, ‚verständnisvoll’ und so weiter.“

„Ja, das habe ich mir erspart. Es ist zu schwierig. Außerdem stimmt es. Du weißt, wie ich bin, also brauche ich es nicht zu beschreiben. Keiner der Jungs aus unserer Klasse ist so wie ich, nicht mal ein bisschen. Und ein *bisschen* würde schon reichen, da bin ich sicher. Ein bisschen so wie ich. Anders geht es nicht. Deine Freunde sind ja auch ein bisschen so wie du. Du hast keine Probleme...“

„Und du? Wärst du denn dann *auch* ein bisschen so wie dein Freund?“

„Wenn er ein bisschen so wäre wie ich, ist das anzunehmen, Lucie!“

„Okay, du hast gewonnen. Hmm... Und wir? Wo bin ich so wie du – oder umgekehrt? Wieso sind wir befreundet?“

„Wir sind beide Mädchen. Du bist so unglaublich lieb. Du verstehst mich mehr als jeder andere. Wenn mich eine verstehen kann, dann du. Ich verstehe die Frage nicht. Man muss nicht so sein wie der andere. Man muss sich nur *liebhaben.* Das reicht immer!“

„Aber du hast doch gerade gesagt, bei einem Jungen reicht das nicht.“
„Jungen haben normalerweise nicht so lieb wie Mädchen.“
„Wie denn dann?“
„Sie ... sie wollen was von einem ... und verstehen einen trotzdem nicht.“
„Du meinst ... Sex und so?“
„Ja, anscheinend.“
„Ja, möglich.“
Lucie dachte nach.
„Aber Jan zum Beispiel ist anders. Viel intelligenter, viel reifer irgendwie. Er würde dich bestimmt am ehesten verstehen können.“
„Ja, aber er interessiert sich nicht für mich.“
„Aber du könntest dich doch für *ihn* interessieren...“
„Lucie! Ich brauche gar keinen Freund. Ich meine – ich brauche keine Heiratsvermittlerin oder so etwas. Ich möchte Jan nicht als Freund.“
„Und warum nicht? Nur interessehalber.“
„Weil ... weil er mir auch wieder *zu* intelligent ist. Ich meine zu eingebildet. Irgendwie. Nicht stark, aber ein bisschen. Du weißt bestimmt, was ich meine.“
„Ja, ich glaub schon. Na gut, keine Heiratsvermittlung.“

„Nein, wirklich nicht. *Bitte*. In unserer Klasse oder Schule kommt niemand in Frage. Ich kenne keinen. Und du brauchst auch nicht weiter herumschauen. Es ist nicht dringend. Und es würde auch gar nichts nützen. Ich nehme nicht den ersten Besten, bloß um jemanden zu haben. Das wäre glaube ich der allerfalscheste Ansatz.“

„Ich meine ja nur, du könntest auch einmal ein paar Kontakte knüpfen. Marja... Wirklich nur, um ... um ein bisschen mehr zu *leben*. Weißt du, ich ... ich will doch nur..."
Die Wärme von Lucies Worten durchströmte wie eine Riesenwoge ihr Inneres. Sie spürte den unendlich guten Willen ihrer Freundin bis auf den Grund – und dies alles rührte sie so sehr...

Sie drückte ihre Hand.
„Ich weiß, was du meinst, Lucie. Aber mach dir keine Sorgen. Ich lebe schon. Ich bin auch glücklich. Ich bin eigentlich in jedem Moment auch glücklich. Das kommt dir vielleicht nicht so vor. Aber es ist so. Inmitten von allem ist es so. Und ich mag jeden Einzelnen aus unserer Klasse – auch wenn ich selbst zu ihm keinen Kontakt habe. Lass mal Mehmet und Jan und all die anderen als Freunde von mir aus dem Spiel. Ich mag sie so, wie sie sind. Ich fühle mich nicht einsam. Erst recht nicht, wenn du dabei bist – irgendwo mittendrin..."
Lucie drückte sanft zurück.
„Du bist schon seltsam, Marja... Wie so ein ganz eigener Planet... Eine Sonne, die einfach so vor sich hinleuchtet..."

*

Als sie sich voneinander verabschiedet hatten, weil Lucie noch andere Verabredungen hatte und sie nie von sich aus auf irgendetwas beharrte, war sie wieder auf sich allein gestellt. Sie ging nach Hause, übte etwas Klavier, vertraute ihre heutigen Erlebnisse und Empfindungen ihrem Tagebuch an und sann dann auf dem Bett liegend weiter über vieles nach.

Sie war froh, dass ihre Eltern noch nicht zu Hause waren. Auch das war seit einigen Jahren ein Problem. Sie hatte immer gedacht, ‚anthroposophische' Eltern wären Vorbildpaare. Irgendwann einmal hatte sie aufgeschnappt, dass fast die

Hälfte der Eltern aus ihrer Klasse – sie besuchte jetzt die elfte – inzwischen getrennt lebten oder geschieden waren. Nun konnte bei einer bloßen Waldorfschule von anthroposophischen Eltern natürlich keineswegs die Rede sein. Aber ihre gehörten mit zu den schlimmsten, in der Hinsicht. Sie hielten sich nicht nur für anthroposophisch, sondern stritten sich fast jeden Tag. Warum waren sie eigentlich noch nicht getrennt? Sie hatten doch beide längst neue Partner. Wer zuerst wen gehabt hat, wusste sie bis heute nicht. Sie wusste nur, dass ihr Vater eine fünf Jahre jüngere Freundin hatte und ihre Mutter einen drei Jahre jüngeren Freund.

Ihre Mutter war das dominante Element ihrer Familie. Sie war als Jugendliche irgendwie mit ihren Eltern aus Russland gekommen, hatte dann im Studium ihren Vater kennengelernt. Ihr Vater war Architekt in irgendeinem größeren Büro, hatte viel zu tun. Ihre Mutter hatte den Beruf aufgegeben, als sie geboren wurde. Danach kam noch ein zwei Jahre jüngerer Bruder, Marco, der längst nur noch am Handy oder PC hing, und vor vier Jahren noch ein kleines Schwesterchen, Tamara, das sie total liebte. Aber kurz nach ihrer Geburt hatten die Streitereien begonnen. Sie hatte fast den Eindruck, als wäre das Baby eine Art Versuch gewesen, die Ehe zu retten, und hätte es nicht geschafft. Ihre Eltern waren noch immer zusammen, aber man merkte nicht mehr viel davon. Und am unangenehmsten war ihre Mutter – ihr russisches Naturell ließ sie überall das Haar in der Suppe finden. Niemand konnte es ihr recht machen – und ihr Mann schon gar nicht.

Aber was hieß ‚ihr russisches Naturell'? Sie hatte daraus das Schlechteste gemacht, war herrisch und gehässig geworden, nicht immer und nicht durchgehend, und man sah auch, wie sie selbst unter allem litt – aber das Endergebnis war furchtbar. Hätte das russische Naturell nicht auch unendlich anders zur Erscheinung kommen können? Sagte man den Russen nicht nach, sie seien unendlich duldsam? Sagte Rudolf Steiner nicht sogar, sie seien das künftige Christusvolk? Auch das hatte sie irgendwo einmal aufgeschnappt, vielleicht sogar von ihren eigenen Eltern. Nun – hier war davon nur das Gegenbild vorhanden. Aber in Russland selbst vielleicht auch inzwischen nur noch...

Und sie selbst? Hatte sie nicht auch russisches Naturell? Jedenfalls spürte sie geheimnisvolle Wurzeln dort, in diesem fernen Osten. Vielleicht auch nicht nur Wurzeln, vielleicht auch eine ebenso geheimnisvolle Sehnsucht – nach diesem Christusvolk, das nicht mehr da war. Aber nicht nur das. Auch nach der russischen Erde. Sie hatte einmal eine Stelle gelesen – war es bei Bunin? –, wo diese Erde beschrieben wurde, im Frühling, bevor die Bäume sich wieder mit jungem Grün belauben, wie sie daliegt, die Erde, schwarz, nackt, glänzend, aber beseelt, von einer tiefen Auferstehungskraft beseelt, die zumindest der russische Mensch unmittelbar empfand – so, wie Bunin, wenn er es gewesen war, der dieses Erlebnis in jener kurzen Erzählung so besungen hatte. Gewiss war er nicht der Einzige, und gewiss war dies nicht die einzige Stelle gewesen. Die russische Erde... Dieses ganz Besondere, auch dieses innige Verhältnis des russischen Menschen zur Erde. Liebe...

Und dann der Gottesglaube selbst. In wenigen Wochen war Ostern. Sie dachte an die russischen orthodoxen Gottesdienste, die sie überhaupt nicht kannte, nur vom Hörensagen, nur von leisen Ahnungen – und die sie ebenfalls anzogen, ohne dass sie je den Mut gehabt hätte, einen solchen zu besuchen, vielleicht sogar nur aus der leisen, aber bestimmten Angst heraus, in ihren idealistischen Vorstellungen enttäuscht zu werden. Weil das Ideal vielleicht längst *auch* nicht mehr lebte, auch untergegangen war, zusammen mit dem Christusvolk...

Aber das alles lebte in ihr – als ein reines Ideal, etwas nicht einmal wirklich Fassbares, aber Fühlbares, Ahnbares, etwas wie nur Geträumtes. Russland. Erde. Gottesdienst. Christusvolk... Einfach so. Einmal irgendwo aufgeschnappt, vielleicht bei ein paar Gelegenheiten. Mosaiksteinchen. Zusammengefügt, wie von selbst. Wie so etwas kam... Oder war das alles *in* ihr, immer gewesen...? Jetzt jedenfalls *war* es in ihr...

Und dann kam diese Sache mit dem Klimawandel. Greta Thunberg in Schweden. Ein einziges Mädchen. Mutig wie Tausende. Die einfach tat, was sie tun musste – weil es das einzig Richtige war.

Nicht mehr nur die Erde wurde geschändet, die heilige Erde, deren Heiligkeit man in Russland einmal gespürt hatte, aber sicher auch hier in Deutschland, überall in Europa, als Bauer, der noch an Gott geglaubt hat ... sondern nun wurde sogar der Himmel geschändet. Die Atmosphäre war schließlich bereits Himmel – der Himmel der Erde. Anstatt der schwarzen Erde treu zu sein, rissen sie sie auf, entrissen ihr das, was sie ‚schwarzes Gold' nannten, Kohle, Öl, und verbrannten das, um zu fahren, zu fliegen, überall hin, milliardenfach, und veränderten die Atmosphäre – wie auch mit der milliardenfachen Viehzucht, gemordete Bäume, gemordete Tiere, für den kannibalischen Fleischhunger, und wiederum mit genau diesen Taten einhergehend die Entheiligung der Atmosphäre, ihres heiligen Gleichgewichtes.

Es war ein Wahnsinn, der über das Begreifen hinausging. Man musste es sich wirklich vorstellen. Langsam, eindringlich, in seiner schrecklichen Sinnlosigkeit, in seiner realen Öde und dem realen Grauen. Und wenn man wirklich bis zu der Realität durchdrang, dann kamen auch die Tränen. Dann kamen sie jedes Mal...

Als sie alle Tränen geweint hatte, trocknete sie ihre noch warme Spur auf ihren Wangen mit bloßer Hand. Wer weinte um die Erde? Wer? Weinten die Engel im Himmel? Sicher...

Tamara weinte oft, wenn ihre Eltern sich stritten. Dann tröstete sie sie, wann immer sie da war. Welche Erde würde Tamara vorfinden, wenn sie groß wäre...?

„Habt ihr schon gehört?“, verkündete Tom. „Die Eltern können die Freitags-Demos nicht mehr entschuldigen. Die Schulbehörde hat alle Schulen angewiesen, die Tage als Fehltage ins Zeugnis zu bringen.“
„Ist doch egal – wen interessieren schon Fehltage“, erwiderte Simone.
„Ich sag’s ja nur.“
„Die Behörde!“, sagte Lucie verachtend. „Das Klima interessiert die Behörde einen Scheißdreck. Hauptsache auf dem Zeugnis sind die *Fehltage* vermerkt!“
„Eine Behörde kann nicht anders“, sagte Sam.
„Eine Behörde sind auch nur *Menschen*“, widersprach Lucie scharf.
„Es sind Funktionsträger“, korrigierte Sam. „Bürokraten. Bürohengste. Pflichterfüller. Aktenträger. Das Menschsein spielt da keine Rolle mehr. Genauso wenig, wie wenn eine Kassiererin ein paar Cent Pfandgeld ‚unterschlagen’ hat.“
„Deswegen hasse ich Deutschland“, erwiderte Lucie.
„Bürokratie gibt es überall.“
„Dann muss man sie eben wieder abschaffen.“
„Das ist eine Einbahnstraße. Einmal Bürokratie, immer Bürokratie. Sie schafft sich höchstens noch mehr Räume. Man nennt das auch Wasserkopf. Bürokratie kann immer nur wachsen.“
„Passt doch zum System“, erwiderte nun Tina.
„Ihr redet, als ob sich nichts ändern ließe“, sagte Lucie.
„Nicht mal eben so. Aber vielleicht, wenn wir jahrelang demonstrieren“, schaltete sich Frank ein.

„Auf den Bewerbungszeugnissen kann man sich Fehlzeiten aber nicht leisten“, sagte Alma.
„Alma will sich schon jetzt brav bewerben“, säuselte Tim.
„Hör doch auf mit dem Blödsinn!“, sagte Lucie. „Das wollen die doch nur. Merkt ihr das nicht? Die wollen Druck machen

– bis der Druck so groß wird, dass wir nicht mehr demonstrieren!“
„Fehltage sind doch kein Druck – sie sind einfach die Wahrheit“, sagte Lars.
„Du demonstrierst eh nur mit, weil du dann nicht in die Schule musst!“
„Richtig“, grinste Lars.
„Interessiert dich das Klima überhaupt nicht?“
„Nö. Hier in Deutschland wird’s schon nicht so schlimm werden.“
„Ach, und deine Kinder?“
„Welche Kinder?“
„Lass mal, Lucie, bei dem hat’s eh keinen Sinn.“

„Aber Fakt ist, dass es Fehlzeiten sind. Wir denken, nur denen tut es weh, wenn wir in der Schulzeit demonstrieren. Aber die können uns auch wehtun. Wir haben noch Glück, dass wir an ’ner Waldorfschule sind. An ’ner Staatsschule können sie ganz schnell mit ’nem Verweis kommen. Oder auch mit der Polizei.“
„Dann gibt es mit Sicherheit einen Aufstand. Ich mein’, echte Aufstände.“
„Oder auch nicht. Vielleicht gehen die meisten sehr schnell wieder brav zur Schule.“
„Das glaubst auch nur du.“
„Nein – jeder hat was zu verlieren. Spätestens wenn es ums Abi geht. Oder um Eltern, die das nicht mehr mitmachen.“
„Dann zieht man es alleine durch.“
„Ja, und wie viele machen das wohl?“
„Na, die meisten. Es geht um die Zukunft!“
„Ja – aber um welche, das ist die Frage. Wem geht es um die große Zukunft, wenn die eigene Zukunft erstmal bedrohter ist? Gut protestiert, aber statt ’nem Job unter der Brücke schlafen?“
„Wie egoistisch bist *du* denn?“

„Ich sage nur, wie es ist. Ich sag's euch, die meisten werden so denken. Ziemlich schnell – sogar sehr schnell, wenn's hart auf hart kommt."
„Das dürfen wir nicht zulassen."
„Du hast gar keine Wahl. Du sitzt an einem verdammt kurzen Hebel."
„Wenn das so wäre, würden sie auch Greta jetzt nicht zu den Konferenzen einladen."
„Du bist so naiv! Die machen das, und dann sind erst einmal alle beeindruckt, und nach und nach lassen sie das einschlafen. Greta einladen und ihr angeblich zuhören, kostet doch nichts!"
„Aber das Ganze wird sich ausweiten."
„Was denkst du, wie viele Wochen die Schulen protestieren werden?"
„Wir haben doch erst angefangen!"
„Ja, aber was denkst du, wie viele Wochen das durchhält?"
„Von mir aus die ganze Zeit."
„Dann pass mal auf, was passiert, wenn der Druck beginnen wird."

So ging es immer weiter. Sie hörte zu, aber sie sagte nichts. Sie bewunderte Lucies Engagement, mit dem sie sich so innig verwandt fühlte, auch wenn sie im Grunde fast Gegensätze waren. Aber sie selbst fühlte nicht einmal einen Ansatzpunkt für ihre eigenen Empfindungen...

*

Am Nachmittag war sie mit zu Lucie gekommen. Diese wohnte in einem Neubauviertel als Einzelkind liberaler, recht sympathischer Eltern in einer nicht besonders großen Dreizimmerwohnung. Seit sie sich mit Lucie vor etwas über drei Jahren befreundet hatte, hatte sie sich hier immer sehr wohl gefühlt – und wie viele Tage und Nächte hatte sie sich gewünscht, selbst solche Eltern zu haben! Lucie stöhnte auch manchmal – aber sie wusste nicht, wovon sie sprach.

Nun saßen sie auf ihrem Bett, aus dem Wohnzimmer hörte man Lucies Mutter leise irgendetwas werkeln, lebendiger Hintergrund eines heilen Familienlebens, und Lucie sagte:
„So Leute wie Lars sind am schlimmsten. Es *interessiert* sie einfach nicht!“
„Ja, solche gibt es immer. Aber es wäre ein Wunder, wenn es die Mehrheit *wirklich* interessieren würde.“
„Wie meinst du das?“
„Na ja, so, wie sie gesagt haben. Irgendwann wird es doch ... eine Art Konfrontation geben.“
„Ja, irgendwann...“
„Und vielleicht haben die meisten schon vorher keine Lust mehr, jeden Freitag zu demonstrieren. Jetzt ist es noch ‚toll’ und so – aber wen interessiert es wirklich? Ich meine, ernsthaft? Ich meine, dauerhaft?“
„Glaubst du, die meisten nicht?“
„Ich weiß es nicht. Ich sehe im Moment auch sehr viel Spaß, besonders wieder bei den Jungen. Aber auch bei den Mädchen. Wie lange wird das halten? Ich meine, wir hatten doch erst vor ein paar Tagen über die Treue gesprochen...“
„Wieso? Was meinst du? Was hat das jetzt damit zu tun?“
„Na ja, du hast gesagt, man soll nach vorn blicken, wenn man verlassen wurde. Im Moment stehen die Medien noch auf unserer und auf Gretas Seite. Wie lange wohl? Und wann wird diese Unterstützung wegfallen? Und was wird dann sein? Die Liebe der Medien wird irgendwann abkühlen, und dann werden sie Greta mehr oder weniger fallenlassen. Und dann? Was wird dann jeder Einzelne machen? Wird *er* seiner Liebe treu bleiben? Oder wird er sagen: ‚Dann wird es mir jetzt auch zu anstrengend, ich mach was Neues...’? Ich weiß, das Beispiel ist nicht völlig passend und vergleichbar, aber es ist doch ein bisschen ähnlich, oder nicht? Ich finde es sogar

sehr ähnlich. Geht es hier nicht auch um die Frage, ob ich ‚leben' will oder bereit bin, für das Klima zu leiden?"

„Ja, ich verstehe, worauf du hinaus willst. Aber sich für das Klima einzusetzen, hat doch einen Sinn, ist sogar essenziell wichtig – und ist doch noch etwas anderes, als einer verlorenen Liebe nachzutrauern."
„Das weiß ich nicht... Der Ernst ist der gleiche... Es fühlt sich gleich an."
„Für mich aber nicht."
„Aber es *ist* der gleiche Ernst. Und viele werden ihn nicht haben, Lucie. Das weiß ich jetzt schon..."
„Aber wenn die Bewegung sich ausweitet..."
„Ja, solange sie das tut, ist alles gut. Das ist immer so, nicht wahr? Aber das hat mit Treue noch nichts zu tun. Mit so einer Ausweitung kann man jeden Touristen einfangen. Da macht jeder mal eben ‚mit'. Am besten schnell noch ein Selfie machen und online stellen. Aber wem geht es dabei um die eigentliche und einzige Frage? Und ich glaube, wenn das nicht der Fall ist, wird man gar nichts erreichen. Was würde eine sogenannte ‚Demo' dann noch von einem Oktoberfest unterscheiden?"
Lucie prustete los.
„Was!? Was für Vergleiche du nur immer findest..."
„Ich will nur sagen, welchen Politiker wird es interessieren, wenn jede Woche zehntausend demonstrieren, bloß weil es gerade so toll ist? Es gucken sich auch jede Woche Hunderttausende Fußball an, weil es toll ist. Das ist auch unwichtig."

„Aber das ist doch ein Unterschied."
„Nicht, wenn man aus so einer Demo ein bloßes ‚Event' macht, ohne dass man noch spürt, worum es eigentlich geht."
„Aber das spürt doch jeder."
„Ja, jetzt. Aber in ein paar Wochen? Oder Monaten? Man kann auch aus *Gewohnheit* irgendwohin gehen. Aber dann ist

es nicht mehr das gleiche. Dann wird es etwas völlig Nutzloses. Alle haben sich daran gewöhnt, aber es passiert nichts mehr. Und nicht einmal die Demonstranten wissen mehr ganz genau, warum sie eigentlich dastehen..."
„Das wird doch keine Gewohnheit."
„Ja, das denkt man immer. Das dachten meine Eltern sicher auch, als sie geheiratet haben. Aber es wurde sogar *schlimmer* als nur Gewohnheit... Und sie hatten bestimmt mindestens so ernsthafte Absichten wie die Demonstranten."

„Und was schlägst du vor?"
„Ich – ich *kann* nichts vorschlagen, Lucie!", sagte sie bestürzt. „Weißt du, das Problem ist eben, dass jeder ist, wie er ist. Wie soll man das denn ändern? Das gerade *ist* mein Problem. Deswegen fühle ich mich so einsam. Nicht, weil die anderen anders wären. Sondern weil sie ... weil sie nicht so ernst sind. Guck mal, du sagst doch selbst, ich wäre zu ernst. Du sagst: Mach dir nicht so viele Gedanken. Ich tue dir sogar *leid*, Lucie! Weil du siehst, wie ich mir Gedanken mache oder eben leide. Aber die Alternative ist eben – nicht zu leiden. Du nennst es dann ‚leben'. Du sagst, Leiden ist kein Leben. Oder es ist Leben in der Vergangenheit, jedenfalls wenn man verlassen wurde. Aber offenbar auch sonst. Denn sonst würde ich mir ja nicht so viele Gedanken machen, sondern eben einfach leben, nicht wahr? So wie du. Sich Gedanken zu machen, ist also kein ‚Leben'. Für mich ist es das aber. Für mich ist es Leben. Und es ist Ernst. Es ist ... ich fühle eine Verantwortung. Auch wenn ich machtlos bin. Aber wenn man ‚lebt', sagt man sich einfach: ‚Ich kann nichts ändern, also leide ich auch nicht, ich versuche jedenfalls, nicht zu leiden. Warum sollte ich leiden, wenn ich etwas nicht ändern kann? Das wäre doch sinnlos.' *Ich* denke aber nicht so! Ich leide, egal ob ich etwas ändern kann oder nicht. Das eine hat doch mit dem anderen gar nichts zu tun! Man kann doch auch hier sein Leiden nicht einfach herausschneiden. Man kann

sich zwar blind für alles machen und sagen: ‚wenn ich immer leiden würde, würde ich gar nicht mehr zum Leben kommen' – aber ehrlich ist das nicht.
Nun protestieren die Schüler gegen die Aufheizung des Klimas, denn sie spüren sehr wohl, wie schlimm das ist. Aber ihr übriges Leben geht ja auch weiter. Sie sorgen sich um die Zukunft, aber sie verdrängen es auch wieder, um halt nicht wirklich leiden zu müssen, denn das wollen sie auch nicht. Sie wollen sich Sorgen machen, aber auch nicht übermäßig, denn dann würde man plötzlich nicht mehr ‚leben'. Stimmt's? Also ... also für mich ist die Frage: wie egoistisch ist man dann eigentlich? Man sagt, Leiden, wenn man nichts ändern kann, sei sinnlos. Und für mich stimmt das einfach nicht. Weil Leiden *nie* sinnlos ist, sondern *immer* Zeichen dafür, dass einem etwas wichtig ist. Und wenn das bedeutet, dass ich nicht glücklich sein kann, weil ich eben leide, dann ist das eben so. Ich habe schon gesagt, dass ich nicht unglücklich bin. Aber ich bin eben auch nicht glücklich. Ich bin immer *beides*. Und ich denke, wenn man das Leiden verdrängt, bloß um zu ‚leben', versteht man nicht, dass man dann immer auch mitverdrängt, dass einem eigentlich etwas wichtig sein müsste – was es in dem Moment aber nicht mehr ist."

Sie war selbst erstaunt über ihre lange Rede, geradezu betroffen über das, was ihr irgendwie geholfen haben musste, all dies in Worte zu fassen, weil sie nie gedacht hätte, dies alles so sagen zu können. Und auch Lucie selbst war ganz offensichtlich erstaunt über den Gehalt dieser Rede. Dann, nach ein paar Momenten, sagte sie:
„Du meinst also ... mir ist die Zukunft nicht so wichtig?"
„Ich meine...", eilte sie ihr hilflos, fast etwas beschämt entgegen, „ich meine ... ja... Also ... du verzichtest nicht auf das, was du ‚leben' nennst, du vereinbarst es miteinander. Du nimmst die Dinge nicht so schwer. Du setzt dich für das Klima ein – und lebst trotzdem. Es hat für dich eine Leich-

tigkeit. Einen Ernst natürlich, aber auch Leichtigkeit. Du setzt dich ein, aber du grübelst nicht darüber nach – denn du sagst dir: das wäre ja sinnlos, ich will ja doch leben, und es wäre sinnlos, die Dinge *insofern* schwer zu nehmen. Du sagst mir, ich nehme alles zu schwer – denn sonst würde ich dir nicht leidtun. Du meinst es so. Für dich ist das falsch, kompliziert, sinnlos, du würdest das so nie machen. Aber ich könnte es *umgekehrt* nicht. Ich könnte es nicht so leicht nehmen wie du. Für mich ist es nicht sinnlos. Für mich ist ehrlich. Ich kann das nicht einmal abschalten und einmal demonstrieren gehen und es dann ernst meinen. Es ist entweder immer ernst oder nie. Ich habe nicht eine Abteilung für Ernst und eine für Leben. Die Sorgen, die ich mir mache, mache ich mir *immer* – und ich muss also mittenhindurch leben. Ich habe diese Sorgen – und ich stelle sie nicht in den Abstellraum, um zwischendurch auch mal zu leben, Spaß zu haben, die Sachen leichtzunehmen. Ich würde das wie einen Verrat empfinden – und mich selbst nicht mehr wohlfühlen. Ich kann nicht Freitag auf eine Demonstration gehen und am Samstag auf eine Party. Die Sache vom Freitag beschäftigt mich *durchgehend.* Ich weiß nicht ... was war nun eigentlich die Frage...?“

Lucie war ziemlich perplex.
„Die Frage war, was du vorschlagen würdest und ob die Demos weitergehen werden.“
„Ja, genau. Ich kann nichts vorschlagen, weil jeder so ist und so bleiben wird, wie er ist. Und die Demos würden sicher eine ganze Weile weitergehen, wenn nichts passiert, aber irgendwann auch abflauen. Aber wenn es Druck geben wird, und das wird es ganz bestimmt, werden sie sehr schnell wieder abflauen, weil das Klima und die Zukunft, so wichtig sie auch sind, für die meisten doch nur *eine* Sache neben vielen anderen ist. Sooo wichtig ist es dann auch nicht, dass man Gefahren auf sich nimmt, vielleicht sogar ins Gefängnis kommt oder was weiß ich, sich mit den Eltern überwirft, mit

der Schule anlegt und so weiter. Denn schon am Samstag sind die Gedanken nicht bei beim Klima, sondern bei der Party. Erst am nächsten Freitagmorgen sind sie wieder wirklich beim Klima. Aber wenn es Probleme gibt, wird man eben nicht mehr hingehen. Es ist dann noch immer wichtig, aber man beugt sich. Man will keine Probleme. Man will lieber ‚leben'. Und man kann das alles fein säuberlich trennen, kann abwägen, kann sagen, es sei sinnlos, immer zu leiden oder zu grübeln.
Dann aber werden die Demonstrationen nichts *ändern.* Wie sollen sie auch – gegen die Übermacht, die seit Jahrhunderten bestimmt? Macht und Geld? Bloß, weil man freitags nicht zur Schule geht? Du sollst mal sehen, wie schnell alle doch wieder zur Schule gehen, wenn da etwas Zwang ausgeübt wird. Einige Wenige werden sich widersetzen. Aber die meisten werden Angst bekommen oder das Risiko nicht eingehen, weil ihnen ihre *eigene* Zukunft dann doch wichtiger ist als die große Zukunft. So, wie es sinnlos ist, zu grübeln, ist es sicherlich auch sinnlos, sich einsperren zu lassen, wenn es eben nichts bringt. Im Gefängnis ist das ‚Leben' auch vorbei, also wird niemand so weit gehen. Man demonstriert nur, soweit es problemlos möglich ist.
Greta hat einmal gesagt, die Politiker und wir alle müssen heraus aus der ‚Komfortzone'. Aber wir *demonstrieren* auch noch mitten in der Komfortzone. Die Party am Samstag ist der Beweis. Am Freitag Einsatz für das Klima – die ganze übrige Woche Privatleben, also das eigentliche Leben. Da wird dann auch nicht gegrübelt, da hat man auch keine Sorgen, da lebt man eben – denn genau das möchte man. Die Sorgen sind erst wieder am nächsten Freitag dran. Und eigentlich macht auch die Demo selbst viel Spaß – und soll sie ja auch, stimmt's? Den Politikern wollen wir ‚den Spaß verderben', aber wir selbst wollen ihn selbst am Freitag haben. Für mich stimmt da was nicht. Genau das wird der Punkt sein, an dem die Demos irgendwann scheitern werden. Ich

weiß nicht, wann, aber das spielt ja auch keine Rolle. Wichtig ist nur, dass sie das System überhaupt nicht grundlegend ändern werden. Denn es wird sich nicht ändern *lassen.* Es lacht doch über die Schüler. Und wenn Lachen nicht reicht, wird der Druck kommen. Der wird reichen..."

„Boah, Marja...", Lucie geriet fast ein wenig außer sich. „Das ist ja richtig ... richtig scharfblickend, ich meine ... über all das habe ich mir noch überhaupt nicht ansatzweise Gedanken gemacht! Ich habe nur daran gedacht, dass, wenn es lange genug weitergeht, sich irgendwas schon bewegen muss. Und das sehe ich noch immer so. Aber du sagst jetzt, man *muss* ‚grübeln', man muss so sein wie du, sonst wird definitiv nichts passieren?"

„Ich sage nicht ‚definitiv'. Ich sage nur, da fehlt etwas, was ... na ja, was ... ein Ernst wäre, an dem niemand vorbei *könnte.* Wenn Hunderttausend jede Woche auf die Straße gehen würden, würde sich was ändern – was auch immer. Auch dann kann man sicherlich so tun, als würde man etwas ändern, es aber im wesentlichen fast alles beim Alten lassen. Aber wenn ein paar Schüler demonstrieren, und seien es noch Monate, wird man abwarten können, bis die Mehrheit der Erwachsenen selbst findet, dass sie langsam mal wieder in die Schule gehen könnten, weil man ja jetzt verstanden hat, was sie meinen. Oder denk doch nur mal dran, was passieren würde, wenn man Autofahren und Fliegen wirklich teurer machen würde. Dann würde der *Rest* der Bevölkerung demonstrieren! Aber dagegen. Also man kann unsere Demos erstmal sehr sympathisch finden. Es ist doch süß, wenn die Schüler demonstrieren! Aber aus der Komfortzone heraus will keiner. Die Politiker will man da gerne raus haben, aber sich selbst auch nicht. Und da beginnt es schon. Die Mehrheit will das Klima schützen. Aber die Mehrheit will auch jedes Jahr irgendwo hinfliegen. Die Mehrheit will auch jede Woche ihr Fleisch auf den Teller. Aber eins von beidem geht nur. Und

wie entscheidet sich die Mehrheit dann wohl? Wenn es hart auf hart kommt? Na ja, eigentlich will man doch nebenbei auch noch ein bisschen – oder sogar hauptsächlich – ‚leben'. Das heißt, Fliegen und Fleisch bleiben und ... na ja, den Politikern stimmt man doch kleinlaut bei, dass sie es ja doch nicht alles so ganz falsch gemacht haben. Protestieren und Klimaschutz fordern in der *Komfortzone* ist sehr einfach! Dass wir alle umdenken müssen, hat glaube ich noch niemand so richtig begriffen. Und die meisten werden auch nicht bereit dazu sein. Auch die meisten unserer Mitschüler nicht, Lucie. Und die Frage ist, ob wir bereit dazu sein werden, du und ich. Wie weit geht man, wenn man umdefinieren muss, was ‚Leben' *überhaupt* bedeutet? Wie weit kann man sich für die Erde verantwortlich fühlen, wenn es das beeinträchtigt, was man bisher ‚Leben' genannt hat? Und wo hört die ‚Rücksicht' auf, weil man eben auf das ‚Leben' doch nicht so ganz verzichten will? Wie weit meint man es *ernst*?
Die Politiker werfen uns vor, wir demonstrieren nur, um freitags die Schule zu schwänzen. Das ist natürlich nicht so. Aber wie weit demonstrieren wir, weil wir uns noch bequem mitten in der Komfortzone befinden? Und was ist, wenn wir das nicht mehr tun? Wenn uns selbst klar wird, was das bedeutet, was wir selbst fordern? Sind *wir* bereit, nicht zu fliegen? Oder nur dann nicht mehr, wenn es alle anderen auch nicht mehr tun? Wenn wir etwas Allgemeines durchsetzen wollen, ohne bereits selbst damit anzufangen, sind wir nicht besser als die Politiker – die nämlich auch nie mit einem Land anfangen, wenn es nicht für alle gilt. Und da sich immer welche wehren, wird es nie zu irgendetwas kommen, weder im Großen noch im Kleinen."

„Aber wir sind doch in ganz vielem besser als die Politiker, die alles –"
„Ja, aber jetzt reden wir vom Klima, Lucie. Wie ist es denn da? Am Freitag demonstrieren wir für den Schutz des Kli-

mas. Alle Freitage. Aber im Sommer fliegen alle mit ihren Eltern in den Urlaub, stimmt's? Und wenn man alt genug ist, sogar alleine. Und wer ist nicht ‚heiß' auf ein Austauschjahr in Amerika – oder Australien? Als wenn man auf verschiedenen Planeten leben würde. Einer für das Klima und einer für den Rest. Einer für den Ernst und einer für das Leben. Wie viele, denkst du, haben das schon einmal zusammengedacht? Bemerkt, dass es um diese Fragen geht? Und nicht nur um irgendwelche Forderungen an die Politiker. Sondern es geht um das Austauschjahr in Amerika. Oder was denkst du? Denkst du, wir brauchen nur genügend Sonnenenergie und genügend abgeschaltete Kohlekraftwerke – und die Flugzeuge fliegen künftig auch mit Sonnenenergie? Vielleicht wird das ja möglich. Ich glaube nicht, dass das so schnell geht. Es wird also auch künftig immer mehr geflogen werden, weil noch niemand davon gesprochen hat, dass das weniger werden muss. Gut finden kann das jeder – aber es wird eben niemand darauf verzichten. Man müsste aber mal *Ernst* mit diesen Dingen machen – und sich klar darüber werden, was die Konsequenzen sind! Darauf hat niemand Lust. Man will das Klima schützen *und* jedes Jahr mehr fliegen. Das aber ist einfach nur Dummheit. Es ist absolut dumm. Es ist nicht besser als die Sonntagsreden der Politiker. Man denkt eben selbst auch nicht nach. Man fordert, was sich schön anhört – aber das tun die Politiker auch dauernd. Ich weiß gar nicht, was wir von ihnen fordern. Wir schwingen die gleichen Sonntagsreden wie sie. Sie sollten mal von *uns* etwas fordern, nämlich: Wenn ihr das so ernst meint, seid ihr dann bereit dafür? Seid ihr bereit für regionalen Urlaub, für zwei Euro pro Liter Benzin? Für größtenteils vegetarische Ernährung? Wenn ihr uns die Mehrheiten dafür liefert, erlassen wir sofort entsprechende Gesetze. Wir tun gern, was ihr wollt. Die Frage ist nur: wollt ihr?"

„Hei-di-dei... Marja... Ich komme gar nicht mehr mit. So hast du noch nie gesprochen. Ich weiß gar nicht mehr, was ich denken soll. Offenbar sind unsere Demos völliger Blödsinn. Ich meine, offenbar sollten wir uns erst einmal selbst ändern, bevor wir versuchen, die Politiker zu ändern. Aber die Politiker müssen die notwendigen Dinge doch *trotzdem* durchsetzen!?"
„Nein – die Politiker wären schön dumm, wenn sie das täten. Dann würde man sie ja nicht mehr wählen. Und sie haben damit in gewisser Weise völlig Recht! Warum sollten *sie* etwas durchsetzen, was die Mehrheit gar nicht will? Das wäre ja nicht mal demokratisch. Erst muss die Mehrheit wollen – dann können die Politiker diesen Willen ausführen. Der Ausstieg aus der Atomenergie war gewollt. Manches, was die Mehrheit will, wird noch immer nicht gemacht. Aber ‚Klimaschutz' kann man schnell wollen – es geht darum, was Klimaschutz *bedeuten* würde. Und *das* muss die Mehrheit erst einmal wollen. Erst dann wird es realistisch. Man kann den Politikern gar keine Schuld geben. Sie könnten zwar, wenn sie wollten, die Dinge vorsichtig anschieben, aber sie wissen sicher sehr gut selbst, auf welchem Pulverfass sie sitzen. Nicht in Bezug auf die große Zukunft, sondern in Bezug auf die Folgen schon kleinster Maßnahmen in die richtige Richtung. Wenn irgendwann nicht nur ein paar unwichtige Schüler demonstrieren, sondern das halbe Land der Autofahrer, *dann* wird es richtig kritisch..."

„Dann hätten also die Demos null Sinn..."
„Sie haben Sinn. Aber die Politiker sind in einer Zwickmühle, die wir überhaupt noch nicht durchschaut haben. Weil wir selbst auf unsere Komfortzone keineswegs verzichten wollen – und alle anderen noch weit weniger. Wir sagen, es ist nicht unsere Aufgabe, Lösungen zu finden. Das stimmt auch. Und es stimmt auch, dass es die Aufgabe der Politiker ist, die Zukunft zu schützen und Lösungen zu finden. Aber es stimmt

auch, dass wir selbst es uns auch noch viel zu bequem machen. Die Demos *sind* für die meisten Spaß – neben einem Gefühl der Sorge. Aber das reicht nicht. Fordern allein reicht nicht. Die meisten denken das. Aber ich denke nicht, dass die Politiker allein oder auch nur hauptsächlich dafür verantwortlich sind, Lösungen zu finden. Die Politiker können auch niemandem sagen, dass man kein Fleisch essen darf. Sie *können* letztlich auch das Benzin nicht zwei Euro teurer machen oder das Fliegen verbieten oder ebenso teuer machen. Das wird gar nicht möglich sein. Die Politiker sind machtlos, wenn sich nicht *alle* ändern."

„Warum können sie das Benzin nicht teurer machen, *damit* sich langsam alle ändern und neue Lösungen überlegen?"

„Weil das nicht passieren würde. Es würde Proteste dagegen geben, gegen die unsere Spaßproteste im Moment ein Klacks sind."

„Aber –"

„Nein, nichts ‚aber'. Und dann würde zum Beispiel die AfD sich hinstellen, die alten Benzinpreise versprechen und die absolute Mehrheit bekommen!"

„Ach, du meine Güte."

„Ja, so würde es kommen. Überleg dir das mal..."

„Und was sollen wir nun tun?"

„Ich habe keine Lösung. Die Menschen müssen sich alle ändern. Wirklich ändern. Die Erde wird nur gerettet werden können, wenn wir *nicht* mehr nach Amerika oder Australien wollen; wenn wir nicht mehr Fleisch essen wollen; wenn uns das Autofahren nicht mehr mehr wert ist als der ganze Planet; wenn wir die Verantwortung für alles, für die Erde, *wirklich empfinden*. Vorher ist es sinnlos. Greta hat Recht. Die Komfortzone zerstört diese Welt. Aber das betrifft nicht nur die Politiker. Und das müssen wir begreifen. Dann machen auch die Demonstrationen wieder Sinn. Aber sie sind nur *eines*."

„Ja, das verstehe ich."

Sie atmete einmal tief aus. Sie fühlte sich auf einmal sehr erschöpft...

„Und jetzt?“, fragte Lucie.
„Jetzt kann ich auch erst einmal nicht mehr... Jetzt reicht es auch vielleicht erst einmal...“
„Ja. Ganz sicher.“
Sie blickte Lucie einen langen Moment lang an.
„Lucie...?“
„Ja?“
„Bist du mir ... wegen irgendetwas böse oder so? Du weißt, dass ich dich nie –“
„Nein, ach was. Denk doch so was nicht, Marja! Auf keinen Fall. Würde ich doch auch nie sein...“
Sie fühlte sich erleichtert.
„Ich ... ich sage dann, was ich denke, und ich kann dann nicht gleichzeitig darüber nachdenken, ob du es vielleicht persönlich nehmen könntest oder so, verstehst du? Aber ich *meine* es nie persönlich. Ich meine, vielleicht könntest du das denken, oder mich zu streng finden oder was auch immer. Du willst schließlich auch nach Amerika, und ich habe dann immer von diesem ‚leben’ gesprochen und so weiter...“
„Ach, Marja, du bist so lieb... So echt süß...!“
Eine beruhigende Wärme breitete sich in ihr aus.
„Das verstehe ich doch, Marja. Ich weiß genau, was du meinst, wenn du so was sagst. Wenn *du* so was sagst, ist mir sofort klar, dass du Recht hast. Ich meine, die Dinge werden dann einfach deutlich. Du greifst ja auch niemanden an. Oder aber alle. Du schließt niemanden aus, dich auch nicht. Aber du machst einem deutlich, wo man selbst vielleicht zu kurz greift...“
„Aber das mit dem ‚leben’ und so, das ist doch deine Überzeugung...“
„Ja, darüber muss ich mal nachdenken. Aber das heißt nicht, dass ich nicht sofort verstehen würde, was *du* meinst. Und

obwohl ich es vielleicht für mich nicht sofort einsehe oder vielleicht noch überhaupt nicht einsehe, heißt das nicht, dass ich nicht in dem Moment, wo du davon sprichst, einsehe, dass du irgendwie *Recht* hast. Für dich stimmt das vollkommen, und wahrscheinlich stimmt es sogar überhaupt. Ich muss das mal durchdenken. Aber ich weiß, dass du Recht hast, irgendwie. Das ist eine spannende Frage. Aber – na ja, was ich eigentlich sagen will, ist einfach: Du brauchst dir keine Sorgen machen, dass ich etwas falsch verstehen würde, was du sagst. Das brauchtest du noch nie und brauchst es auch jetzt nicht."
„Danke, Lucie..."
„Nein, ich danke dir. Ich meine, wer hat schon so eine liebe Freundin? Ich schätze, kein anderer..."

Sie schwieg beschämt. Mit solchen Worten konnte sie überhaupt nicht umgehen...

„Ähm...", setzte Lucie nach einer Weile noch einmal an. „Aber heißt das jetzt also, dass du nie auf eine Party gehen würdest?"
„Du kennst mich doch, Lucie. Was soll ich denn da?"
„Ich meine, ginge es *generell* nicht? Weil du in diesem Sinne eben nicht ‚leben' willst?"
„Es ist einfach, dass ich damit gar nichts anfangen kann."
„Aber ich meine, wenn du könntest."
„Wie – was meinst du denn jetzt? Wie ‚wenn ich könnte'?"
„Wenn du damit etwas anfangen *könntest*. Würdest du es dir trotzdem verweigern, weil es dem anderen widerspricht?"
„Das ist doch ganz theoretisch – ich weiß gar nicht, was ich dazu sagen soll. Ich weiß nicht, was ich auf einer Party soll – ich *kann* damit nichts anfangen. Das ist schon alles. Auf eine Geburtstagsfeier oder so gehe ich doch sehr wohl. Aber das ist keine Party. Ich mag Partys einfach nicht."
„Aber theoretisch könntest du?"

„Was meinst du denn? Warum fragst du denn die ganze Zeit, Lucie?"
„Nur so... Ich meine – ach, vergiss es..."

Jetzt war sie neugierig geworden. Außerdem konnte sie einen angefangenen Faden nicht einfach so fallenlassen – erst recht nicht, wenn sie merkte, wie wichtig es ihrer Freundin eigentlich zu sein schien.
„Was meintest du denn nun?"
Lucie sah sie zweifelnd an. Dann sagte sie:
„Ach, na weil Samstag wieder so eine Party wäre. Das heißt ist. Ich gehe dahin, und ich hatte mir gedacht, vielleicht kannst du *einmal* mitkommen. Einfach nur so. Einfach nur, weil ich es möchte. Ich meine, um es einmal gemacht zu haben."
„Und warum?"
„Marja, weil ich einfach wissen will, ob es wirklich nichts für dich ist. Ich meine nie und nie. Ich meine, du weißt es doch selbst nicht. Du denkst es nur. Aber wenn es *doch* etwas für dich ist? Ich meine, wenn es nicht einfach nur völlig negativ ist, sondern – sagen wir – doppeldeutig? Nein, ich meine: wenn es auch positive Seiten hätte? Die man natürlich erst kennenlernen müsste. Aber, also – verstehst du?"
„Aber Lucie, ich kenne mich doch. Und du mich auch. Aber selbst wenn du mich nicht kennen würdest, weiß ich doch, dass Partys nichts für mich sind. Und ich will es nicht einmal herausfinden. Es ist mir absolut deutlich. Partys sind nichts für mich. In beiderlei Hinsicht. Ich bin auch nichts für eine Party. Ich könnte sie doch nur verderben. Was *soll* ich denn da – aus Sicht der Party?"

„Ach, Marja, du bist süß! Machst du dir jetzt sogar um die Party Gedanken? Die Party als Lebewesen?"
„Ja, ist doch so. Alle machen da etwas, und haben Spaß und so. Und dann komm ich – und mache nichts und weiß nicht,

was ich da soll. Und das würde man doch merken – und dann hätte man auch selbst gleich etwas weniger Spaß und würde sich fragen: Was macht die denn hier? Kann die nicht wegbleiben? Die will doch sowieso nicht hier sein. Und die Party, wenn sie ein Wesen wäre, würde auch sagen: Was machst du hier? Du gehörst doch gar nicht hierher? Ich habe dich nicht eingeladen. Und das weißt du auch selbst."

Lucie bekam leuchtende Augen und konnte sich kaum einkriegen vor einer rätselhaften Begeisterung.
„Marja, echt – du bist so *süüüß*! Ich kapier nicht, wie du dich in alles so hineinversetzen kannst. Sogar in eine Party! Ich habe darüber noch *nie* nachgedacht! Denkst du wirklich, eine Party – also ich meine jetzt wirklich, eine Party, was ist eine Party überhaupt? Aber wenn sie ein Wesen wäre –, eine Party würde so denken?"
„Ja, warum nicht? Ich denke schon..."
„Ich denke, selbst die Party würde dich mögen, vielleicht sogar mehr als alle anderen. Gerade weil du die Einzige bist, die sogar an sie denkst! Während alle anderen sagen: ‚Coole Party', aber sie meinen nur das, was so stattfindet, die Musik, die Leute, die Stimmung. Aber du denkst an die Party *selbst*! Als ob sie ein Wesen wäre. Und wenn sie ein Wesen ist, bist du die Einzige, die *daran* denkt! An die Party selbst..."
„Na jaaa...", sagte sie langgezogen. „Es war doch nur ... *du* hast mit dem Lebewesen angefangen. Ich glaube, ich meinte es zuerst gar nicht so."
„Egal. Aber es passt zu dir. Ich weiß nicht mehr genau, was du gesagt hattest. Aber ich habe es mir garantiert auch nicht ausgedacht. Ich wäre gar nicht darauf *gekommen*, wenn du es nicht irgendwie so gesagt hättest."
„Egal, wie auch immer. Also ich bin nichts dafür."
„Aber jetzt mal grundsätzlich. *Wenn* die Party nichts gegen dich hätte, dich vielleicht sogar gern dabei haben würde – also ich meine jetzt nicht die Leute, sondern die Party selbst,

also als Wesen, und wenn du auch die übrigen Leute nicht stören würdest, ich meine, keine Angst davor haben müsstest, weil du es nicht tust – dann? Würdest du es mir zuliebe einmal ausprobieren?“
„Aber ich weiß jetzt schon –“
„Das ist doch egal, Marja! Trotzdem. Ich meine, mir zuliebe. Würdest du es dann tun?“
„Du weißt doch, dass ich dir zuliebe alles tun würde. Wenn es dir so wichtig ist, dann –“

„Okay!“, jubelte Lucie. „Toll! Das ist ja großartig! Das ist ja unglaublich, Marja!“
„Wieso freust du dich denn so?“
„Einfach so. Weil ich nie gedacht hätte, dass du dazu doch bereit bist. Ich meine, ich hatte es vielleicht gehofft, aber nicht geglaubt. Also...“
„Und warum ist es dir so unglaublich wichtig?“
„Weil ich dir irgendwie zeigen will, was dieses ‚Leben' für mich ist, Marja. Und vielleicht auch für dich. Ich meine, irgendwie. Du sollst dich ja gar nicht ändern. Ich will nur ... ich will nur, dass du dieses Andere vielleicht auch ein wenig kennenlernen kannst. Vielleicht auch mögen lernen... Einfach nur das...“
„Aber das wird nicht passieren, Lucie. Ich ... ich werde dich also dann enttäuschen. Das möchte ich aber gar nicht...“
„Das brauchst du nicht – ich meine, davor Angst zu haben. Ich ... ich will es nur einmal versuchen. Also ... nur einmal versucht haben. Nur einmal sehen, wie du es versucht hast. Aber du musst dir zumindest *Mühe* geben. Du musst auch das irgendwie ernst nehmen…“
„Und wie soll ich das machen?“
„Du musst *versuchen*, Spaß zu haben!“
„Ach du je...!“
„Ja!“, grinste Lucie.
„Und was heißt das?“

„Keine Ahnung. Dich mit jemandem unterhalten. Tanzen. Vielleicht einen Jungen kennenlernen...“

„He...“, sagte sie, auf einmal von einem schlimmen Verdacht berührt. „Heißt das, dass du schon jemanden im Auge hast?“
„*Nein!*“, erwiderte Lucie empört. „Das würde ich nie tun! Ich würde dich doch nicht heimlich hintergehen! Ich meine es ganz unschuldig. Wirklich so, wie ich gesagt habe. *Du* sollst das eine oder andere versuchen. Oder vielleicht auch alles auf einmal. Du sollst einfach nur versuchen, wie es ist, auf einer Party auch Spaß zu haben. Das heißt ja nicht, dass du die Welt in dieser Zeit vergessen sollst – ach ... Scheiße, natürlich heißt es das irgendwo doch. Aber ich meine, Marja, ich meine, du *musst* es einmal versuchen. Du musst herausfinden, dass Tanzen oder so auch Spaß machen kann. Dass man auch einmal *für kurze Zeit* das Übrige vergessen kann. Auch dafür mal. Für Tanzen und Spaß haben Und das alles.“
„Aber das macht mir keinen Spaß.“
„Aber es könnte doch vielleicht. Du sollst es nur einmal probieren. Du sollst einmal *versuchen*, Spaß zu haben. Vielleicht *macht* es dann ja plötzlich auch ein bisschen Spaß. So, wie es einem gleich besser geht, wenn man vor dem Spiegel lächelt, obwohl einem gar nicht danach zumute ist.“

Sie musste losprusten vor Lachen.
„Aha! Das wird also so eine Art Spiegeltherapie.“
Lucie freute sich mit.
„Ja, wenn du so willst. Marja – ich lieb’ dich so sehr. Ich ... würde mir einfach wünschen, dass du ab und zu glücklicher bist. Ich will nichts unversucht gelassen haben. Und ich will nur *einmal*, dass du es versuchst und dir Mühe gibst – mehr nicht. Wenn du dir *wirklich* Mühe gibst und es dann *trotzdem* nicht klappt ... dann frage ich auch nicht mehr...“

Wieder wurde sie von einer ungeheuren Wärme durchflutet, spürte die ganze Liebe ihrer Freundin, und inmitten dieses unbeschreiblichen Wärmegefühls sagte sie:
„Also gut..."
„Jaaa! Jippiieee!", jubelte Lucie.

Am folgenden Freitag war die Demonstration noch größer als zuvor. Als sie die am Ausgangspunkt mit zahllosen selbstgemalten Schildern und Transparenten zusammenströmenden Schülerinnen und Schüler aller Altersstufen erblickte, von denen sie wiederum ein Teil waren, fragte sie sich, ob sie sich geirrt habe. Sie spürte die lebendige Realität so vieler Menschen, junger Menschen, Schülerinnen und Schülern, denen das, wofür sie hier waren, wirklich ernst war – und sie schämte sich fast für so manches, was sie vor wenigen Tagen zu Lucie gesagt hatte. Wenn sie diese Altersgenossen sah, dann konnte sie daran nichts verurteilen, dann hatten sie alle tief Recht – und aus keinem anderen Grund war sie selbst ja auch hier. Sie konnte niemandem vorwerfen, er sei nicht ernst genug. Nicht, wenn sie irgendeinem dieser Mädchen und Jungen, die selbst an ihren Transparenten gemalt, gebastelt, gebaut hatten, in die Augen blickte... Dann war da in ihrem Herzen nur Liebe für jeden Einzelnen. Sie sah zwei Mädchen, die vielleicht in die dritte oder vierte Klasse gingen und die zusammen ein an zwei Stöckern festgemachtes Transparent trugen, und ihr Herz zog sich vor schmerzlicher Zuneigung zusammen, als sie in diese Augen sah. Da war nichts von Unernst. Diese Mädchen waren vielleicht genau wie sie... Man sah nichts außer Aufrichtigkeit...

Einen Moment lang dachte sie wieder an Russland. Treue zur Erde. Christusmädchen... Es zog wie ein Herzensgedanke von Engelhand für einen einzigen Augenblick durch ihre Seele...

Nach kurzer Zeit setzte sich die ganze Menge in Bewegung. Es gab Sprecher, deren Stimmen durch Lautsprecher tönten, obwohl sie nicht genau sagen konnte, wo diese waren. Es gab auch Musik zwischendurch. Die Demonstrationen schienen sich zu professionalisieren. Sie lief mit Lucie mit, und Lucie schien die ganze Stimmung zu genießen und sich über diese

Entwicklung zu freuen. Sie selbst hatte dabei ein sehr zwiespältiges Empfinden. Sie nahm Lucies Hand, weil sie ein Bedürfnis danach hatte, und während sie so weitergingen, konnte sie ungestört ihren Gedanken nachhängen.

Diese vielen jungen Menschen, Tausende wieder, waren reinstes *Leben.* Man fühlte sich natürlich einem gemeinsamen Ziel verbunden – und das gab ein wunderbares Gefühl. Man stand ja auf der richtigen Seite... Es war wichtig, was sie taten, wichtig und richtig. Was auf den Transparenten stand, diese Fragen *mussten* jetzt gestellt werden. Und was für ein befriedigendes, erfüllendes Gefühl, zu denen zu gehören, die dies forderten und nicht versäumten. Das war das eine. Das fühlten sicher alle, die jetzt hier waren.

Das andere war dieses Professioneller-Werden. Es verlieh den Demonstrationen noch mehr Kraft, aber nicht nur das. Es machte sie auch zu etwas Organisiertem. Immer klarer war die Route, die Tatsache, dass es Sprecher gab, Musikwagen, einen Ablauf, Leute die vorangingen – und Leute, die folgten. Leute, die auf Abschlusskundgebungen sprachen, und solche, die zuhörten. Es gab Anführer, und es gab die Übrigen. So, wie es Wahlvolk gab, gab es auch Demonstrationsvolk. Eine Demonstration war nichts ohne Masse. Aber was war die Masse? Man lief mit – aber tat man noch mehr? Wer hatte die Organisation in der Hand? Und wie behielt man die innere Verbindung zu dem, was da geschah?

Ihr fiel es schwer, hier einfach so mitzugehen. Sie empfand das Professioneller-Werden wie ein Loslösen des Sinns, so merkwürdig das auch schien. Der Sinn hatte sich schließlich nicht geändert. Aber sie wollte nicht einfach nur ein Rädchen im Getriebe sein. Sie wollte nicht einfach einem Lautsprecherwagen hinterherlaufen, aus dem manchmal auch Musik kam, was den Leuten zu gefallen schien, ihr aber nicht, weil sie auf irgendeinen ‚Eventcharakter' gar keinen Wert legte. Sie wollte nicht unterhalten werden – und sie fand es sogar falsch, aber das konnte sie niemandem erklären, weil es eben allen anderen gefiel und sie es gut fanden. Und sie fand auch, dass jede neue Rede oder jeder wiederholte Slogan das Ganze gefährlich ins Flachwasser trieb – wie einen gestrandeten Wal. Die Wiederholung gewisser Slogans schien auch wieder die Kraft zu steigern, weil es gerade Beharrungsvermögen zeigte, die Botschaft: ‚Wir sind auch diese Woche wieder da!' Aber sie verwässerten auch. Sie wurden eine Gewohnheit – und eine Gewohnheit war nicht mehr dieselbe Kraft.

Als sich wieder die Rufe erhoben: ‚Wir sind hier, wir sind laut...!', wehrte sich in ihr vieles, mitzurufen, und sie konnte es nicht tun. Lucie merkte es, und sie fragte danach.
Hilflos konnte sie erst einmal nichts sagen. Schließlich versuchte sie, ihre eigenen Gedanken zu ordnen und begann mit dem Versuch, sie auszudrücken:
„Für mich ist es nicht mehr dasselbe wie bei den ersten Malen. Du kannst es machen – da ist es gut. Es gefällt mir, wenn du es mitrufst. Zu dir passt es. Ich kann es nicht mehr. Wir haben ja über vieles gesprochen. Aber es ist auch die Wiederholung als solche. Auf einmal ist es *organisiert* – und dann kann ich es nicht mehr. Mir gefallen auch diese Wagen nicht wirklich. Es macht mir Angst, dass das alles so organisiert ist und man einfach nur noch mitläuft. Das ist natürlich bei jeder Demonstration so. Und die meisten stört es überhaupt nicht, im Gegenteil. Aber es entfremdet von der Sache selbst, und man ist dann nur noch Demonstrationsvolk."
„Wieso, wir *wollen* doch alle das, was wir hier fordern."
„Ja, aber *ich* fühle mich den Leuten auf diesen Wagen nicht verbunden. Ich würde es vielleicht ganz anders machen. Ich würde auch nicht diese Sachen rufen. Es ist also nicht meine Demonstration – sie machen es ganz anders, als ich es machen würde. Vielleicht liegt es ja nur daran..."

„Aber man muss es ja irgendwie machen. So ist es doch *auch* gut...“
„Ja, schon. Das ist wieder mein generelles Problem. Dass ich eben ganz anders bin.“
„Das ist doch nicht schlimm, Marja.“
„Ja, nur fühle ich mich dann auf einmal selbst hier fremd.“
„Ich bin doch bei dir...“
Lucie nahm von selbst ihre Hand...

So ging es eine ganze Weile.
Als die Demonstration schließlich ihren Zielort erreicht hatte, wiederholten sich die Rufe dauerhaft. Dann begannen auch die verschiedenen Reden. Mit vielem konnte sie sich da wieder identifizieren. Aber manches klang nun in ihren Ohren eben auch wiederum leerer als am Anfang, weil es sich wiederholte und weil sie sich inzwischen all diese Gedanken gemacht hatte und wusste, dass die eigentlichen Fragen erst berührt wurden, wenn man konkret werden würde – alle gemeinsam.
Und dann begannen die Hüpfaktionen. Das Hüpfen wurde zu einem Symbol – und dagegen wehrte sich ihr Inneres noch mehr als gegen das bloße Rufen. Sie hatte keine Lust, etwas zu tun, was irgendjemand auf irgendeine Weise vorgegeben hatte. Sie fühlte sich auf diese Weise fremdbestimmt – also tat sie es nicht. Lucie machte erst mit, aber hörte nach einer Weile auch auf, weil ... sie offenbar nichts tun wollte, was sie, Marja, nicht gut fand. Oder spürte sie es auf diese Weise auch selbst?

„Magst du das auch wieder nicht?“, fragte Lucie.
„Mach ruhig...“, erwiderte sie etwas verloren.
„Und warum das nicht?“
Sie atmete einmal hilflos ein.
„Das bin ich genauso wenig wie ein Partymensch, Lucie. Ich *kann* nicht auf Kommando springen!“

„Es ist doch ein Zeichen, Marja. Vielleicht wird es irgendwo im Fernsehen gezeigt, heute Abend. Ist doch eine tolle Idee – oder nicht?“
„Ja, kann sein – es können ja auch alle machen. *Ich* will es nur nicht machen. Es kommt mir vor wie irgend so eine Modern Dance Choreografie, oder ‚Tanz dich fit’, Aerobic oder so was. Das mach ich nicht.“
„Aber vielleicht könntest du dich gerade dadurch wieder mit den anderen vereint fühlen?“
„Nein – ich würde mich gerade wie eine *Marionette* fühlen. Nicht einmal mehr mit mir selbst vereint!“
„Ach, Marja... Es ist ganz schön schwer mit dir...“
„Ich kann ja gehen...“
Sie war schon dabei, sich voller Schmerz umzuwenden, da packte Lucie sie am Handgelenk.
„So meinte ich es nicht, Marja! Tut mir leid. Ich meinte doch nur, es ist schwer, dass es dir *auch* gut geht. Ich finde es schade – aber ich finde es vor allem schade, dass es dir nicht gut geht...“
„Es geht mir ja gut. Ich will nur nicht mitmachen...“
„Echt?“
„Ja, echt.“
„Sonst geht es dir gut?“
„Ja, Lucie.“
„Es ist trotzdem blöd, ohne dich zu hüpfen.“
„Mach, wie du denkst, Lucie.“
„Ohne dich hüpfe ich auch nicht.“
„Ist doch auch gut... Tut mir leid, Lucie...“
„Nein... Ach, Marja, manchmal frag ich mich, warum ich dich so liebhabe... Aber das habe ich einfach...“

*

Sie gingen schließlich wieder Hand in Hand nach Hause. Sie wohnten beide nicht weit voneinander entfernt und hatten also immer fast denselben Weg.

„Ich glaube aber schon, dass die ganzen Demos an Fahrt aufnehmen – hier und auch in anderen Städten."
„Ja, das kann gut sein."
„Ist doch gut! Finde ich toll."
„Ja."
Lucie sah sie von der Seite an.
„Aber du bist mit den Gedanken schon wieder ganz woanders, nicht wahr?"
„Ja – da, wo wir neulich schon waren. Da bin ich ja immer..."
„Glaubst du nicht daran, dass wir hiermit etwas *bewegen*?"
„Doch, vielleicht. Aber – na ja, du weißt ... für mich ist das Ganze viel zu groß. Die eigentlichen Fragen beginnen dann doch erst."
„Aber denkst du nicht, dass wir genau da hinkommen müssen? Dass Greta genau dasselbe meint?"
„Ja, schon. Ich weiß auch nicht, Lucie... Es klingt immer so, als würde ich aus allem ein Problem machen. Tue ich ja auch. Es ist nur so, dass ich glaube, dass wir die ganze Komplexität überhaupt nicht überschauen. Wir denken, es wäre alles großartig, wenn ‚etwas bewegt' werden würde. Aber wir sehen gar nicht, wie riesig das wird, werden müsste. Wir sehen wohl noch nicht mal die Spitze des Eisberges."
„Jetzt übertreibst du aber. Es geht nur darum, die Klimagase zu stoppen."
„Aber du weißt doch, was dazugehören würde. Genau für dieses Stoppen müsste sich *alles* ändern! Alles. ‚Stop' auf ein Schild zu schreiben, ist schnell getan. Es zu rufen, auch. Hüpfen kann man auch schnell. Aber wenn man morgen nicht mehr in ein Flugzeug oder ins Auto hüpfen dürfte? Dann? Aber das geht gar nicht. Das muss man erst einmal erreichen. Dass das alle mittragen. Sonst haben wir keinen Klimaschutz.

Sonst haben wir nur Transparente und Schilder. Aber niemanden, der bereit ist, zu tun, was da draufsteht."

„Ja, aber darüber zu sprechen zu beginnen, wäre doch ein Anfang."
„Ja."
„Und wollen wir nicht genau das?"
„Ja."
„Also ist es dann *doch* gut..."
„Ja."
„Aber?"
„Nichts aber. Es ist gut."
„Ach, Marja. Aber warum bist du denn nie zufrieden?"
„Lucie... Ich mache mir einfach Sorgen, weil es erstens völlig in den Sternen steht, dass *irgendetwas* erreicht wird – und zweitens in den Sternen steht, ob dann *irgendetwas* daraus hervorgeht. Und drittens, weil bis dahin sowieso jeder weitermacht wie bisher. Demonstrieren und nach Amerika fliegen, verstehst du? Worauf soll man denn hoffen? Womit soll ich denn zufrieden sein? Damit, dass demonstriert wird? Es geht um das, was wirklich bewegt wird. Aber bewegt wird nur das, was sich selbst innerlich bewegt. Wir bewegen nur so viel, wie wir *uns* bewegen. Aber nicht mit Hüpfen, sondern innerlich. Über unseren eigenen Schatten müssten wir springen. Das wäre was..."
„Also nicht nach Amerika."
„Nein."
„Okay."

Wieder spürte sie in ihrem Herzen diesen wehen Schmerz einer unendlichen Liebe zu ihrer Freundin. Womit hatte sie eine so liebe Gefährtin nur verdient?

„Und ... was denkst du jetzt?", fragte diese.
„Ich denke, dass ich dich unbeschreiblich liebhabe, Lucie..."

„Und wieso?“
„Es gibt so Momente, wo ... alles den Atem anhält, weil nichts mehr hinzugefügt werden muss.“
„Wer hält den Atem an?“
„Na, zum Beispiel die Engel...“
„Was?“
„Ich kann es einfach nicht erklären, Lucie. Kannst du verstehen, dass manches einfach nicht zu beschreiben ist? Sonnenuntergänge. Regenbögen. Schmetterlingsflügel. Angehaltener Engelatem. Und solche Momente eben...“
„Und Marja...“
„Ja, Marja auch...“

Lucie hatte es bis zum Samstag offen gelassen, zu welcher Party sie fahren würden. Und sie hatte Angst gehabt, dass es irgendjemand aus der Klasse sein würde – und sie also jeden kennen würde und trotzdem oder gerade deshalb nicht wissen, was sie nun auf einer solchen Party sollte. Aber es war ganz anders – es war einer von Lucies weitläufigen Kontakten, und es war nicht einmal in Berlin, sondern in einem Städtchen des nahen Umlands. Dorthin waren sie jetzt mit der Regionalbahn auf dem Weg.

Als sie sich getroffen hatten, war sie ganz erstaunt gewesen, dass Lucie sich viel stärker als sonst geschminkt hatte – Augen, Wangen, auch mit viel Glitzer. Sie hatte Lucies eigenes nachschulisches Leben ja bisher nie geteilt – und wenn Lucie mit ihr zusammen war, war sie immer so, wie sie sie auch in der Schule kannte: mit *wenig* Schminke, und auch das nicht immer. Sie hatte das erst befremdlich gefunden, aber Lucie hatte sie sehr schnell beruhigt, und so lange sie ihre innere Nähe spürte, war alles gut.
Dennoch betrachtete sie immer wieder das so ungewohnt veränderte Gesicht. Und schließlich fragte sie:
„Warum denn so viel Schminke?"
Sie saßen allein in einem Abteil, die Züge Richtung Hauptstadt waren am Wochenende gewiss viel voller.
„Weil ich einfach Lust habe. Ist doch cool."
Sie schwieg und fühlte sich mit der Antwort ein wenig wie mit Zuckerwatte im Mund – es wurde blitzschnell weniger. Sie konnte die Antwort nicht wirklich verstehen.
Lucie merkte es und fügte hinzu:
„Es macht Spaß, sich zu verändern. Am Wochenende jemand anders zu sein. Jeden Tag eigentlich. Aber am Wochenende besonders. Es ist etwas Besonderes. Man ist einfach erst recht man selbst."
„Erst recht?"

„Ja – ich kann machen, was ich will. Ich schminke mich auf meine ganz eigene Art. Das bin ich, Marja...“
Vorsichtig fragte sie:
„Und sonst *nicht*...?“
„Doch sonst auch. Aber sonst nur so, wie ich eben geboren wurde. Man kann sich das alles ja nicht aussuchen. Aber was ich damit dann *mache* – das bin ich wirklich...“

Das war für sie ein ungewohnter Gedanke. Also nicht die Schminke oder so – sondern die Art, der Stil...
„Das heißt...“, fragte sie noch immer zögernd, „du machst es nicht, um ... ‚schöner‘ zu sein oder so?“
„Nein, nicht wirklich – nicht so wie die meisten Frauen wahrscheinlich. Ich mache es einfach, weil ich Lust habe. Ich *finde* es schön. Ich finde auch mich dann schön. Deswegen mache ich es auch. Aber nicht, um mich zu verschönern, sondern, weil es *an sich* schön ist. Ich mag es, mich jedes Mal irgendwie anders zu schminken. *Das* ist schön. Und deswegen mache ich es. Weil ich dann genau das jedes Mal bin.“
Lucie sah sie an. Und weil sie noch immer irgendeine Frage sehen mochte, sagte sie, wie wenn man jemandem mit leiser Eindringlichkeit zuredete:
„Ich bin nicht der *Glitzer*, Marja. Ich bin die, die heute den Glitzer schön findet. Das ist alles.“
Dann lachte sie kurz auf.
„Na gut, ich finde Glitzer eigentlich immer schön. Ist wahrscheinlich mein Stil. Aber was soll’s – es ist trotzdem jedes Mal anders, und darauf kommt’s mir an. Ich hasse die Vorstellung, dass eine Frau sich vor den Spiegel stellt, um sich jedes Mal streng sorgfältig gleich und identisch zu schminken. Furchtbar! Ich mach’ genau das Gegenteil – hoffe ich wenigstens...“

Nun musste auch sie lächeln. Jetzt verstand sie es irgendwie. Und sie liebte ihre Freundin ja immer – egal, wie sie war.

Hauptsache, sie spürte, dass sie *Lucie* vor sich hatte. Und das spürte sie auch jetzt. Es war nicht mehr befremdlich...

*

Als sie aussteigen mussten, hatte sie schon wieder vergessen, ob sie nun nach Südwesten oder nach Nordosten gefahren waren – in Geografie und auch Orientierung war sie nie besonders gut gewesen. Sie wusste nur, dass sie nicht mehr in Berlin, sondern in Brandenburg waren, und das gab ihr bereits einen gewissen Kitzel des Fremdseins. Der Heimatboden war verlassen, und sie war nun eigentlich ohne Halt, ganz in die Hand ihrer Freundin gegeben. Auf irgendeine Art war dies eigentlich auch wiederum schön. Vertrauensvoll wie ein Kind überließ sie sich dieser völligen Unsicherheit.

Lucie musste selbst auch ein paar Mal auf ihr Handy schauen, bevor sie die Bushaltestelle fand, von der aus sie noch einmal drei oder vier längere Stationen zu fahren hatten, bis sie endlich am Ziel wären. Es war kurz vor acht Uhr, und während der Fahrt war es bereits dunkel geworden. Das war jetzt nicht mehr ihr Reich – aber es war offenbar Lucies Welt. Ein bisschen Herzklopfen hatte sie jetzt schon. Nun, wo es sehr konkret werden würde, begann auf einmal doch die Angst aufzusteigen: Wer die anderen Leute sein würden. Was sie dort nun wirklich sollte. Ob sie Lucie enttäuschen würde. Ihr vielleicht das ganze Wochenende verderben... Ja, der Gedanke drängte sich ihr auf, dass vielleicht sogar ihre Freundschaft zerbrechen könnte – es kamen dann sogar Bilder, wie sich so manches Mal in wichtigeren Situationen gerade dasjenige aufdrängt, was die völlige Katastrophe wäre, und sei sie noch so unwahrscheinlich.

„Alles klar, Marja?“

Lucies mochte wieder etwas aufgefangen haben. Sie waren ja doch so sehr miteinander verbunden...
„Na ja – jetzt wird es doch etwas aufregend..."
„Ach was, keine Angst. Ich bin doch bei dir."
„Ja, aber vielleicht mache ich ja alles kaputt. Ich meine ... auch dir. Und ... vielleicht ja sogar zwischen uns..."
Lucie starrte sie entgeistert an. Dann fasste sie sie an beiden Armen.
„Marja! Wie kannst du so was nur denken!? Natürlich nicht! Es kann alles passieren, was auch sein mag. Aber *darum* brauchst du dir keine Sorgen zu machen! Ich halte immer zu dir. Was auch kommen mag. *Ich* bin es doch, die dich gebeten hat – vergiss das nicht. Du bist zu nichts verpflichtet. Gerade deshalb nicht."
„Aber ich soll mir doch Mühe geben..."
„Ja", grinste Lucie. „*Das* tust du ja hoffentlich auch..."
Sie grinste noch einmal wie spielerisch ermahnend – und lachte dann wieder zutraulich und zeigte, dass sie das alles nicht ernst meinte.

„Marja", sagte sie abschließend. „Ich will, dass du Spaß hast. Einfach nur das. Und wenn es partout nicht geht, dann halt nicht. Dann hast *du* dein Bestes versucht – und ich auch. Dann ist es halt so. Aber jetzt blicken wir nach vorn, alles klar? Wir blicken nach vorn. Leben. Wie ich immer sage."
Sie sah sie von neuem spielerisch-streng an:
„Nach vorn blicken!", sagte sie wie ein Feldwebel. „Keine Angst! Hier wird nicht desertiert! Wir sind im Krieg – und dieser Krieg heißt Leben. Sieger wird, wer Spaß hat. Wir machen keine Gefangenen. Und wir lassen uns selbst auch nicht verwunden. Augen nach vorn!"
Dann musste sie prusten vor Lachen und konnte sich selbst nicht mehr halten. Es war so ansteckend, dass sie selbst auch schließlich loslachen musste.

„Lucie, du müsstest dich selbst mal sehen!“, sagte sie lachend. „Du mit deinem ganzen Glitzer als Feldwebel. Das ist völlig unmöglich...!“
Sie waren noch am Lachen, als Lucie ans Ende der Straße zeigte.
„Da kommt unser Bus!“

Als sie dann wiederum ausstiegen, fühlte sie sich erst recht in der Fremde angekommen. Erstens war es nun wirklich fast völlig dunkel, zweitens waren sie nun selbst in diesem unbekannten Städtchen in einer unbekannten Randzone angelangt, und drittens wurde es nun wirklich real – und sie spürte ihr Herzklopfen fast mehr als alles andere.
Lucie musste sich noch einmal mit ihrem Handy orientieren, dann schlug sie eine Richtung ein.
„Hier geht's lang.“
Sie liefen keine zwei Minuten, dann standen sie in einer nochmaligen Seitenstraße vor einer Art Doppelhaus, das von einer größeren Hecke halb vor Blicken geschützt war. Ganz in der Nähe bellte ein Hund.
„Gibt es hier eigentlich Neonazis?“, fiel ihr plötzlich ein.
Manchmal stellte sie sich Brandenburg halb erfüllt von Neonazis vor.
„Keine Ahnung“, sagte Lucie. „Ich kenn keinen.“
Lucie stieß das Gartentor auf.
„Müssen wir nicht hier schon klingeln?“, mahnte sie ängstlich.
„Brauchen wir doch nicht“, erwiderte Lucie. „Komm schon, Marja. Du bist doch sonst kein Hasenfuß...“
Sie beeilte sich, den Kontakt zu Lucie nicht zu verlieren – weder körperlich, noch innerlich.
Lucie war an der Haustür angekommen und klingelte.

Ein Junge öffnete.
„Hallo“, sagte Lucie. „Wer bist du?“

„Wer bist du denn?“, fragte der Junge.
„Ich bin Lucie. Wo ist Raik?“
„Irgendwo drinnen. Kommt rein.“
„Und wie heißt du nun?“
„Thilo.“
„Hallo.“
Auch sie grüßte den Jungen freundlich, als er sie hereinließ, aber da war er auch schon wieder verschwunden, und auch Lucie war auf dem Weg ins Innere. Wieder beeilte sie sich etwas verloren, den Anschluss zu ihrer einzigen Freundin und Bezugsperson nicht zu verlieren.
Zielsicher steuerte Lucie schließlich jemanden an, den sie von hinten kurz an der Schulter packte, um ihn anzuhalten. Als sich auch dieser Junge umdrehte, der ziemlich groß war und sicher schon mindestens siebzehn, sagte Lucie:
„Hallo Raik.“
„Hi, Lucie – schön dass du da bist!“
Sie umarmten sich kurz, dabei fiel sie diesem Raik ins Auge. Sie schämte sich, sogar bei der Begrüßung irgendwie gestört zu haben. Aber da sagte Lucie schon, sich zu ihr umwendend:
„Raik, das ist Marja, meine Freundin. Ich hab sie einfach mal mitgebracht.“
„Klar, geht in Ordnung. Hi, Marja.“
„Hallo...“, sagte sie voller Freundlichkeit und verloren zugleich, weil Raik sich gleich wieder Lucie zuwandte.
„Ähm – ich muss noch einiges organisieren. Amüsiert euch einfach – alles klar?“
„Ja, alles klar. Machen wir.“
Raik lächelte zufrieden und verzog sich zu den offenbar noch anstehenden Dingen.

Es mochten sicher schon zwanzig Leute in dem großen Haus sein. In dem Wohnzimmer, in dem sie sich momentan befanden, sah sie auf den ersten Blick noch etwa acht, neun Leute, die sich zu zweit oder dritt miteinander unterhielten und teilweise selbst auch noch mithalfen, Getränke zu richten oder Mitgebrachtes auszupacken und auf einen Tisch an der Wand abzustellen. Dann gab es weitere Zimmer, in denen auch Leute waren – alle in ihrem Alter oder älter, keiner jünger.

„Die haben alle so komische *Namen*!“, flüsterte sie, um überhaupt etwas zu sagen.

„Raik?“, fragte Lucie zurück. „Keine Ahnung. Hab ich noch nie drüber nachgedacht.“

Dann sah sie sie kurz an, fasste sie bei der Hand und zog sie zu dem Tisch an der Wand, der genauer gesagt aus zwei Tischen bestand, die von einer gemeinsamen Decke bekleidet wurden, auf der sich schon allerhand an Leckereien fand.

Lucie sagte:

„Wir sind aber nicht hier, um uns über Namen zu wundern, klar? Die sind alle nett hier, jedenfalls kenne ich Raik und auch zwei, drei andere vom Sehen. Außerdem kommen noch mehr. So eine Party fängt eigentlich erst um zehn Uhr so richtig an. Aber wir sind ja hier, um uns einzugewöhnen. Aber wie gesagt – die sind alle nett. Also mach dir mal um die Namen keine Gedanken. Wirst du dir sowieso nicht merken können. Namen sind Schall und Rauch. Ich hab mir meinen auch nicht ausgesucht. Aber die *Leute* – die sind real. Und du kannst mit jedem reden, und es kann auch jeder mit dir reden, wenn du ihn lässt. Du musst einfach nur anfangen.“

„Ja, aber ich kenn’ ja keinen.“

„Ich doch auch die meisten nicht, Marja! Aber man kommt eben ins Gespräch. Einfach so. Soll ich dir’s mal vormachen?“

Lucie wollte sich schon an jemanden wenden, da hielt sie sie zurück.

„Nein!“, flüsterte sie eindringlich. „Nicht, Lucie... Ich käme mir dann komisch vor. Ich werd’ dich einfach später etwas beobachten. Dann sehe ich’s ja...“

„Na gut“, sagte Lucie. „Dann gucken wir also mal, was wir *hier* so haben...“
Sie zupfte sich eine Weintraube ab und gab auch ihr eine.
„Hier, probier mal.“
Sie blickte sich kurz um.
„Darf man denn schon anfangen...?“, fragte sie besorgt.
„Marja – das hier ist eine *Party*. Man ist da *locker*. Das ist kein Buffet, und es wartet auch nicht auf die Eröffnung auf den Gastgeber. Und wenn doch, interessiert mich das nicht, und ich glaube Raik legt darauf auch keinen Wert. Aber wenn du willst, können wir ihn gleich persönlich –“
Wieder wollte sie sich auf den Weg machen und konnte von ihr gerade noch rechtzeitig von neuem aufgehalten werden.
„Nein, Lucie... Ist schon gut! Ich meinte ja nur...“
„Okay. Gut. Du hast es verstanden. Also es steht alles zu deiner Verfügung. Nur für dich! Für alle anderen natürlich auch. Aber bedien’ dich. Üb’ mal ein bisschen das Lockersein. Sich eine Weintraube zu nehmen, ist schon mal eine erste Probe.“
Lucie verstellte ihre Stimme und wurde strenge Lehrerin.
„Marja Weiß. Nehmen Sie sich eine Weintraube. Sie haben nur einen Versuch. Wenn Sie es nicht schaffen, sind Sie durchgefallen!“
Dann prustete sie von neuem los und amüsierte sich königlich, und sie fühlte sich keineswegs beschämt, sondern wusste ja selbst, wie ‚gehemmt’ sie in dieser Hinsicht war, zumindest in den Augen ihrer Freundin.
Sie nahm sich eine Weintraube, hielt sie triumphierend hoch und führte sie dann mit leiser Theatralik in ihren Mund.
„Bravo“, applaudierte Lucie. „Ich wusste es. Das Abitur steht Ihnen also doch noch offen...“

Sie spürte tatsächlich, wie sie nun allmählich ein wenig die übergroße Aufregung verlor.

„So, jetzt kommt der zweite Schritt“, sagte Lucie und schaute sich um. Dann steuerte sie auf den linken Rand der Tischreihe zu.
„Welcher zweite Schritt?“
Lucie studierte bereits die hier aufgereihten Flaschen. Dann nahm sie sie bei der Hand und zog sie mit sich, bis sie Raik wieder erblickte und auf ihn zusteuerte.
„Welcher zweite Schritt, Lucie?“
„Wart’s ab“, sagte sie kurz.
Dann zupfte sie Raik schon am Ärmel, und sagte, als dieser sich umdrehte:
„Raik, ähm ... wir hätten gern schon mal was. Du kannst das doch so gut. Würdest du uns zwei kleine Drinks machen?“
Raik erwiderte Lucies Blick und lächelte.
„Klar – kein Problem.“
Er ging ihnen voraus zurück in das große Zimmer.
„Was für ein Drink, Lucie?“, flüsterte sie irritiert und eindringlich, um das Thema zu klären, bevor sie die Tische wieder erreicht hätten. „Ich *will* keinen Drink!“
„Doch“, wisperte diese zurück. „Hab keine Angst. Das ist gar nicht schlimm.“
„Aber das will ich nicht.“
„Jetzt lass doch erstmal. Wir reden gleich noch. Sei jetzt mal still...“
Betroffen tat sie, was sie sollte, und folgte noch immer irritiert den beiden an die Tische, wo sich Raik sogleich an den Flaschen zu schaffen machte, drei von ihnen öffnete, von ihrem Inhalt in zwei der bereitstehenden Gläser goss, was schneller ging, als sie gedacht hatte, und am Ende stolz verkündete:
„Fertig! Zufrieden, Madame?“
„Ja, vielen Dank!“
„Wenn ihr noch was braucht, einfach melden!“, sagte Raik noch, als er schon wieder abzog.

Nun stand Lucie schon mit beiden Gläsern in den Händen vor ihr und hielt ihr eines einladend hin.
„Prost, Marja – nimm es dir."
„Aber ich will doch nicht, Lucie!"
„Nimm erstmal."
Widerstrebend nahm sie ihr das Glas ab.
„Ich *will* aber nichts trinken", wiederholte sie.
Lucie sah sie an.
„Marja – ich sag doch: Es ist nicht schlimm. *Versuch* es einmal. Nur einmal – du weißt doch: Alles heute nur einmal. Aber das gehört dazu. Ich meine – es erleichtert dir alles, du wirst sehen. Was du jetzt für schwer hältst, *ist* danach überhaupt nicht schwer. Du denkst es nur. Aber dann ist es das nicht mehr. Versuchs mal."
„Aber ich will auch nicht, dass ich nur durch Alkohol irgendetwas ‚leichter' mache."
„Ja, ich weiß. Du willst immer alles selbst und ernst. Aber du kannst dich auch entscheiden, es einmal zu probieren. Dann bist du das auch selbst. Ich meine, die Party ist ja auch erstmal nicht deins. Der Alkohol auch nicht. Aber wenn du beides zusammenfügst, stimmt es wieder. Eins und eins ist zwei. Hast du nicht mal gesagt, dass Zwei deine Lieblingszahl ist?"

Sie musste lachen.
„Du bist verrückt. Was soll das denn jetzt?"
„Ganz früher hast du das mal gesagt. Das weiß ich noch."
„Wirklich? Wann denn?"
„Irgendwann mal, kurz nachdem wir uns kennengelernt hatten und alle Lieblingssachen austauschten. Tiere, Farben, Lehrer, Zahlen... Meine war Sieben, deine war Zwei."
„Wieso weißt du das denn noch?"
„Du etwa nicht mehr?"
„Nein."
„Ist ja 'n Ding! Ich hab mir was gemerkt, was du nicht mehr wusstest. Kommt ja auch selten vor..."

„Aber ich will trotzdem nichts trinken, Lucie.“
„Ja, aber du wolltest auch nicht zu dieser Party und hast es mir zuliebe trotzdem getan. Kannst du das nicht auch mir zuliebe einmal tun? Nur heute? Nur um heute mal alles abzuhandeln und alles zu versuchen – aber wirklich mit Mühe, Marja. Mühe geben!“
„Na gut...“, sagte sie zögernd. „Wenn du meinst...“
„Ja – ich meine. Keine Angst, Marja, ich bin bei dir!“
„Okay...“
Sie wollte an dem Glas nippen, aber Lucie hielt sie zurück.
„Halt!“
Fast erschrocken sah sie sie an. Aber da hob auch sie feierlich ihr Glas und führte es ihr entgegen.
„Prost, Marja. Auf unsere Party!“
„Ja...“, sagte sie verlegen, um etwas zu erwidern.
Die Gläser erklangen, und der Klang stimmte sie tatsächlich irgendwie feierlich.
Dann setzte sie von neuem an und nippte etwas, und der Geschmack war brennend und süßlich und bitter und scharf zugleich. Sie verzog das Gesicht.
„Ja, ich weiß“, sagte Lucie. „Ist am Anfang nicht so leicht zu nehmen wie Apfelschorle. Aber du musst trotzdem etwas trinken. Nippen allein gilt nicht. Man muss jedes Mal einen kleinen Schluck nehmen. Einen *Schluck...*“
Sie zwang sich einen solchen kleinen Schluck hinunter – und spürte, wie die Flüssigkeit tatsächlich bis in den Magen hinunter rann.

„Lucie!“, sagte sie aufgeregt. „Das läuft bis in den Magen hinein! Man spürt es richtig!“
Lucie lächelte.
„Oh Marja – du bist so süß! *Das* müsste man mal aufnehmen. *Du* müsstest dich irgendwann später selbst mal sehen, Marja. Ich hab dich so unglaublich lieb!“

Mit dem Glas in der Hand umarmte Lucie sie innig und machte sie mit dieser Geste ganz hilflos...

Die Wirkung des Alkohols ließ nicht lange auf sich warten. Sie setzte vielmehr fast schlagartig ein. Fast ebenso schnell, wie die Flüssigkeit in den Magen rann, stieg ihre Wirkung in die andere Richtung, stieg ihr zu Kopf...
„Mm...“, sagte sie, um ihre Benommenheit irgendwie kundzutun. „Lucie ... ich glaube, es fängt schon an. Kann es sein, dass es so schnell geht? Ist das nicht gefährlich?“
„Nach einem Schluck? Aber klar, du bist ja Anfängerin. Nein, das ist normal. Wie merkst du es denn?“
„Ich weiß nicht...“, sagte sie zögernd. „Mir ist so komisch. So ... so schwindlig, ein bisschen. Wie wenn so Wolken kommen, die einen einhüllen. Wie wenn sich im Kopf so was zu drehen beginnt...“
„Ja“, sagte Lucie beruhigt. „Dann ist alles in Ordnung. Das ist so. Ist alles okay.“
„Hast du das auch?“
„Nein, bei mir ist das nicht mehr so stark. Erst später, nach drei, vier Gläsern. Vorher ist es nur ein bisschen. Na gut, ein bisschen schon nach einem Glas, klar. Aber was du beschreibst, ist, wenn man es gewohnt ist, schon so normal, dass man es eigentlich gar nicht mehr merkt, verstehst du?“
„Nicht ganz...“, sagte sie langsam, und es kam ihr so vor, als ob auch das Vermögen, zu verstehen, sich verlangsamte und erschwerte.
„Macht nichts. Wenn du dich dran gewöhnt hast, nimmst du einfach noch einen Schluck, und immer so weiter.“

„*Noch* einen?“
Es kam ihr wie eine Unmöglichkeit vor. Sie wollte die Wirkung, die sie gerade erlebte, nicht noch verdoppeln.
„Ja – wie gesagt, wenn du dich dran gewöhnt hast. Jetzt gewöhn dich erstmal dran.“

„Das ist leicht gesagt...“, erwiderte sie etwas besorgt. „Ich weiß nicht mal, ob ich jetzt noch laufen kann...“
Sie ging vorsichtig einige Schritte und sagte dann erleichtert: „Doch ... es geht noch, irgendwie... Bisschen komisch...“
„Ja“, lachte Lucie. „Fang langsam an. Du wirst schon noch merken, dass es auch Spaß macht. Es ist doch irgendwie lustig, sich nicht mehr so ganz zu Hause zu fühlen, innerlich, oder? Ich meine, Kinder spielen doch auch gerne mit verbundenen Augen. Ist es nicht ein bisschen so ähnlich – auch so aufregend?“
„Na ja...“, sagte sie zögernd. „Ich finde, es ist etwas *mehr* aufregend... Etwas *zu* sehr vielleicht...“
„Marja, du bist so süß. Lass dich mal fallen. Wirklich. Lass dich mal fallen. Das Fallen ist das Schöne daran. Oder das Schweben – wie du es auch nennen willst. Keinen festen Boden mehr, sondern Wolken. Genieß es einfach, Marja! Verstehst du? Genieß es...“
„Okay, wenn du meinst... Aber wenn ich wirklich falle, musst du mich auffangen...“
„Ja, mache ich. Aber jetzt fall erstmal...“
Sie nahm mutig noch einen Schluck...

*

Der Zauber des Alkohols nahm sie mit auf eine Reise, die wie im Traum verlief. Während sich das Haus allmählich füllte, sprachen sie nacheinander mit zwei anderen Mädchen und zwei anderen Jungen – sie fühlte sich immer weniger unsicher, allenfalls ein wenig beschämt durch ihr sehr offensichtliches ‚Beschwipstsein’, für das sie sich letztlich jedoch ebenso wenig schämte wie für ihre Tränen in anderen Zusammenhängen. Niemand belächelte sie dafür, sie fiel auch nicht aus der Rolle, sie fühlte sich nur angenehm hilflos, eben wie auf Wolken oder auf Watte wandelnd – und im Kopf genauso. Sie wusste auch kurze Zeit später schon gar nicht mehr genau, worüber sie jeweils sprachen, aber die Begegnungen selbst waren einfach angenehm, leicht, vogelfrei, bedeutungslos und doch nicht nebensächlich. Mit anderen Worten: Sie fühlte sich nicht unwohl, im Gegenteil. Also musste sie sich wohl doch wohlfühlen – einen anderen Schluss fand sie nicht. Und sie war froh, dass sie das tat, was sie sollte – dass sie es offenbar tatsächlich irgendwie genoss.

Und als sie mit ihrem ersten Jungen allmählich allein ins Gespräch kam, ließ Lucie sie vorsichtig zurück – sie merkte das noch – und beschäftigte sich ihrerseits auch mit anderen Leuten. Sie kam sich nicht alleingelassen vor, sondern verstand den Sinn sehr gut. Sie gab sich weiterhin Mühe. Inzwischen hatte auch Musik eingesetzt, das Haus war ziemlich voll geworden, und man musste sich sogar schon Mühe geben, um sich überhaupt zu verstehen. Sie hatte erwartet, dass irgendwann einige oder alle Gäste anfangen würden, zu tanzen, aber das war gar nicht so. Die Musik war offenbar gar nicht zum Tanzen da, sondern einfach nur so. Offenbar wollte gar keiner tanzen, obwohl sie sich vorher bereits seelisch versucht hatte, darauf vorzubereiten. Also ging es nur darum, irgendwie miteinander zu sprechen. Auch gut – und ein Problem weniger. Ihre einzige Sorge war, dass mittlerweile auch das Wohnzimmer so voll war, dass sie Mühe hatte, Lucie noch immer wieder einmal zu erblicken. Als sie aber feststellte, dass Lucie auch ihrerseits in regelmäßigen Abständen nach ihr schaute und ihr zulächelte, war sie wieder beruhigt.

Sie hatte gar nicht richtig bemerkt, dass sie auf einmal mit einem zweiten Jungen sprach, der eigentlich bereits ein junger Mann war, sicher schon achtzehn oder neunzehn. Er hatte einen leicht russischen Akzent und hieß sogar auch Sergej. Er war in den letzten Zügen einer Tischlerlehre, und sie hatte begonnen, ihm von den Klimaprotesten zu erzählen. Dann hatte er gefragt, ob sie sich nicht setzen wolle, und sie waren zu einem Sofa gegangen, wo aus irgendeinem Grund gerade noch zwei Plätze frei waren, vielleicht waren gerade welche aufgestanden. Am anderen Ende küsste sich ein Paar, was ihr erst unangenehm war, sie wollte auch nicht stören... Aber Sergej setzte sich daneben, und so konnte sie am anderen Rand sitzen, überhaupt fand sie ihn sehr höflich und zuvorkommend. Und dann saßen sie da, und sie erzählte noch etwas weiter, und auf einmal fragte er, ob sie schon einmal geküsst worden sei. Und als sie irritiert verneinte, gab ein Wort das andere – und schon hatte sie ihm irgendwie die Erlaubnis gegeben, sie einmal zu küssen. Und das tat er nun...

Und er tat es auf eine Weise, die sie ähnlich benommen machte wie der Alkohol zuvor, und vielleicht glaubte sie auch hier, sie müsse sich Mühe geben, aber vielleicht brauchte sie das auch gar nicht, jedenfalls fühlte sie sich von neuem wie auf noch anderen Wolken, und obwohl sie noch nie zuvor geküsst hatte, schien sie es auf Anhieb zu können, wie ein Vogel, der wie von selbst fliegen konnte, und die Flügel waren aber eigentlich *seine* Küsse, und sie flog, ohne zu wissen, dass sie das gekonnt hatte – und sie dachte an nichts anderes mehr, sie fühlte nur noch, und das Gefühl entführte sie ganz...

Hatten sie Stunden so verbracht? Es musste wohl so gewesen sein. Zwischendurch hatte er ihr auch etwas zu essen gebracht, und danach hatten sie weitergemacht – und wieder hatte sie sich nicht geschämt und war selbst ganz erstaunt darüber und schrieb es allein dem Alkohol zu und fand es nicht schlimm und ließ sich weiter küssen und erwiderte es selbst auch fortwährend... Und irgendwann, nach diesen Stunden, in denen auch sie immer mehr Sehnsucht nach diesem Körper bekam, diesem jungen Mann und seinem ganzen Körper, war er mit ihr ganz nach oben gegangen, wo es einen Dachboden gab, mit vielen Matratzen zum Übernachten, und hier war noch keiner, doch, in einer Ecke war wohl ein

Pärchen, aber er ging mit ihr in eine ganz andere Ecke, und wieder schämte sie sich nicht, und die anderen waren auch ganz still, man hörte nur die Musik bis hier oben, und sie selbst waren auch still, aber sie küssten sich weiter – und dann taten sie noch mehr, und es gab auch eine Decke, die sie einhüllte, und es wurde etwas, was sie nicht einmal im Traum erwartet hatte... Und irgendwann musste sie dann wohl in seinen Armen eingeschlafen sein...

Es war reiner Zufall, dass sie auf dem Weg nach draußen auf Lucie stieß. Sie hatte keine Hoffnung gehabt, sie in diesem großen Haus zu finden, aber Lucie war offenbar auf dem Weg zur Toilette gewesen – während sie selbst in fliegender Hast und in einem weiteren Glücksfall ihre Jacke fand, weil es so etwas wie eine Art Garderobe gab und ihre Jacke, weil sie gestern zu den ersten gehörten, dort noch immer hing.

Lucie starrte sie noch halb verschlafen an. Sie aber hielt sich nicht weiter auf, sondern sagte in ihrer Panik mit der Jacke in der Hand nur:
„Ich fahr zurück nach Berlin. Wo muss ich nochmal hin? Ich weiß nicht mehr, wo die Bushaltestelle war..."
„Was ist denn los, Marja? Warte doch... Sag doch erstmal, was passiert ist..."
„Nein, ich kann nicht warten. Ich muss sofort gehen. Lass mich, Lucie. Und sag niemandem, wo ich wohne und überhaupt nichts! Niemandem!"
Nun war ihre Freundin alarmiert. Plötzlich völlig wach und klar hielt sie sie fest und wollte noch einmal wissen, was los sei. Aber sie machte sich los und lief zur Tür.
„Sag mir, wo die Bushaltestelle ist, Lucie!"
Perplex kam diese mit vor die Tür und zeigte die Richtung.
„Da vorne rechts, zwei Straßen weiter wieder nach links. Dann kommt die Hauptstraße, und dann siehst du es. Einmal über die Straßenseite, Richtung Bahnhof. Aber ich komm hinterher. Ich bin in zwei Minuten bei dir. Ja?"
„Ja, okay..."

Sie stieg die Stufen hinunter, ging zum Gartentor und schlug die Richtung ein, ihr Herz immer noch flatternd vor Angst. Die frische Morgenkühle tat gut, aber das war auch das Einzige, was gut tat. Sie fühlte sich hundeelend, in nicht aufzuzählender Hinsicht.

Lucie erreichte sie, noch bevor sie bei der Bushaltestelle angekommen war. Außer Atem und besorgt, ihrer ganzen eigenen Verantwortung bewusst, fragte sie nun wieder:
„Was ist denn, Marja? Was ist passiert?"
„Hast du jemandem was gesagt? Hast du ... hast du ihn gesehen? Sucht er mich?"
„Wer? Dein Freund von gestern?"
„Er ist nicht mein Freund, Lucie! War er da? Hat er mich gesucht?"
„Nein, warum, was ist passiert?"
Sie blickte fieberhaft auf den Abfahrtsplan an der Haltestelle.
„Wann kommt der nächste Bus? Wie spät ist es, Lucie?"
Lucie zog ihr Handy aus der Tasche.
„Acht Uhr dreiundzwanzig."
„Ach du meine Güte, erst in fast zwanzig Minuten. Kann man auch laufen? Lucie, kann man laufen?"
„Wir können zur nächsten Station laufen, ja. Aber *was ist los*, Marja?"
Sie begann, schnell in Fahrtrichtung zu gehen.
„Ich will nicht, dass er mich findet – er darf mich nicht finden. Auf keinen Fall!"
Lucie beeilte sich, Schritt zu halten.
„Warum denn nicht, was hat er dir getan?"

Sie atmete einmal tief und hilflos aus.
„Nichts... Aber er darf mich nicht finden. Ich will ihn nie wieder sehen."
„Was ist denn passiert, Marja? Jetzt sag doch endlich!"
„Lucie, du hast es doch gestern gesehen. Du hast doch alles gesehen. Und dann ... dann haben wir miteinander geschlafen. O Gott, ich weiß nicht mal, ob ich jetzt schwanger bin!"
„Ach, du Scheiße! Da habt ihr nicht dran gedacht?"

„*Du* hast nicht daran gedacht, dass so etwas passieren könnte, Lucie! *Ich* war betrunken – weißt du nicht mehr?"
„Ach du Scheiße...", wiederholte Lucie nun betont, zutiefst schuldbewusst. „Könntest du denn schwanger sein?"
„Ich weiß nicht... Wann könnte man denn? Ich glaube, in drei, vier Tagen hätte ich wieder meine Tage. Kann man dann schwanger werden?"
„Nein, ich glaube eigentlich nicht mehr. Ich glaube, die letzte Woche davor ist safe. Aber ich nehm' ja die Pille – ich weiß es halt nicht exakt. Und du ... du nimmst sie natürlich nicht, nicht wahr? Überflüssige Frage, ich weiß..."
„Na gut, ich bin hoffentlich nicht schwanger. Aber ... aber ich will ihn nie wiedersehen, Lucie! Sorgst du bitte dafür? Weiß irgendjemand meinen Namen? Nein, oder? Mein Vorname reicht nicht, oder? Und wenn man nach mir fragt, gehe ich nicht in deine Klasse oder so etwas. Ich existiere einfach nicht. Verstehst du?"

Lucie hielt sie fest.
„Marja – jetzt sag, was passiert ist!"
Sie ging dennoch eilig weiter.
„Es ist nichts passiert", sagte sie im Gehen. „Es ist nur..."
„Ja?", fragte Lucie, wie auf eine Folter gespannt.
„Wie soll man so etwas Verrücktes erklären, Lucie?", sagte sie nun selbst hilflos, auch etwas atemlos, wegen des Tempos.
Sie suchte nach Worten. Dann sagte sie:
„Stell dir vor, du schläfst wie im Traum ein – und du wachst auf ... und es ist ganz anders."
„Und wie?"
„Ganz, ganz schlimm."
„Was ist denn so schlimm, Marja? Was ist es denn? Dass ihr miteinander geschlafen habt?"
„Nein, er ... er ist aufgewacht ... wir waren beide aufgewacht, erst ich und dann er ... und erst war ich noch wie in diesem

Traum, den ich eben meinte, halb jedenfalls, kurz jedenfalls, noch wie im Traum irgendwie glaubend ... ja, Dummheit eben ... und dann ... dann sagt er etwas und dann macht er so eine Bewegung ... fasst mich so am Kinn, verstehst du ... nicht schlimm, äußerlich gesehen, aber in dem Moment wusste ich, dass er nicht so ist, wie ich dachte. Lucie, *du* bist schuld! Ich habe gestern eine Art Traumprinzen geküsst – und das *war* er auch. Gestern. Mit Alkohol war er es – wie er geküsst hat und das alles. Aber das ist offenbar nicht alles von ihm. Denn wie er mich da am Kinn anfasste und mich anschaute und das alles – verstehst du ... da wusste ich, wie er wirklich ist. Und da konnte ich nur so schnell wie möglich weglaufen. Ich habe gelogen. Ich habe gesagt, ich geh nur kurz auf Toilette. Und um noch mehr Zeit zu gewinnen, ich würde was zu essen holen. Und ihm auch was mitbringen. Ich habe ihn *angelogen*, verstehst du? Ich bin so schlimm, so mies...“

Lucie hatte betroffen zugehört. Nun fragte sie vorsichtig:
„Und wie ... ist er wirklich? Meinst du – –“
„Ja, genau das meine ich. So ein, wie sagt man ... so ein Casanova. So eine Art Macho. Nicht wie so Türken oder so, nicht so offensichtlich, subtiler, aber genauso schlimm. Ich war auf einmal ... seine Art Püppchen!“
„Und ... du kannst es nicht missverstanden haben –“
„Nein! So etwas kann man nicht missverstehen. Ich habe es gesehen, gespürt, gefühlt und gewusst. Alles gleichzeitig. Es war schrecklich. Mit *so* einem Mann lag ich unter einer Decke. Bis dahin war es wunderschön – und von dem Moment an wurde es ein Alptraum... O, wie schön, wenn ich das alles nur geträumt hätte. Aber wir sind jetzt wirklich hier, oder, Lucie?“
„Ja...“
Sie gingen eine Weile schweigend, beide betroffen.

„Vielleicht“, meinte Lucie dann, „kannst du ja mit ihm reden...“
„Reden!? So jemand ändert sich doch nicht. Ich *will* ihn auch gar nicht ändern. Ich will ihn einfach nie wieder sehen...“
„Mmh...“
„Was ‚mmh’? Du denkst ... ja, was denkst du, Lucie? Denkst du jetzt, *ich* bin –“
„Nein“, beruhigte Lucie sie. „Ich denke nur, dass es schade ist, dass du dich gestern ... so...“
„Ja, es *ist* schade. Aber ich kann nichts dafür, dass er so ein Mensch ist. Er wird sich nicht ändern – und das ist schlimm genug. Man müsste ein Warnschild anbringen. Ich finde es sehr, sehr schlimm. Wie kann man so sein!?“
„Weiß nicht...“

„Du glaubst es immer noch nicht wirklich, oder? Soll ich es dir einmal vormachen?“
Sie blieb stehen, und Lucie blieb auch stehen. Sie sah sie fast angriffslustig an und versuchte, in jene Stimmung zu kommen, in der man jemanden so am Kind anfassen konnte. Dann ging sie hilflos und angeekelt weiter.
„Vergiss es, ich würde nie auch nur zum *Vormachen* jemanden so anfassen wollen. Es ist einfach zu schlimm. Ich verstehe nicht, wie man so ein *Verhältnis* zu jemandem haben kann. Innerlich. Wie geht das?“
„Ja. Ist offenbar ein Männerproblem. Ein Problem bestimmter Männer. Ein Glück sind viele anders. Ich ... ich hab nicht gewusst, dass so jemand da rumläuft. Ich hab nicht gewusst, dass er so ist, Marja. Ich dachte ... ich dachte ... du bist zum ersten Mal glücklich. Ich *selbst* war so glücklich, als ich dich so sah. Den ganzen Abend da mit ihm auf dem Sofa... Ich dachte: ‚Genau das ist es. Genau das... Marja ist glücklich. Endlich...’ Verstehst du?“
Es zerriss ihr fast das Herz, diese Fülle der Empfindungen.

„Ja, Lucie – ich verstehe dich. Ich war auch glücklich! Genau das, was du gesehen hast. Wie kann man so blind sein..."
„Was heißt blind. Du hattest ja keine Möglichkeit, es vorher zu sehen. Bis dahin war er offenbar lieb genug zu dir..."
„Ja, war er. Er hat nicht so geküsst, wie er heute morgen war – oder ich habe es nicht gemerkt."
„Es tut mir so leid, Marja..."
„Es ist nicht deine Schuld."
„Doch, ist es."
„Nein, du konntest nichts dafür."
„Ich habe dich betrunken gemacht."
„In dem Moment war ich dir dafür sogar dankbar."
„Siehst du? Schlimm..."
„Lucie, du kannst nichts dafür. Vergiss es."
„Nein – das vergesse ich nicht."
„Dann vergiss es trotzdem."
Lucie lachte einmal trocken auf.
„Was?"
„Schau nach vorne", sagte sie. „Es hilft nichts, zu leiden..."

*

Als sie im Zug saßen, sagte Lucie:
„Ich hätte nie gedacht, dass *du* das einmal sagst..."
„Weil du meine Freundin bist und weil ich selbst nicht darunter leide. Ich leide nur ... ach, ich weiß auch nicht, wie ich es sagen soll. Es ist etwas Schlimmes, was man nicht ändern kann."
„Wie ein Freund, der einen verlassen hat."
„Ja – aber das Gegenteil. Ein Nicht-Freund, den man selbst verlassen musste, weil man nie zusammen war und leider erst am nächsten Morgen entdeckte, mit wem man im Begriff war, zusammen sein zu wollen..."
„Aber das ist doch schade... Was ich dir da nur angetan habe, Marja..."

„Es war trotzdem eine wunderschöne Erfahrung, leider nur mit dem falschen Menschen. Leider gab es ein Aufwachen. Der Traum selbst war wunderschön, Lucie. Man könnte fast dankbar sein..."
„Schlechter Trost. Ganz schlechter Trost, Marja."
„Eigentlich müsstest du ja auch *mich* trösten..."
Lucie nahm sie in die Arme.
„Marja... Was soll ich nur tun..."
„Ich hab dich lieb...", flüsterte sie ihr ins Ohr.
Und Lucie gab ihr einen zärtlichen Kuss auf die Wange.

Als sie in Berlin einfuhren, sah die noch schlaftrunkene Großstadt nur zwei beste Freundinnen, die wohl von irgendeiner Party kommen mochten...

Wenige Tage später hatte sie ihre Periode, und damit war sie so glücklich wie selten zuvor. Sie fühlte sich noch immer schuldig, weil sie diesen jungen Mann, wie er auch gewesen sein mochte, mit einer Lüge verlassen hatte. Sie stellte sich vor, dass er sie wirklich geliebt hatte – auf seine Art. Und das tat ihr weh, um seinetwillen. Sie schrieb ihm einen Brief, in dem sie ihn um Entschuldigung bat, ihr Verhalten erklärte und auch die Hoffnung zum Ausdruck brachte, dass er andere Mädchen einst anders behandeln würde, nämlich wirklich lieben, ohne Stufe zwischen ihm und ihr... Und dann gab sie nicht eher Ruhe, bis Lucie diesen Brief auf den Weg zu diesem Raik gebracht hatte und einige Zeit später die Rückmeldung erhielt, dass dieser Sergej ihn auch wirklich erhalten hatte. Zuvor hatte sie sich versichert, dass Raik keinerlei Informationen herausgeben würde. Und so kam auf denselben Umwegen nur ein Dank des Russen wieder bei ihr an, und damit war die Sache für sie erledigt und war sie mit ihrem Herzen wieder im Reinen – endlich...

*

In diesen Tagen war es auch, dass die Berühmtheit von Greta weitere Kreise zog, dass sie Preise bekam, von immer mehr wichtigen Menschen angehört und von Medien interviewt wurde – und mit dieser Entwicklung wurden auch die Freitagsdemonstrationen immer einflussreicher.

Aber Greta hatte auch Feinde. Sie entdeckte dies erst mit der Zeit – bis dahin hatte sie gedacht, dass alle Menschen gleichermaßen Greta für ihr Tun bewunderten, außer jene, die von Gretas mutigen Worten unmittelbar angegriffen wurden: jene, die mit Nichtstun oder mit fossiler Energie ihr Geld verdienten. Dann aber fand sie heraus, dass in den sozialen

Netzwerken ein heftiger Kampf tobte – in dem es gar nicht mehr um das Klima ging, sondern um ganz andere Dinge.

Ein Bild, das überall die Runde machte, zeigte sie zum Beispiel auf ihrer Zugfahrt nach Davos zu Jahresanfang – vor ihr Salat, Aufstrich, eine Packung Toast und ein Becher, viermal Plastik, dazu hämische Bemerkungen wie ‚Umwelt-Greta und ihr Plastikberg' oder ‚Öko-Pippi mit Plastikmüll'. Sie las ein bisschen um diese Berichte herum und konnte es nicht fassen.

„Lucie – das ist doch ein Wahnsinn!", sagte sie dann eines Nachmittags. „Da geht es eigentlich um die Frage, ob unsere Welt eine Zukunft hat – und was machen diese Leute? Sie stürzen sich auf die Frage, ob Greta im Zug einen Salat hätte vermeiden oder anders essen können! Kannst du das begreifen?"
„Nein, kann ich nicht", bestätigte Lucie. „Das ist armselig. Das ist so unglaublich, so verdammt armselig. Weißt du, manchmal glaube ich, die Leute fühlen sich nicht mehr wohl, wenn sie sich nicht ‚auskotzen' können. Manchmal hasse ich diese Welt einfach. Ich frage mich, was in diesen Leuten vorgeht. Wahrscheinlich nichts mehr. Das ist so tot da drin, so unglaublich tot. Die Leute leben nur noch, um zu kotzen – und merken es nicht mal."
„Aber *warum*, Lucie? Warum tun sie so etwas?"
„Vielleicht weil die *ganze* Welt zum Kotzen ist. Ich frage mich, wer mit seinem Job überhaupt zufrieden ist. Wer? Wer zufrieden ist, hat sicher keinen Grund, so eine Scheiße zu schreiben. Das tun nur Leute, die ihr eigenes Leben zum Kotzen finden – und weil sie das nicht zugeben können, kotzen sie lieber auf andere."
„Das ist eklig. Ich mag es eigentlich nicht, wenn du so sprichst, Lucie..."

„Ja, ich weiß, Marja. Tut mir leid. Es ist ja auch nur, weil es so unglaublich schlimm ist. Es ist *wirklich* unfassbar. Du hast völlig Recht.“
„Also ... du willst sagen, da sind Menschen, die sind sozusagen mit Hass angefüllt, weil sie ihr eigenes Leben hassen, ihre Jobs...?“
„Ich kann es mir nicht anders erklären. Ja, es ist so. Hundertprozentig.“
„Das macht einen ratlos...“
„Ja, definitiv.“

„Es geht also auch um ein ganz anderes Klima.“
„Was meinst du?“
„Die Klimakatastrophe hat noch ganz andere Dimensionen. Schon hier unten ist das Klima eine Katastrophe, nicht erst oben in der Atmosphäre, nicht erst in Zukunft. Schon jetzt und hier. Wie die Leute leben. Was diese ‚Jobs' aus ihnen machen...“
„Ja, das sage ich ja. Jobs und anderes. Was ist mit deinen Eltern?“
„Ja, weiß ich nicht. Ich weiß nicht, warum man sich je gegenseitig kaputtmachen kann.“
„Da haben wir was gemeinsam.“
„Mir tut es weh...“
„Ja, siehst du, Marja... *Das* macht dich gerade so einzigartig. Mir tut es nicht weh. Ich fange *selbst* an, diese Menschen zu hassen, weil ich die *Dummheit* nicht begreifen kann.“
„Ja, aber mit Hass kann man nichts ändern, oder?“
„Manchmal möchte ich die ganze Welt in einen Sack stopfen und kräftig durchschütteln – in der Hoffnung, dass dies *doch* etwas ändern würde.“
„Zum Aufwachen bringen, ja. Das möchte man... Aber wenn es so einfach wäre. Ich glaube nicht, dass Schütteln reicht...“
„Aber was dann?“

Sie dachte lange nach.
„Ich weiß es auch nicht, Lucie. Liebe... Liebe könnte helfen, als Einziges wahrscheinlich. Aber dann gäbe es keine Jobs mehr, die einfach nur Jobs sind, oder die auf Druck und Unterdrückung beruhen. Sich gegenseitig mit Liebe zu begegnen, müsste letztlich alles heilen."
„Ja, aber begegne mal jemandem mit Liebe, der so einen Unsinn von sich gibt."
Sie schwieg.
„Oder, schlimmer noch, einem AfD-ler, einem Neonazi, einem – –"
Sie sah Lucie an und wartete.
„Ich wollte sagen: einem Macho..."

Sie hatte ihm zumindest aus ihrem Herzen heraus einen Brief geschrieben.
„Ich könnte *allen* mit Liebe begegnen, Lucie. Ich hätte nur Angst, dass sie sich selbst dann nicht ändern..."
„Ja."
„Christus wurde auch ans Kreuz geschlagen..."
Nun schwieg ihre Freundin.
„Deswegen existiert ja die Frage", sagte sie leise. „Gibt es etwas, was selbst die Liebe nicht vermag? Ist wirklich ... der Hass stärker?"
Lucie schwieg noch immer ratlos.
„Das wäre schlimm...", sagte sie fast noch leiser. „Das kann eigentlich nicht sein. Nein... Es kann eigentlich nicht sein."
„Und warum nicht?", fragte Lucie mit einer leisen Spur von Sarkasmus.
„Weil die Liebe stärker sein *muss*, Lucie. Lieblosigkeit ist schließlich immer nur eine Folge ihres Mangels. Sehnsucht nach Stillung... Oder nicht?"
„Da bin ich mir bei manchen Menschen nicht so sicher."
„Sagst du das jetzt nur so – oder meinst du es wirklich."

„Na, nimm doch mal so einen Nazi. Glaubst du etwa, der sehnt sich einfach bloß nach Liebe?“
Sie dachte nach.
„Nicht bewusst, nein. Aber wenn er Liebe *bekäme* ... wenn das wirklich passieren würde ... könnte er nicht mehr so weitermachen, denn ... auch er würde irgendwann die Liebe *finden* ... wissen, wie das ist, auch selber...“
„Ja, das Dumme ist nur – es gibt niemanden, der einem Nazi Liebe beibringen kann. Und das zweite Dumme ist, es gibt nicht nur *einen* Nazi. Und das dritte Dumme ist, es geht nicht nur um Nazis.“

„Ja ... wir leben mittendrin in einer Klimakatastrophe. Es ist ein ungeheurer Mangel an Liebe. Er ist die eigentliche Katastrophe.“
„Ja, wahrscheinlich.“
„Nein, nicht wahrscheinlich. Alles, was auf Profit beruht, bedeutet Rücksichtslosigkeit. Rücksichtslos wird die Erde ausgebeutet, die Natur zerstört, werden die Tiere gequält, die Menschen – immer ohne Liebe. Eigentlich wissen wir das alles doch längst.“
„Ja.“
„Und auch wir alle gehen viel zu lieblos miteinander um. Wir in der Schule, in der Familie, überall. Überall zu wenig Liebe, aber man merkt es nicht, weil man sich daran gewöhnt hat, wie an den Alkohol.“
„Wie meinst du das?“
„Ich meine, man gewöhnt sich schnell, an alles. Und dann merkt man gar nicht mehr, was man *falsch* macht. Weil es ja auch alle machen. Und weil man sich komisch vorkäme, wenn man es anders machen würde. Mit mehr Liebe zum Beispiel...“
Lucie schwieg.

„Ich meine es ernst, Lucie. Wieder mal... Mein Problem: der Ernst, den man dann nicht mehr versteht. Aber überleg doch mal. Obwohl in der Klasse eine ganz gute Klassengemeinschaft herrscht, geht man total oberflächlich miteinander um – und bis auf die jeweiligen Freundschaften bleibt das auch so. Die meisten wechseln in all den Jahren nicht mehr als ein paar Worte miteinander – wenn man alle denkbaren Begegnungen betrachtet."
„Soll sich denn jeder ‚liebhaben', ich meine, so wie wir zum Beispiel? Das ginge doch gar nicht."
„Aber es ginge, viel liebevoller, viel achtsamer miteinander umzugehen. Das geschieht aber nicht, weil man cool sein will und weil man an den meisten auch gar kein Interesse hat. Wenn man es ehrlich anschaut."
„Ja, das ist nun mal so. Trotzdem ist man ja auch zu denen nett und nicht gemein oder so."
„Trotzdem fängt es da schon an. Man gewöhnt sich an ein ‚sich nicht wirklich interessieren'. Da ist die Liebe schon weg. Von Anfang an also. Wir sind von Anfang an lieblos. Damit *beginnt* es schon."

„Also *kann* man nichts ändern."
„Doch – genau das müsste man ändern. Genau hier würde es anfangen. Ganz genau hier würde der Beginn sein: wo man dann nicht das Desinteresse lernt, sondern das Interesse, also das Gegenteil."
„Und wie?"
„Einfach so. Wie auch alles andere, was wir in der Schule lernen. Wir lernen so viel – nur das nicht."
„Aber dann wär' man ja auch den ganzen Tag nur damit beschäftigt, ‚nett zueinander' zu sein. Man käme ja zu nichts anderem. Und dabei sind die Leute auf der Straße noch gar nicht mit eingerechnet. Schon mit gut zwanzig Leuten aus der Klasse wäre man völlig überfordert."

„Nein, Lucie. Zum Nettsein gehört gar nicht viel. Es reicht ein Moment – aber schon der ist den meisten zu viel, nicht wegen der Zeit, sondern wegen des *inneren* Aufwands."
„Und wie genau soll das aussehen?"
„Als wir auf der Party waren... Der Junge, der uns reingelassen hat. Ich kannte ihn nicht. Ich wollte ihn begrüßen, das habe ich auch gemacht, aber er hat mich überhaupt nicht weiter beachtet. Ich war *freundlich* zu ihm – und er hat es nicht einmal bemerkt. Und Raik – ich weiß nicht, wie viel du sonst mit ihm redest. Du hast mit ihm nur ein paar Worte gewechselt, das war alles. Er hat mit mir *überhaupt* keine Worte gewechselt. Er war freundlich – aber mehr auch nicht. Es gab da kein Interesse, nur rasch woanders hin. Ich meine, ein kleiner Blick, ein paar liebe Worte hätten gereicht. Aber diese lieben Worte hat man nicht in sich. Sie sind nicht mehr da... Das meine ich..."

„Aber so ist das heute nun mal, Marja."
„Ja, aber dann braucht man sich über alles andere auch nicht zu wundern."
„Doch. Die Leute auf der Party – die ich kenne und auch die anderen, von dem einen rede ich jetzt nicht –, die sind alle in Ordnung. Auf die kann man sich verlassen. Die gehen alle gut miteinander um."
„Das ist doch wie in der Klasse, Lucie. Natürlich gehen sie ‚gut miteinander um'. Aber es fehlt nicht viel, und man kann ein sehr schlechter Mensch gegenüber anderen werden. Meine Eltern waren bestimmt auch ganz tolle Menschen. Bis sie so zueinander wurden, besonders meine Mutter. Und wenn es zu Hause so schlimm ist, setzt es sich woanders sicher auch so ähnlich fort. Und umgekehrt genauso. Manches wird erst mit der Zeit schlimm. Aber wenn man achtzig Jahre lebt, hat man genügend Zeit, um schlimm zu werden. Wir sind jetzt in einem Alter, wo es alles noch nicht so schlimm ist. Aber das heißt nicht, dass es so bleibt. Wir haben nicht gelernt, wie

man es *macht*, dass es so bleibt. Also wird es auch niemand können, wenn es soweit ist. Und wie gesagt, ich fand Raik und die anderen schon jetzt eigentlich lieblos. Oft auch untereinander. Man nennt es dann ‚Party'. Aber eigentlich ist vieles oder fast alles organisierte Oberflächlichkeit. Ich verstehe jetzt sogar besser, warum einem das trotzdem Spaß macht. Aber traurig bleibt es. Es bleibt traurig, dass die Liebe so sehr fehlt. Dass man es nicht einmal merkt. Dass einem also nichts fehlt, *obwohl* etwas fehlt..."

„Aber geht es denn um eine Eiapopeia-Welt, Marja?"
„Was *meinst* du denn damit, Lucie? Ist es ‚Eiapopeia', wenn man sich freundlich begrüßt, weil man sich bisher nicht kannte? Wenn man ein paar *ernst* gemeinte, wirklich interessierte Worte wechselt, weil man sich liebhat? Meinst du das mit ‚Eiapopeia'? Sich liebhaben?"
„Na ja..."
„Und warum kannst du es mit mir?"
„Man kann nicht *jeden* liebhaben. Das ist alles, was ich meine."
„Doch, kann man, Lucie. Das ist das, was *ich* meine."
„Ja – das glaube ich sofort."
„Na, siehst du. Glaubst du etwa, nur ich kann das?"
„Ja."
„Das ist nicht dein Ernst."
„Doch."
„Nein."
„Doch."
„Du willst es dann nur nicht. Ihr wollt nicht die ‚Eiapopeia'-Welt, weil es euch zu anstrengend wäre, euch wirklich liebzuhaben."
„Ich hab' viele Leute lieb, Marja. Ich kann nur nicht *alle* liebhaben. Ich bin auch zu den anderen nett, ich bin zu allen nett. Ich kann sie nur nicht alle *liebhaben.*"

„Doch, das kann man, Lucie. Es sind nur winzige Unterschiede. Die Liebe kostet weder Zeit noch Kraft – das *denkt* man nur. Man muss sich nur etwas Mühe geben. Das, was du auch von mir gefordert, erhofft hast. Ich hab mir Mühe gegeben... Aber ich sehe, wie die anderen sich *keine* Mühe geben. Sie machen nur, was sie eh immer machen. Aber darüber hinaus bemühen sie sich nicht. Die wirkliche Liebe, die sich nicht nur auf Freunde beschränkt, die hängt aber davon ab – von diesem kleinen ‚darüber hinaus'... So, wie das Klima von diesem winzigen Gehalt an Kohlendioxid in der Atmosphäre abhängt – und die ganze Katastrophe auch von diesem kleinen ‚darüber hinaus', jetzt im negativen Sinne."

„Hmm, vielleicht hast du Recht. Du hast natürlich immer Recht, Marja. Und wieder mal verstehe ich, was du meinst. Ja, das ist anstrengend – und in der Tat sehr uncool. Sehr uncool, Marja, muss ich schon sagen..."
„Ja, dafür ist die Liebe da. Sie will nur dieses Eine: uncool sein. Ich verstehe nicht, wieso die Herzen eine solche Sehnsucht nach Eiszeit haben können."
„Nach Coolness?"
„Ja – nach Lieblosigkeit."
„Coolness ist eben positiv."
„Nein, es ist nur positiv *besetzt*. Etwas Negatives wird zu etwas Positivem erklärt. Das ist etwas völlig anderes. Man will cool sein, um bewundert zu werden. Aber warum wird das Coole überhaupt bewundert?"
„Weil es eben cool ist. Easy. Locker."
„Lieblos. Von oben herab. Oberflächlich."
„Es wird aber anders gesehen."
„Und wie siehst *du* es?"
„Ich finde es schon wichtig, etwas locker zu sehen. Meistens sind die Menschen zu ernst, und gerade daraus entsteht dann Druck, Hass, Unverständnis."

„Das ist was anderes, Lucie. Der Coole ist genauso schlimm, wie der kalte Beamte. Nur in der anderen Richtung. Die Wärme haben beide nicht. Die Wärme wäre also nur in der *Mitte*."
„Und warum ist das Coole nun so attraktiv? Warum mag man das? Doch nicht nur, weil man gegen die Beamten ist?"
„Doch, auch deshalb. Gegen die Eltern, die alles so superordentlich machen, nicht wahr? ‚Cool' ist das Gegenteil von ‚spießig', oder?"
„Ja, also etwas Positives, oder nicht?"
„Nein. Man verliert das Herz nur in der anderen Richtung. Man ist nicht mehr spießig. Aber das ist auch alles."
„Nein, gerade dadurch ist man viel netter miteinander. Weil alles lockerer ist. Unkomplizierter. Entspannter. Also auch liebevoller."
„Aber wo es *cool* wird, gerade nicht mehr!"

„Vielleicht", meinte Lucie, „ist das auch mehr ein Jungenproblem. *Die* wollen doch so cool sein wie ihre ganzen Superhelden."
„Es gibt doch auch Superheldinnen. Hast du dir nicht selbst neulich diesen einen Film angeschaut..."
„Du meinst ‚Alita'?"
„Ja, genau."
„Ja, guut...", sagte Lucie gedehnt.
„Und warum?"
„Ich könnte jetzt sagen, dass ich Christoph Waltz mag...", grinste Lucie.
„Wer ist das?"
„Der männliche Hauptdarsteller."
„Und – stimmt das?"
„Nein, deswegen habe ich ihn mir nicht angeguckt."
„Und weswegen dann?"

„Ehrlich gesagt gefiel mir der Trailer. Und auch das Thema: Androiden. Die Frage, ob Maschinen Gefühle haben können und so weiter."
„Aber das können sie doch natürlich nicht!"
„Im Film aber jedenfalls."
„Ja, und das Superheldenhafte? Hast du es dir auch deswegen angeschaut?"
„Ja, schon auch."
„Und warum?"
„Weil ich es mag, wenn das Gute gewinnt."
„Ist das alles?"
„Na ja, schon auch die Kämpfe. Action und Spannung, du weißt schon. Das hat wirklich auch etwas."
„Und warum?"
„Hmm... Vielleicht wirklich, weil unser heutiges Leben so langweilig ist? Vielleicht will ja jeder irgendwo ein Held sein? Glaubst du nicht? Ich gebe zu, ich wäre gern so wie Alita."

„Ja, ich verstehe", sagte sie. „Ja, ich denke, jeder will irgendwo ein Held sein. Und weißt du, warum? Nicht so sehr, um so toll zu sein. Sondern um so mutig und bedingungslos für das Gute zu kämpfen."
„So mutig und so unbesiegbar, ja."
„Unbesiegbar?"
„Ja, mit unendlichen Kräften."
„Und warum ist das wichtig?"
„Weil man nur dann der Stärkste ist", grinste Lucie.
„Also will man *das* sein? Der Stärkste?"
„Ich denke, das steckt auch in jedem, ja. Nicht klein beigeben müssen. Weder bei einem Feind noch bei sonst irgendeinem ... ich sag mal: Arschloch."
„Also doch wieder Gewalt gegen Gewalt?"
„Wenn es nicht anders geht?"
„Vielleicht geht es *nur* anders?"

„Also wieder die Liebe?"
„Ja – irgendwie muss sie doch der Schlüssel sein."
Lucie dachte nach.
„Weißt du was, Marja?"
„Was denn?"
„Alita hat mich immer wieder auch an dich erinnert."
„Wieso das denn?"
„Weil sie so *gut* war. So unschuldig auf eine Art. Sie hatte zwar unendliche Kräfte, aber sie war die unschuldigste von allen. Das ist bei männlichen Superhelden nicht so. Aber bei ihr *war* es so..."
„Wirklich?"
„Ja. Alita war auf eine gewisse Weise genauso wie du. Ich fand das."
Sie schwieg.

„Und ich meine", setzte Lucie fort, „vielleicht mögen Jungs ja dieses ganze Superheldenzeug nur deshalb, um das nachzumachen und auf diese Weise irgendwie so ein super-süßes, super-unschuldiges Mädchen beeindrucken zu können..."
„Das ist jetzt der größte Blödsinn, den ich je gehört habe!", erwiderte sie entschieden.
„Nein, wieso denn? Jetzt, wo ich das gesagt habe, erscheint es mir einleuchtender denn je. Ist nicht das übercoole Gehabe nicht dasselbe wie so Balzgehabe bei Tieren?"
„Kann sein – aber damit will man garantiert kein unschuldiges Mädchen beeindrucken. Unschuldige Mädchen sind doch selbst uncool? Hast du das schon vergessen?"
„Ich weiß auch nicht. Vielleicht ist es einfach als Balzgehabe entstanden – und irgendwann hat man *vergessen*, dass man eigentlich die unschuldigsten Mädchen am meisten liebt..."
„Und wieso sollte man das vergessen?"
„Weil man ... durch das Balzgehabe blind geworden ist. Es hat sozusagen abgefärbt. Man hat nicht nur cool getan, man ist cool *geworden*. Also konnte man nur noch die coolen

Mädchen lieben, denn die uncoolen Mädchen zu lieben, wäre ja selbst uncool..."
„Das ist doch unlogisch."
„Nein, überhaupt nicht. Am Anfang war es allen klar, dass es nur um die unschuldigen Mädchen geht – und man wollte nur cool *tun*. Um sie zu beeindrucken. Damit hat man dann aber so übertrieben, dass man gar nicht mehr aus der Rolle heraus konnte. Man wollte sich keine Blöße geben. Und irgendwann hatte man vergessen, was man eigentlich wollte."
„Und was wollte man?"
„Die unschuldigen Mädchen..."
„Aber wie kann man denn das Wichtigste vergessen?"
„Frag mich nicht. Tut die Menschheit das nicht dauernd?"
„Ja, du hast Recht..."

„Und wieso sind die *Mädchen* nicht mehr unschuldig, Lucie?"
„Wieso fragst du mich?"
„Na, wenn du sagst, ich bin unschuldig, bist du es offenbar nicht – also musst du doch wissen, warum nicht."
„Vielleicht wegen der Emanzipation?", schlug sie grinsend vor.
„Was ist daran so lustig?"
„Ich weiß nicht. Bei dir fühlt man sich laufend irgendwie ertappt."
„Wobei?"
„Bei Fehlern."
„Und welcher wäre das?"
„Nicht mehr unschuldig zu sein."
„Das wäre nicht cool, oder?"
„Nein."
„Alita ohne Superkräfte wäre nicht so toll, oder?"
„Nicht für einen selbst, vielleicht. Aber toll wäre es schon. Denn das bist gerade du. Ich kann mir keine tollere Freundin vorstellen..."

„Lucie...“
„Doch, Marja – das musste mal gesagt werden.“
„Aber warum nur als Freundin? Möchtest du also selbst gar nicht so sein – ‚unschuldig‘, wie du es nennst?“
„Ich weiß nicht, Marja. Ich bin anders. Es ist schön, jemanden zu lieben, der man nicht selbst ist.“

Sie versank in Nachdenken.
„Aber das ist egoistisch“, sagte sie schließlich. „Vielleicht fühlt sich der andere ja sehr einsam...“
„In seiner Unschuld?“
„Ja...“
„Ja, Marja. Ich verstehe dich wieder. Wie immer...“
„Danke, Lucie...“

Die Karwoche gehörte ganz ihrem Nachdenken über all diese Fragen und über das Leiden von Christus – und den Zusammenhang zwischen beidem.

Als mit dreizehn die Frage entstand, ob sie konfirmiert werden wolle, hatte sie dies wie selbstverständlich für sich entschieden. Ihre Eltern hatten in dieser Hinsicht überhaupt nicht auf sie eingewirkt, fast im Gegenteil. Sie selbst hatte darauf gedrängt, konfirmiert werden zu wollen. Dies war vor nunmehr einem Jahr geschehen. Und es hatte einen großen Eindruck auf sie gemacht – ohne dass sie hätte sagen können, was es genau war. Sie konnte nur sagen, dass sie eine innere Suche nach Christus empfand, genauso ernst wie alles andere. Und manchmal fragte sie sich inzwischen, was die Quelle von was war...

Christus hatte all dieses Leiden auf sich genommen, und er hatte *keine* Superkräfte – oder hatte sie doch gerade, aber genau darauf verzichtet. Er hatte sich völlig wehrlos gemacht. Und das war der eigentliche Sinn. Zu sterben – und dann mit diesem unvergänglichen Leib aufzuerstehen. Und von da an bei ihnen zu sein, den Menschen, und nicht zu vergessen: der Erde. Christus und die Erde...

Also keine Superkräfte. Nur die Liebe. Die Liebe, die sich gerade willig opferte. Wie ein Lamm. Oder wie der Hirte für die Schafe, der gute Hirte. Die Liebe opferte sich... Die Liebe vergalt nicht Böses mit Bösem, sondern sie hielt die andere Wange hin. Die Liebe lehrte die Liebe, indem sie sich nicht wehrte. Die Wehrlosigkeit ließ den Hass schließlich erlöschen. Aber war das so? Hatte diese Liebe nicht dennoch am Kreuz sterben müssen? Aber vielleicht war das nur der Anfang. Waren seitdem nicht unzählige Herzen für die Liebe gewonnen? War *das* nicht Christentum? Das Gewinnen der

Herzen, Seele für Seele? War Christus nicht der Menschenfischer? Und gab es je einen anderen Weg, als jedes Herz einzeln zu erlösen, aus den Banden des Hasses und des Egoismus? Nein, es gab keinen anderen Weg, konnte gar keinen anderen geben. Nur diesen einen. Entweder die Herzen begriffen – oder sie begriffen nicht. Zu der Geschichte des verlorenen Sohnes gab es keine Alternative. Nur die, gar nicht erst verloren zu gehen. Aber Gott liebte den zurückgekommenen mehr. Warum? Weil der alles kannte. Er wusste, warum er zurückkam. Er wusste alles. Alles wusste er.

Und sie? Wusste sie alles? Oder würde Gott auch Lucie und alle anderen mehr lieben, wenn sie zurückkehrten? Vielleicht war das so. Sie wäre gerne bereit, von Gott am allerwenigsten geliebt zu werden. Sie war bereit, sich zu opfern und alle anderen vorzulassen – die Letzten, die die Ersten sein würden. Aber sie wollte Gott nicht verlassen. Wie konnte man das, wenn man ihn bereits liebte?

Sie nahm ihre Bibel vom Nachttisch – in der sie nicht jeden Tag las, aber vielleicht jeden dritten Abend etwas – und schlug eine Seite auf. Ihr Blick fiel auf zwei Sätze im Lukasevangelium: ‚Wem viel gegeben ist, bei dem wird man viel suchen; und wem viel anvertraut ist, von dem wird man umso mehr fordern.' Und: ‚Ich bin gekommen, Feuer auf die Erde zu werfen; was wollte ich lieber, als dass es schon brennte!'

Sie las weiter und fand, dass es keineswegs unmittelbar um die Liebe ging, sondern um die ‚Entzweiungen um Jesu willen'. Nicht um Frieden, sondern um Zwietracht. Aber warum? Es hieß doch in der Menschenweihehandlung: ‚Er, der die Herzen friedlich macht, die Willen stärkt, die Menschen einet.' Und außerdem: ‚Friedvoll stehe ich zur Welt; dieser Friede mit der Welt kann auch bei euch sein, weil ich ihn euch gebe.'

Aber vielleicht kamen die Entzweiungen trotzdem und mussten sein – denn musste sich nicht auch in jeder Familie jeder *einzeln* für Christus entscheiden? Und war die Friedensmacht dann nicht nur in jenen, die dies taten? Und war das Feuer, was er auf die Erde warf, vielleicht erst einmal die brennende Liebe zu *ihm*? Damit daraus dann die *andere* hervorging? Obwohl erst einmal alles zerbrach, weil manche sich für ihn entschieden und manche nicht? War es so gemeint?

‚Ich bin gekommen, Feuer auf die Erde zu werfen...'

Sie schlug noch eine Stelle auf und landete weit hinten, im Jakobusbrief, wo sie las:

‚Ihr sollt wissen: Ein jeder Mensch sei schnell zum Hören, langsam zum Reden, langsam zum Zorn. Denn des Menschen Zorn tut nicht, was vor Gott recht ist. Darum legt ab alle Unsauberkeit und alle Bosheit und nehmt das Wort an mit Sanftmut, das in euch gepflanzt ist und Kraft hat, eure Seelen selig zu machen. Seid aber Täter des Worts und nicht Hörer allein; sonst betrügt ihr euch selbst.'

Ihr Herz jubelte, als sie diese Worte las. Denn das war ihr ganzes Sinnen! Die Seele sei hingebungsvoll bereit, immer zuzuhören. War es nicht das, worüber sie mit Lucie gesprochen hatte? War es nicht das, was sie die ganze Zeit gemeint hatte? ‚Seid aber Täter des Wortes' – war es nicht das? Betrogen sich nicht alle selbst, wenn sie stattdessen den Pakt mit der Coolheit schlossen? Und war dies nicht auch das Feuer? Seid aber Täter des Wortes. Seid schnell bereit zum Hören. Und war nicht Christus selbst das Wort? War es nicht sein Feuer, das er in die Herzen werfen wollte? Nun doch in die Herzen – auf das Frieden und Liebe sei, wachse, werde? Ja! So war es und anders nicht.

Und dann kam der Ostersonntag, und sie saß in ihrem schönsten Kleid in der Weihehandlung und ihr Wesen jubelte von neuem, als sie das helle Rot am Altar sah, und es war bis in den Leib, bis in Blut und Atem erfüllt – erfüllt von Freude, denn: Christus war ihnen allen als Erdensinn erstanden!

In diesem Moment hatte sie keine einzige Frage mehr, denn alle Fragen hatten eine einzige Antwort gefunden: die Liebe. Sie war auf alles die Antwort.

Wenige Tage später tat Lucie etwas geheimnisvoll, als sie sie zu sich einlud, um mit ihr zusammen ein YouTube-Video zu schauen.

Als sie alles vorbereitet hatte, sagte sie:
„Also, ich habe das entdeckt, als ich ein paar Meldungen zu Greta gesehen hatte. Ich wollte es dir zeigen und wissen, was du davon hältst. Es ist etwas lang, aber wir haben ja Zeit. Der Typ ist übrigens ein ‚Anthroposoph', habe ich gesehen. Ich frag' mich, was ich davon halten soll. Bist du bereit?"
„Ja..."
Sie fragte sich, was jetzt kommen würde. Sie saßen gemeinsam auf Lucies Bett, ihren Laptop vor sich.

Das Video sprach schon im Titel von ‚Klimaschwindel' und ‚Manipulation'. Sie verstand am Anfang nicht das Geringste. Es trat ein weißhaariger, alter Herr in Hemd und Jackett auf und hielt eine Rede, offenbar vor Publikum. Er richtete sich auch an die Jugendlichen – und forderte alle Hörer auf, die Dinge ‚sachlich' zu betrachten, was er immer wieder betonte. Sehr weitschweifig führte er dann aus, dass es keineswegs ein wissenschaftlicher Konsens sei, dass sich die Atmosphäre derzeit erwärme, dass dies menschengemacht sei und dass es große Probleme zur Folge haben werde.
Je mehr sie zuhörte, desto unruhiger wurde sie, weil sie die ganze Zeit nur spürte, dass es hier um das Abstreiten all dessen ging, ohne dass irgendwelche Fakten kamen. Schließlich aber, nach fast einer halben Stunde, kam dieser Mann dann doch zu Fakten.

Er behauptete, das ‚Menschengemachte' sei nur eine These, während die Fakten ausgeblendet werden würden, zum Beispiel die Tatsache, dass die Erde auch ohne den Menschen heftigen Klimawandeln unterlag. Jetzt ginge es nur um Tem-

peraturunterschiede von ein, zwei Grad, während es in früheren Zeiten bis zu fünf Grad wärmer gewesen sei. Er nannte dann als wichtige Begriffe das ‚Klima-Optimum', die ‚mittelalterliche Warmzeit' und die ‚Kleine Eiszeit' und behauptete, alle würden Dogmen und Manipulationen hinterherrennen, wenn sie diese Dinge nicht kennen würden.
Dann behauptete er, es werde behauptet, der Mensch sei *alleine* für den Klimawandel verantwortlich. Dann hieß es, dass wir wissenschaftlich gesehen derzeit in einer Eiszeit leben würden, was nichts weiter bedeute, als dass beide Pole der Erde und die Hochgebirge vereist seien. Solche Eiszeiten habe es aber insgesamt nur fünfmal gegeben – während nur fünf Prozent der gesamten Erdenzeit. Was man sonst ‚Eiszeit' nenne, seien ‚Kaltzeiten' innerhalb der eigentlichen Eiszeiten.

Wenn der Mensch nun denke, dass die *jetzige* Erwärmung plötzlich – und auch noch völlig – von ihm und nicht wie alle bisherigen von der ‚mächtigen Mutter Erde' verursacht worden seien, sei er von einer Hybris besessen. Aber genau das werde behauptet, in hunderten von Konferenzen, die den Einfluss von Mutter Erde völlig beiseite schöben.
1998 hätten einige Klimaforscher mit ihrer ‚Hockeyschläger-Theorie' behauptet, die 90er Jahre seien durch den Menschen verursacht wärmer gewesen als jedes andere Jahrzehnt seit sechshundert Jahren. Dabei käme die Erwärmung gar nicht überraschend, da zuvor die ‚kleine Eiszeit' lag. Nur wenige Wissenschaftler würden erschreckende Szenarien entwerfen, aber die Presse würde gerade diese übernehmen.
Während der mittelalterlichen Warmzeit sei es etwa ein halbes Grad wärmer gewesen, während des römischen Klimaoptimums noch etwas mehr und während des Klimaoptimums vor viertausend und vor sechs- bis siebentausend Jahren sogar ein Grad wärmer. Damals herrschte ein feuchteres Klima, und die heutige Sahara zum Beispiel hatte zahlreiche Seen und Flüsse.

Später sagte er dann, im Mittelalter sei es sogar bis zu zwei Grad wärmer gewesen als heute, im Norden sogar vier Grad. Grönland sei fast eisfrei gewesen und besiedelt worden, die Welt sei aufgeblüht, es habe kaum Gletscher gegeben. Dann folgte ab etwa dem 14. Jahrhundert die ‚kleine Eiszeit', die bis etwa 1900 dauerte und wo es bis zu 0,7 Grad kälter war als heute.

Am Ende vertrat er ausführlich die Position, es sei gut, wenn es wärmer sei und würde – viel besser, als wenn es kälter würde. Wenn also das CO_2 dabei helfe, dann wäre es sogar gut, noch mehr davon in die Atmosphäre zu bringen. Und immer wieder forderte er Greta und die Schüler, aber auch die Politiker, die Lehrer, die Erwachsenen, dazu auf, selber zu denken und sich nicht manipulieren zu lassen. Und dann war das Video zu Ende – nach über anderthalb Stunden.

Als sie schwieg, sagte Lucie in die einsetzende Stille hinein: „Wie du siehst, war das nur der erste Teil. Es gibt noch einen zweiten und einen dritten. Die hab' ich mir aber nicht auch noch angetan."
Ihre Freundin sah sie an.
„Und? Was hältst du davon?"
Sie selbst starrte noch immer auf den Bildschirm. Sie konnte nicht so schnell. Da war in ihr noch viel zu viel beschäftigt. So viele Informationen mussten erst einmal verarbeitet werden – und das bedeutete, dass man nachdenken musste und sie auch erst einmal auf sich wirken lassen musste. Wie sollte man sofort etwas dazu sagen können?
„Ich muss ... das erstmal irgendwie wirken lassen..."
„Ja. Aber so grundsätzlich?"
Es gab kein ‚grundsätzlich', wenn alles noch chaotisch hin und her wirbelte... Sie fragte sich wieder, wie andere das machten. Was dachte Lucie selbst überhaupt darüber?
„Und du? Du hast es doch jetzt schon zweimal gesehen..."

„Ich weiß halt nicht genau! Ist ja schon ein bisschen ... was dran, oder? Irgendwo... Auch wenn ich den Typ nicht ausstehen kann..."
Sie schwieg noch immer. Es war, wie wenn ein wirbelndes Gewässer sich langsam etwas zu klären begann.
„Ich hab' *keine* Ahnung, was ich jetzt denken soll, Marja. Das ist irgendwie ein Scheiß-Video, wenn man eine klare Meinung haben will."

Sie musste sie etwas irritiert angesehen haben, denn Lucie fuhr nun fort:
„Was soll das denn nun alles? Soll man jetzt plötzlich schlecht finden, was Greta macht? Soll man denken, dass sie manipuliert wird? Dass wir alle manipuliert werden? Keine Ahnung haben? Dass alles nur Panikmache ist? Dass es sogar *gut* ist, was passiert – mit dem CO_2? Immer rein in die Atmosphäre? Ich *will* aber nicht denken, dass Greta falsch und sinnlos protestiert! Die *Politiker* machen Scheiße – nicht Greta! Und, ey, die Autoindustrie und die Ölindustrie, die freuen sich doch ein Loch in den Bauch mit so einem Video!"
Neue Wirbel in dem Gewässer...
„Marja – sag doch was! Sag doch mal, wie *du* das findest! Was denkst du dazu?"
„Ich kann nicht so schnell, Lucie... Das weißt du doch. Erst recht nicht bei so was..."
„Entweder, der Typ hat Recht, oder er manipuliert auch. Entweder, wir haben kein Problem, oder er lenkt auf eine scheißblöde Art von einem Riesenproblem ab. Ich würde ja gern glauben, dass der Typ genauso redet, wie ich ihn finde, dass er blind und arrogant ist – genau das, was er den anderen vorwirft, auf diese selbstgefällige Art, hast du das gesehen? Die ganze Zeit? Aber wenn das erstmal alles so stimmt... Ich hab echt ein Riesenproblem damit, wenn der Typ Recht hat. So, das musste mal gesagt werden!"

„Ja...“
„Was ‚ja’? Du findest ihn auch so bescheuert, oder?“
„Das meinte ich nicht. Er ist nun mal so, wie er ist. Ich mag ihn auch nicht – und ich verstehe sofort, was du meinst. Aber ich meinte eher das Rechthaben mit den Tatsachen. Denn dann wäre es, wie du sagst: Die Kohle- und Öl- und Auto- und Flugzeugindustrie und die Politiker könnten sich freuen. Aber ich denke jetzt: Geht es denn nicht um vier Grad? Um bis zu vier Grad Erwärmung? Und er redet von einem Grad! Ich denke, *das* ist das Problem!
Die vielen Fakten haben mich erst etwas erschlagen. Aber sie bedeuten alle nichts gegen die Erwärmung, die stattfinden wird, wenn wir so weitermachen. Es sind *bis* zu vier Grad – vielleicht auch weniger. Aber *wenn* es vier Grad sind, bis zum Ende dieses Jahrhunderts, dann ist das ein Problem, was alles übersteigt, wovon er da geredet hat. Und das hat er völlig unterschlagen. Er manipuliert also *doch*.“
„Na, dann bin ich beruhigt!“

Sie war auch beruhigt. Zum ersten Mal war sie dankbar, dass sie sich so gut auskannte. Es schockierte sie, dass man mit einem Haufen Fakten jemanden so verunsichern und manipulieren konnte. Sie verstand auch den Sinn nicht. Warum *machte* jemand so etwas? Wieso stellte sich so jemand auf die Seite der Industrie und der Profitgier und belog die Menschen und streute ihnen Sand in die Augen. *Warum*? Und dann immer wieder zu sagen: ‚Greta, wach auf. Ihr Schüler, wacht auf. Denkt endlich nach!’ Dabei dachte er am allerwenigsten nach! Er tat nur so. Oder bildete es sich vielleicht sogar selbst ein...

„Jetzt ist immer noch so tolles Wetter, Marja – wollen wir noch einen Café trinken gehen?“
„Einen Café? Wie kommst du denn darauf?“
„Es ist Frühling, Marja. Da macht man so was.“

„Okay, wenn du meinst..."
„Ja, das meine ich – auf jeden Fall. Wir hätten das erst machen sollen. Statt dessen haben wir uns die schönsten Stunden mit diesem Typ gestohlen! Aber ich konnte es nicht aushalten. Ich bin froh, dass wir es erst geguckt haben. Jetzt können wir in aller Ruhe den frühen Abend genießen..."

*

Lucie hatte sie in ihr Lieblingscafé geführt. Sie selbst war überhaupt keine Café-Besucherin, war bisher nicht einmal auf den Gedanken gekommen, ihr recht spärliches Taschengeld für Dinge auszugeben, die einfach im Magen verschwanden und damit weg waren. Sie sparte stets für Bücher oder auch einmal schöne Kleidung – oder sehr selten einmal Kino, wenn sich ihr und Lucies Geschmack deckten oder sie noch seltener ein anderes Mädchen als Begleiterin fragte.

Nun saß sie also das erste Mal an einem der Tische, an denen sie sonst nur bisweilen vorbeiging – und fand den Perspektivwechsel äußerst bemerkenswert und interessant.
Lucie war in ihrem Element.
„*Das*, Marja", sagte sie betont, geradezu feierlich, „weißt du, was das ist?"
„Nein?"
„Okay, warte ... wir haben unseren Latte Macchiato noch nicht."
Als dieser kam, sah sie sie neugierig an – und Lucie rührte ein wenig um und nahm einen Schluck, leckte sich den Schaum von der Oberlippe.
„Du auch, Marja!"
Sie tat es ihr nach. Und nun endlich sagte Lucie zufrieden und von neuem feierlich:
„Das, Marja – das ist ... Leben!"
Sie lächelte ihr zu.

„Das ist *Leben*, Marja! Verstehst du? Das ist Leben, mein Leben und nicht nur meins. Es ist Leben *überhaupt*. Das ist es, was ich dir so sehr wünsche. Deswegen bin ich auch mit dir hier – weil du meine aller-allerbeste Freundin bist. Aber weil ich dir *das* auch so wünsche!"
Sie streckte ihre Arme nach beiden Seiten aus und blinzelte in die Sonne.
„Das Leben..."
Dann holte sie ihre Arme wieder an den Tisch und neigte sich zu ihr, sah sie ernst und liebevoll zugleich an.
„Marja – das Leben und du, ihr seid *auch* Freunde. Es ist auch *dein* Freund. Du musst es nur mal zulassen..."
„Ja..."
Verlegen trank sie noch einen Schluck von dem Latte Macchiato – und genoss ihn auch sehr.

„Verstehst du? Jetzt will *ich* dir mal was erklären. Sonst tust du es immer – und hast Schwierigkeiten. Jetzt habe ich Schwierigkeiten. Denn das ist genauso schwierig zu erklären. Aber verstehst du? Ernst sein und so, das ist ja gut und wichtig, das verstehe ich auch – glaubst du mir? Aber das hier ist auch wichtig... Denn das ist das Leben – verstehst du? Dafür muss der Ernst auch mal eine Pause machen. Eine kleine Pause. Damit er Marja auch mal in *Ruhe* lässt... Weil Marja auch das *Leben* kennenlernen muss. Gerade sie – gerade diese liebe, liebe Marja, die immer so ernst ist und so viel leidet, für alle anderen mit. Niemand hat so sehr verdient, dann auch das *Leben* spüren zu dürfen, wie du, Marja!"
Lucie hatte mit einer solchen Liebe geredet und sah sie jetzt mit einer solchen Liebe an, dass sie von einer ungeheuren, völlig unerwarteten Gefühlswoge ganz überwältigt wurde. Ihr Herz und ihre ganze Seele war auf einmal nur noch Rührung, tiefste Rührung und tiefste Dankbarkeit für eine so unbeschreibliche Freundin... Ehe sie nachdenken konnte, liefen ihr schon die Tränen über die Wangen...

„Marja! Doch nicht weinen...“
Nun musste sie erst recht aufschluchzen – vor namenlosem, süßestem Schmerz eines Glückes, das einem das Herz zerriss...
„Marja...“
Sie schüttelte nur hilflos den Kopf, als Zeichen, dass alles gut war, versuchte, ihre Tränen zu trocknen, aber der Strom hörte ja nicht auf...
Schließlich beruhigte sich ihre arme Seele wieder etwas, und sie konnte einmal tief durchatmen. Das tat sie dann noch ein paar Mal, und als sie schließlich auch wieder sprechen konnte, sah *sie* ihre Freundin mit einer allertiefsten Liebe an und sagte nur ein Wort:
„Lucie...“

Nun musste Lucie selbst blinzeln und einmal kurz in eine andere Richtung schauen – und sich die Augen wischen.
„Oh, Mann...“, sagte sie leise.
Dann war alles gesagt.
Etwas verlegen tranken zwei Freundinnen ihren Latte Macchiato, während sie nicht wussten, wie sie an diese Tiefe anschließen konnten – außer durch ebendiese heilige Verlegenheit...

Nach einer ganzen Weile sagte Lucie mit warmer Stimme:
„Hier kann man *auch* nachdenken, Marja. Man kann die Dinge verbinden – Nachdenken *und* leben... Ich weiß das. Ich hab auch schon öfter nachgedacht. Auch ernste Sachen. Es ist kein Widerspruch. Und es ist auch nicht falsch. Es ist nicht falsch, zu leben, Marja!
Und dann kann man sich auch die Leute anschauen. Das ist doch auch schön? Vielleicht ... kann man dabei auch üben, sie liebzuhaben – nicht wahr? Das kann man dabei doch? Und trotzdem ist es Leben... Einfach mal so sitzen und die Sonne lieben und die Menschen und alle Welt um einen

herum – und den Latte Macchiato auch... Aber vor allem das Leben selbst. Und zwar dann auch genießen. Das ist dann vielleicht ein bisschen egoistisch, aber das *darf* man, Marja!“
Sie hatte Lucie die ganze Zeit gerührt angesehen. Jetzt sah auch sie sie kurz schweigend an. Dann sagte sie leise:
„Versprichst du mir, dass du das manchmal auch alleine machst? Hierher kommen, dich einfach hinsetzen, mit einem Latte Macchiato oder so etwas, und das Leben genießen? Und sei es für mich? Würdest du das versprechen, Marja? Für mich...?“
„Ja...“, hauchte sie, gerührt vor zarter Liebe...

Den Rest der Ferien und auch die ersten Schultage recherchierte sie mit einem beispiellosen Eifer, was es über das Klima zu wissen gab.

Sie fand heraus, dass die ältesten Ozeane gut drei Milliarden Jahre alt waren, dass dann Bakterien den ersten Sauerstoff bildeten, und dass es vor allem das lange Erdaltertum war, in dem die Erde wärmer war als heute. Die Leuchtkraft der Sonne war damals noch deutlich schwächer als heute, aber andere Bakterien bildeten Methan, was einen starken Treibhauseffekt hatte. Vor etwa 2,4 Milliarden Jahren erreichte der Sauerstoffgehalt der Atmosphäre, wohl auch durch Photosynthese, starke Ausmaße, wodurch die Methanbakterien verschwanden, der Treibhauseffekt nachließ und eine erste Eiszeit begann. Diese dauerte jedoch ‚nur' 300 Millionen Jahre.

Erst vor 950 Millionen Jahren, also im jüngsten Fünftel der Erde, setzte dann der Wechsel von Eiszeiten und Warmklima ein. Zweimal waren große Teile der Erde eisbedeckt. Dann folgten zwei schwächere Wechsel, unter anderem eine Eiszeit im Perm/Karbon vor 300 Millionen Jahren, eine erneute Erwärmung in der folgenden Jura/Kreide-Zeit und schließlich die letzte Eiszeit, die erst vor 2,6 Millionen Jahren begann.

Innerhalb dieser Eiszeit gab es Kaltzeiten oder Glaziale, in denen weite Teile der Erde vergletscherten, und Warmzeiten oder Interglaziale. Hierbei bestanden auffällige Zyklen von etwa hunderttausend Jahren. So gab es etwa die Elster- und die Saale-Kaltzeit, dann die Eem-Warmzeit, die Weichsel- oder Würm-Kaltzeit genannte letzte Kaltzeit – wobei noch vor achtzehntausend Jahren der Meeresspiegel wegen der Vereisungen um einhundertfünfunddreißig Meter niedriger gelegen hatte –, und vor knapp zwölftausend Jahren begann die jetzige Warmzeit, das Holozän.

Auch in dieser allerletzten ‚Eiszeit-Warmzeit' schwankte das Klima noch einmal deutlich. Vor zehntausend Jahren gab es etwa in Nordafrika statt Wüste eine Grassavanne. Der Höhepunkt einer Warmzeit war immer relativ schnell erreicht, wonach das langjährige Mittel alle tausend Jahre wieder um ein Zehntelgrad fiel. Daneben gab es auch Unterschiede in den Niederschlägen.

Die Forscher diskutierten nun ein ‚Klimaoptimum' in der Römerzeit, aber hier fand sie keine deutlichen Angaben über nennenswerte Temperaturunterschiede. Auch die Völkerwanderungen wurden umgekehrt teilweise darauf zurückgeführt. Dann folgte wieder eine mittelalterliche ‚Warmzeit' und im 17. Jahrhundert eine übertrieben so genannte ‚kleine Eiszeit', mit einem Temperaturunterschied von weniger als einem Grad zum Mittelalter – oder zum Ende des 20. Jahrhunderts. Bei ihren Recherchen fand sie nämlich keine wirklichen Hinweise dafür, dass das Mittelalter wärmer gewesen wäre. Vermehrter Weinanbau war durchaus auch mit damals hohen Importpreisen zu erklären, und was die Römer begonnen hatten, konnte sich unter moderneren Bedingungen schlicht als zu unrentabel erweisen. Außerdem weitete sich der Weinanbau in England seit den 70er Jahren erneut aus. Und während es im Mittelalter regional durchaus etwas wärmer gewesen sein mochte, vor allem auch im Nordatlantik um Grönland, war es heute *global* viel wärmer als damals.

Grönland war nun gerade ein anderes Argument der ‚Klimawandelleugner' – die Besiedlung durch die Wikinger, die im Jahre 982 kamen und um 1500 wieder gingen. In Wirklichkeit aber hatten trotz allem schon zu Anfang die dortigen Gletscher fast ihre maximale Ausdehnung erreicht, und langfristig mildere Temperaturen bestanden nach neueren Daten nicht. Eisfrei war immer nur ein ganz schmaler Küstenstreifen. Grönland hatte in Wirklichkeit niemals ‚geblüht', und die sehr wenigen, kleinen Wikinger-Siedlungen schienen zuletzt schlicht durch die Inuit verdrängt worden zu sein.

In Mitteleuropa war die ‚kleine Eiszeit' zweifellos eine Realität. Im 16. Jahrhundert entstanden zum Beispiel vermehrt wirkliche Winterbilder als Genre in der Malerei. Besonders kalt waren auf der Nordhalbkugel die Jahre 1570 bis 1630 und 1675 bis 1715. In den Alpen dehnten sich in den 1640er Jahren die Gletscher um zwei Kilometer aus. Mehrere Jahre dieser Zeit zeigten extrem kalte Winter und verregnete Sommer. Es gab auch schwere Überschwemmungen, die 1649 sogar Paris trafen. Auch die Themse fror mehrmals zu – allerdings auch im Mittelalter. Gründe für die ‚kleine Eiszeit' waren zum einen offenbar mehrere Vulkanausbrüche mit ihren Folgen auf die Atmosphäre, ein etwas schwächerer Golfstrom und zeitweilig auch das ‚Maunder-Minimum' minimaler Sonnenfleckenaktivität von 1645 bis 1715. Global hatte dies laut Simulationen aber nur eine Wirkung von einem Zehntelgrad.

Ab etwa 1850 wurde es dann weltweit sehr langsam wärmer. Seitdem waren die globalen Durchschnittstemperaturen um etwa 0,8 Grad gestiegen, und zwar am stärksten seit 1976.

Sie fand einen ‚Spiegel'-Artikel von 2013, wo ein Hans von Storch, ein führender Klimaexperte aus Norddeutschland, einem Potsdamer Experten, Schellnhuber, der die Kanzlerin selbst beriet, ‚Alarmismus' vorwarf. Die Temperaturen seien trotz starker CO_2-Emissionen seit 1998 nahezu nicht mehr gestiegen, womit die Modelle sehr fragwürdig würden. So hätten die Tiefen der Ozeane mehr Wärme aufgenommen als vorausberechnet. Vor allem aber hänge die Temperaturfrage entscheidend von den Wolken ab, die man seit Jahrzehnten nicht wirklich simulieren könne. Allerdings ging selbst dieser Forscher von zwei oder mehr Grad Erwärmung im Laufe des jetzigen Jahrhunderts aus.

Dem widersprach aber ein neuerer Artikel, der seit 1976 bis 2000 einen Anstieg von etwa einem halben Grad verzeichnete, danach aber einen weiteren Anstieg mit einem Plateau von etwa 2005 bis 2010, worauf der Anstieg sich fortsetzte und sich schließlich auf insgesamt fast ein Grad summierte. Neben der Gefahr, dass bis zum Jahrhundertende noch zwei Grad hinzukämen – oder bei sich ausweitendem Energieverbrauch sogar noch mehr –, bestand vor allem das Problem einer Zunahme *extremer* Wetterereignisse, damit auch vermehrter Missernten, dadurch bedingter Flüchtlingsströme, auch kriegerischer Konflikte und so weiter.

In einem Dokument, dass sich mit den Mythen der ‚Beschwichtiger' auseinandersetzte, fand sie, dass die Modelle und damit Voraussagen des Weltklimarates IPCC so konservativ seien, dass die Wahrscheinlichkeit, die Folgen zu unterschätzen, zwanzigmal höher sei, als ihre Überschätzung. In dem Video, dass sie mit Lucie gesehen hatte, wurde auch gesagt, noch in den 60er Jahren hätten die Forscher eine Abkühlung des Klimas gefürchtet. Jetzt fand sie, dass nur die Zeitungen dies herausgegriffen hatten – die Mehrheit der Studien hatte auch damals schon Erwärmung vorausgesagt.

Sie widmete sich nun auch den beiden anderen Teilen des Videos. Sie fand dort eine korrigierte Version der ‚Hockeyschläger-Grafik', die nun zeigte, dass es um 1400 deutlich wärmer gewesen sei als 1950. Als sie jedoch in Bezug auf die Quelle, McIntyre und McKitrick, weiter recherchierte, fand sie, dass diese für das Fraser Institute arbeiteten, das von der Erdölindustrie finanziert wurde, während zahlreiche unabhängige Studien die Originalversion bestätigten. Der sogenannte ‚Anthroposoph' aus dem Video behauptete also, Greta und alle anderen würden manipuliert, aber er *selbst* benutzte manipulierte Studien und tat so, als seien dies die einzig wahren! Glaubte er das selbst? Wie konnte man so blind sein?

Dann bezog sich der Mann auf einen ganz aktuellen Artikel im ‚Spiegel'. Dort hieß es laut den Zitaten, dass die Computer noch immer nicht einmal die Zu- oder Abnahme der Alpengletscher voraussagen könnten. Auch seien die Wolken viel entscheidender als das Kohlendioxid, und ein um nur vier Prozent verringerter Anteil tief hängender Wolken ließe es ebenfalls bereits schlagartig um zwei Grad wärmer werden. Alle Modelle seien mit viel zu großen Unsicherheiten behaftet, daher würden die Ergebnisse oft drastisch voneinander abweichen. – Diese Information erschütterte sie. Dennoch spürte sie sofort, dass man das eine nicht gegen das andere ausspielen dürfe. Denn was wäre, wenn sich negative Effekte katastrophal addierten? Man musste doch trotzdem alles tun, um das, was man beeinflussen *konnte*, in seinen negativen Tendenzen zu vermeiden.

Und dann ging der Mann auf den Einfluss der Sonne ein. Zuvor nannte er die kosmischen Faktoren von Klimaveränderungen, die mit der Stellung der Erde zur Sonne zu tun hatten: Exzentrität der Umlaufbahn, Präzession als ‚Taumelbewegung' und eine schwankende Erdachsenneigung oder Ekliptikschiefe. Sie fand, dass diese Rhythmen jeweils mehrere bis viele tausend Jahre umfassten und alle zusammen die hoch komplexen Milanković-Zyklen bildeten. Hinzu kam nun aber die Sonnenaktivität, vor allem die Sonnenflecken – hier wurde ein erstaunlicher Rhythmus von im Mittel elf Jahren entdeckt. Dazu kamen ‚Sonnenstürme', die so einflussreich sein konnten, dass sie die gesamte Elektroversorgung zusammenbrechen lassen könnten. Zwei Forscher hätten nun einen perfekten Gleichklang zwischen Sonnenaktivität und Erdtemperaturen über hunderte Millionen Jahre nachgewiesen. Die ‚kleine Eiszeit' sei mit einem fast völligen Verschwinden der Sonnenflecken einhergegangen, und auch heute seien sie abweichend von ihrem Zyklus komplett verschwunden.

Weitere entdeckte Rhythmen betrafen dreiunddreißig, achtzig, sechshundert und eintausendachthundert Jahre. Der Mann verglich dies mit den verschiedenen Schwingungen einer Saite – und mit kosmischer Musik. Zuletzt kamen noch einige Aussagen Rudolf Steiners, der die Anthroposophie und auch die Waldorfschulen begründet hatte. Es ging darum, dass die Sonnenflecken eigentlich Engelwesen waren, die kein Eigenlicht aussenden konnten, die aber fortwährend Sonnensubstanz ins Weltall warfen, die dann zu Kometen und Meteoren wurde, was er dann auch die kosmische Rüstung Michaels nannte – von dem sie wusste, dass es der Erzengel war, der gegen den Drachen kämpfte.

Wie dem auch sei, sie hatte bereits herausgefunden, dass die Sonnenflecken *nicht* die ‚kleine Eiszeit' erklärten, höchstens zu einem kleinen Teil. Und als sie nun weiter recherchierte, entdeckte sie, dass die Arbeit, die einen engen Zusammenhang zwischen Zyklusdauer und den Temperaturen auf der Nordhalbkugel fand, von 1991 stammte. Einer der beiden Autoren hatte jedoch 1999 Fehler in den Daten korrigiert und gezeigt, dass bereits seit den 80er Jahren die Sonnenaktivität *abnahm*, während die Erwärmung unabhängig davon weiter zunahm. Das hieß, dass die Sonne seitdem höchstens eine noch stärkere Erwärmung verhindert hatte!

Sie fand hier sogar genaue Grafiken, wo alle möglichen Ursachen aufgelistet wurden, und die bekannten natürlichen Ursachen einschließlich der Sonne erklärten den Anstieg der letzten Jahrzehnte in keiner Weise. Im Gegenteil: Aerosole – also Schwebteilchengemische – hatten der Erwärmung sogar deutlich entgegengewirkt. Ohne sie hätten die Treibhausgase eine noch stärkere Wirkung gehabt. Auch war es nicht wahr, was der Mann fortwährend behauptet hatte, nämlich, dass die Wirkung des CO_2 eine bloße Hypothese sei. Der Treibhauseffekt dieses und anderer Gase war wissenschaftlich längst völlig erwiesen – und der größte Teil der zurückgehaltenen Strahlung war gerade jene, die für die Wirkung des CO_2 spezifisch war. Selbst der Wirkanteil der einzelnen Gase war also genau bekannt. Hinzu kam dann noch, dass mehr CO_2 auch den Gehalt an Wasserdampf steigen ließ, was den Effekt nochmals verstärkte.

*

Was hatte sie nun erreicht? Ihr schwirrte der Kopf. Sie hatte tagelang fast ununterbrochen geforscht, sich Sachen aufgeschrieben, weitergesucht, Neues gefunden und gesehen, dass alle sogenannten Argumente der Leugner eines menschengemachten Klimawandelns in sich zusammenfielen. Sie wurden mit allergrößter Exaktheit von modernsten Forschungen widerlegt.

Um diese Seiten verstehen zu können, die oft auf Englisch geschrieben waren, hatte sie ihre ganzen Kenntnisse zusammennehmen – und dennoch viele Worte nachsehen müssen. Am Ende hatte sie nicht nur ihr wissenschaftliches Wissen vertausendfacht, so kam es ihr vor, sondern auch ihr englisches Sprachgefühl mindestens verdoppelt. Nun war sie unglaublich müde, aber auch unglaublich glücklich. Denn nun wusste sie, was sie von allem zu halten hatte. Sie konnte alle Manipulationen dieses Mannes *durchschauen*.

Im Grunde war sie ihm regelrecht dankbar. Denn er hatte ihr deutlich gemacht, wie weitgehend Manipulation möglich war – und wie man gerade auf wissenschaftlichem Felde erst einmal alles Mögliche behaupten konnte, was sehr, sehr plausibel klang. Und wenn man selbst von alledem keine Ahnung hatte, musste man ja die Dinge glauben, die einem als Fakten ‚verkauft' wurden. Der Mann hatte nun selbst fortwährend von ‚Fakten' gesprochen. Aber Fakten waren nicht gleich

Fakten – und das hatte sie dank dieser ganzen Sache sehr, sehr gut verstanden. Man konnte *alles* behaupten. Man griff sich etwas heraus, ein ‚Faktum' – aber in Wirklichkeit war es ganz anders, oder man interpretierte es falsch, oder man ließ andere Fakten einfach weg ... und so weiter.

Sie war aber auch dankbar, dass sie jetzt das Klima so ausführlich verstanden hatte. Es gab in der langen Geschichte der Erde große Schwankungen. Ein Temperaturanstieg war *an sich* erst einmal nichts Bedrohliches – und früher auch nie menschengemacht. Die Frage war immer die nach dem Gesamtbild.

Es gab sogar lange Zeiten der Erde ohne alles Eis an den Polen. Aber das bedeutete extrem angestiegene Meeresspiegel. Heute, wo es die Menschheit gab, war dies überhaupt keine Option mehr. Das ‚Klimaoptimum' wiederum war sehr zweifelhaft – wahrscheinlich war dieselbe Temperatur heute längst erreicht. Dass wenige Zehntelgrad Kulturblüten oder aber Völkerwanderungen auslösen sollten, war in ihren Augen völliger Unsinn und reine Theorie. Das ganze war genauso übertrieben oder sogar an den Haaren herbeigezogen wie das Grönland-Argument. Als ‚Faktum' wurden hier ein paar armselige Wikinger-Siedlungen verkauft, Grönland sollte eine ‚grüne' Insel gewesen sein, obwohl Erik der Rote mit diesem Namen offenbar nur andere Siedler anlocken wollte, während die Bedingungen des schmalen Küstenstreifens immer hart gewesen waren – und die Wikinger dies einfach schließlich erkannt und den Inuit das Feld überlassen hatten.

Und wer hatte in die ‚Hockeyschläger-Kurve' ein großes ‚Klimaoptimum' eingebaut und behauptet, die Daten seien in dieser Weise zu korrigieren? Eine Studie aus einem von der Erdölindustrie finanzierten Institut! Und dann redete der Mann fortwährend von der Sonne, als würde sie nun alles erklären! Und was erklärte sie? So manches – bis in die 70er Jahre. Ab da kehrte sich die Wirkung um. Die Sonne wirkte genauso wie zur ‚kleinen Eiszeit', nämlich gar nicht – und trotzdem wurde es immer wärmer. Der Mann glaubte ja auch an die nächste ‚Eiszeit' und wollte unbedingt ein ‚Klimaoptimum' – und dafür sogar noch weiter CO_2 in die Atmosphäre schicken.

Aber hierbei ging es längst nicht mehr um ein paar Zehntelgrad, sondern hier ging es um mehrere ganze Grade! Und vor allem: Allein bis zum Ende eines einzigen Jahrhunderts. Würde der Energieverbrauch durch Öl und Kohle nicht aufgehalten, würde die Temperatur danach ja *weiter* steigen – und mit ihr der Meeresspiegel, dazu dann noch die immer extremeren Wettererscheinungen und Katastrophen. Das alles berücksichtigte dieser Mann nicht, der naiv von irgendwelchen ‚Klimaoptimums' redete, weil er sich offenbar ständig irgendein Paradies ausmalte, ohne die Gefahren und das real Schlimme ins Auge zu fassen. Und zwar global – nicht nur im gemütlichen Mitteleuropa, wo ein, zwei Grad mehr vielleicht noch angenehm wären.

Dieser Mann wusste nicht, wovon er redete – aber er behauptete, alle anderen wüssten es nicht. Alle anderen würden naiv bloß Thesen formulieren, ohne Fakten zu haben. Sie wusste nun längst, dass es umgekehrt war: Die Wissenschaftler hatten Fakten – und sämtliche Thesen waren bestens und genauestens belegt. Was der Mann aber als ‚Fakten' anführte, war schlecht belegt oder sogar falsch. Und *seine* Thesen waren noch weitaus schlechter als alles, was die Wissenschaftler gründlich und sorgfältig erarbeitet hatten.

Und er stellte sich großmäulig hin und wiederholte immer wieder, Greta und alle Schüler und alle Erwachsenen sollten nachdenken! O, wie naiv war *er* – und wie blindgläubig. Er wollte unbedingt, dass es den menschengemachten Klimawandel *nicht* gab. Er bezeichnete das als Hybris. Dabei war es Hybris, die erdrückenden Beweise nicht zur Kenntnis zu nehmen, sondern lieber an die Sonne, an eine neue Eiszeit und an rein natürliche Faktoren zu glauben, die ‚schon alles richten' würden – *entgegen der Beweislage!* Er bog sich alles zurecht und zitierte andere Autoren wie diesen von Storch, dessen Behauptungen längst überholt waren. Er warf Wissenschaftlern ‚Alarmismus' vor, die ganz und gar vorsichtig die Gefahren abschätzten und sie tendenziell noch immer *unterschätzten*. Er war der wahre Manipulator – und offenbar ganz und gar selbst manipuliert, von seinem eigenen Dogma.

Sie erkannte so genau wie nie zuvor, *wie sehr* dasjenige blind machte, was man unbedingt glauben *wollte*. Dieser Mann wollte unbedingt daran glauben, dass alle Warnungen übertrieben und Alarmismus seien, dass alles noch gar nicht genau erwiesen sei, dass der Mensch gar nicht solchen Einfluss haben könne, dass das alles Hybris sei. Das wollte der Mann glauben. Und alles andere gruppierte er dann um dieses zentrale Dogma herum: sein Klimaoptimum, Grönland, die angeblich blinde, böse, interessengeleitete Wissenschaft, die alles erklärende Sonne. Und was der Mensch tat, verschwand vor seinen Augen, weil es verschwinden *sollte*. In Wirklichkeit hatte *er* nur eine These und nichts weiter – die von der völligen Unwirksamkeit des menschlichen Tuns. Den Wissenschaftlern warf er vor, keine Fakten, sondern nur Thesen zu haben – und er selbst machte sich blind für all die Fakten, die die Wissenschaftler längst hatten.

Er verdrehte völlig die Tatsache, dass die Wissenschaftler eine Erklärung dafür suchten, dass die Temperaturen stiegen, *obwohl* keine anderen der bekannten Fakten dies erklären konnten. Die Erklärung des CO_2 war keine *These*, sie war eine *Schlussfolgerung*, weil nichts anderes als Erklärung mehr möglich war! Dass das CO_2 vollkommen nachgewiesenermaßen tatsächlich einen Treibhauseffekt hatte, bedeutete, dass man diese Schlussfolgerung ziehen *musste*. Die Wissenschaftler hatten nichts von dem getan, was er ihnen vorwarf, er redete bloßen Unsinn. *Er* dagegen erzählte Lügen, nämlich man würde eine alleinige menschliche Verursachung einfach behaupten. Alle möglichen Ursachen waren genau untersucht und aufgegliedert – und manches wirkte sogar *gegen* die Erwärmung, wie die Aerosole, manches wirkte im Moment *gar nicht*, wie die Sonne, auch sie allenfalls bremsend, und als stärkster Faktor blieb dann einer allein übrig: die Treibhausgase, hier allen voran das CO_2. Man konnte die Effekte in den Modellen genau angeben! Und der Mann log von dem Gegenteil. Er belog die Leute, weil er an sein eigenes, privates Dogma und seine eigene private These glaubte – gegen die überwältigende Fülle der Tatsachen. Er manipulierte andere, weil er mit aller Gewalt zuerst sich selbst manipulierte. Nicht die Forscher waren alarmistisch – er selbst glaubte fanatisch an etwas anderes und *wollte* sich blind machen, um nicht zu erkennen, dass hier keine Hybris vorlag, sondern *Verantwortung* für die Menschheit und den Planeten...

*

Sie war jetzt so erschöpft, dass sie regelrecht traurig wurde. Wieso war so ein *Kampf* nötig – um einfach nur zur Kenntnis zu nehmen, was wahr war? Wieso kämpfte man um die Wahrheit? Wieso bekämpfte man sie? Warum gab es so viel Blindheit? Und warum tat diese so, als sei sie die einzig wissende? Dieser Mann ... er war so von sich selbst überzeugt. Man sah es, wenn er redete. Sie verstand sehr gut, was Lucie gesagt hatte. Warum sie ihn nicht nur nicht mochte, sondern ihn absolut *nicht* mochte. Denn dieser Mann hörte sich selbst gerne reden. Das war vielleicht etwas von dem Hässlichsten, was es gab. Es war sichtbare Eitelkeit. Wie konnte er dann von Hybris sprechen? Er selbst umkreiste eitel sein Dogma und schlug es den anderen als vermeinte Wahrheit um die Ohren – sich auch darin noch gefallend. Eitel die angebliche Wahrheit aufdeckend. Sich gefallend in den vielen, vielen Fakten und Grafiken, die aber alle Teil der Unwahrheit waren, weil er seinem eigenen Dogma niemals entkam, sich vielmehr immer mehr darin verstrickte, weil er in allem ja immer nur neue Beweise für *seinen* Irrglauben fand.

Aber er war eben auch nicht bereit, die Tatsachen zur Kenntnis zu nehmen. Er bezeichnete sie als bloße Behauptungen und Thesen, die eine Grundthese stützen sollten. Dabei war es alles andersherum. Er verwechselte Fakten und Thesen, weil er blind bleiben *wollte*. Weil er von seiner eigenen Grundthese nicht abweichen wollte. Und er war so unredlich und voreingenommen, dass er nicht zur Kenntnis nehmen wollte, wie *sorgfältig* die Wissenschaftler arbeiteten – im Gegensatz zu ihm. Er glaubte, die CO_2-These stand am Anfang, aber das stimmte überhaupt nicht. Die CO_2-Schlussfolgerung stand am Ende. Bei *ihm* stand eine falsche These am Anfang: nämlich, dass das CO_2 eine bloße These sei.

Und er führte dafür keinerlei Beweise an, überging die Dinge einfach – und führte nur *seine* ‚Beweise' dafür an, dass das CO_2 doch keine Rolle spielen könne ... ja, warum? Weil sich das Klima immer schon enorm gewandelt habe. Dass dies kein einziger Wissenschaftler bestritt, entging ihm völlig, und er behauptete das Gegenteil. Er *behauptete* nur, die Wissenschaftler würden alle übrigen Ursachen übersehen – aber das taten sie gar nicht. Es war seine These, aber schon sie stimmte nicht, doch er behauptete sie sogar als Faktum. Und warum hielt er dies für ein Faktum? Warum dachte er, die Wissenschaftler würden alle anderen Ursachen übersehen? Weil diese anderen Ursachen im Moment *tatsächlich* nicht wirkten, soweit man das mit sorgfältigsten Methoden, die die ganze

Vergangenheit mit einbezogen, feststellen konnte. Diese anderen Faktoren würden höchstens zu einer Abkühlung führen – einschließlich der Sonnenaktivität, auf die er ja selber hingewiesen hatte. Wenn aber kein Faktor mehr da war, wie konnte man ihn dann verantwortlich machen? Die Wissenschaftler übersahen sie nicht, sie waren in diesen ganzen Jahren nicht nennenswert wirksam! Und auch er konnte keinen nennen! Er konnte nur von ‚Übersehen' sprechen, aber er selbst hatte auch nichts in der Hand. Nichts. Er sprach von der Sonne – konnte aber nur feststellen, dass mit ihr eine neue Abkühlung kommen müsste. Die kam aber nicht – sondern weitere Erwärmung.

Wer war nun der Dogmatiker? Die, die den einzig offensichtlichen Faktor als solchen erkannten? Oder der, der weiter von ‚Übersehen' sprach, ohne *irgendetwas* benennen zu können, was wirklich Sinn machte?

Sie war müde und traurig und erschöpft und verstand nicht, warum man sich so in die Unwahrheit verbohren konnte, in die Blindheit – in eine Blindheit, die nicht vertrauensvoll zur Kenntnis nehmen konnte, was andere schon erforscht hatten, und die Sorgfalt, die Genauigkeit und die Richtigkeit daran zur Kenntnis nehmen konnte... Der Mann hatte kein Vertrauen – und konnte deshalb auch nicht *spüren*, dass in der Wissenschaft diese Sorgfalt lebte. Sie spürte das. Sie konnte es wahrscheinlich gar nicht beurteilen, jedenfalls würde das jeder denken, weil sie ja noch ein ‚Kind' war. Aber wer *konnte* es denn beurteilen? Der Mann etwa? Er urteilte doch fortwährend falsch. Er *unterstellte*, dass die Wissenschaft von Dogmen und bloßen Thesen ausging. Aber das stimmte gar nicht. Nach allem, was sie herausgefunden hatte, stimmte das überhaupt nicht. Sondern der Mann ging von Dogmen aus. Und diese machten ihn blind. Das war eindeutig. Weil sie alles genau geprüft hatte. Es hätte auch sein können, dass der Mann

Recht gehabt hätte. Seine Darstellung hatte sie an einigen Stellen durchaus erschüttert. Aber als sie dann weiter recherchierte, erkannte sie jedes Mal, wie falsch er lag, weil er alles nur einseitig deutete und benutzte und nie das ganze Bild in den Blick nahm.

Damit hatte sie den Beweis. Die Wahrheit fand man nur, wenn man sie suchte. Sie hatte gesucht. Und sie hatte gefunden: Die Sorgfalt der Wissenschaftler und die Eitelkeit eines Mannes, dem sein eigenes Dogma lieber war als die unbefangene Erkenntnis. Der auf andere lieber herabsah und sie belehrte, anstatt sich selbst bescheiden belehren zu lassen – von der Wahrheit...

Sie hatte sich gewünscht, dass Greta Recht hatte und nicht die Ölindustrie. Dass die jungen Menschen Recht hatten, die sich Sorgen um die Zukunft machten, und nicht dieser eitle alte Mann. Ja, sie hatte gehofft, die Wahrheit beweisen zu können, dass Greta Recht hatte. Aber sie hatte dies nicht *vorausgesetzt*. Es war ihre tief erhoffte These gewesen – aber noch mehr, als diese These zu beweisen, hatte sie sich gewünscht, die *Wahrheit selbst* zu erkennen. Sie hatte sich *gewünscht*, dass Gretas Wahrheit auch die wirkliche Wahrheit war – aber sie hatte es nicht vorausgesetzt. Sie war bereit gewesen, sich eines Anderen belehren zu lassen, wenn es denn so gewesen wäre. Es wäre auch etwas Wunderbares gewesen, wenn die Erde *nicht* so bedroht gewesen wäre. Dann wäre sie in *anderer* Weise sehr glücklich gewesen. Aber – der Mann hatte zwar allerhand behauptet, aber letztlich nichts, überhaupt nichts in der Hand gehabt. Eindrücklich hatte er die Wandlungen des Klimas dargestellt, und dafür war sie ihm noch immer dankbar, aber als es an den Punkt der jetzigen Erwärmung kam, also genau dieser Jahrzehnte, in denen sie lebte und geboren worden war, die die Zukunft der jetzt lebenden Menschheit sein würden – an diesem Punkt spielten die Faktoren, die das Klima der letzten Jahrhunderte beeinflusst hatten, keine Rolle, die erklären konnte, was gerade geschah – und dann blieb nur noch die Erklärung übrig, die in ihrer Wirkweise längst ebenfalls erklärt war.

Sie fragte sich, warum sie sich nicht gewünscht hatte, dass er Recht haben möge – denn dann wäre die Erde, wäre die Menschheit ja nicht gefährdet. Aber dann würde alles so weitergehen wie bisher – und die Erde war längst an ganz vielen Punkten gefährdet. Ölindustrie und Profitinteressen interessierten sich an *keinem* Punkt dafür, wo es der Erde schlecht ging. Und Greta machte *generell* darauf aufmerksam, dass der jetzige Weg an ein Ende kam. Das Klima war nicht einfach nur *ein* Problem. Es war der Aufwachpunkt. Jetzt konnte die Menschheit aufwachen. Sie konnte, weil sie musste. Jetzt musste sie aufwachen – andernfalls nahm sie ihre eigene Katastrophe sehend in Kauf.

Sie wollte, dass die Menschheit aufwachte. Dass sie sehend wurde. Dass sie umkehrte. Dass sie nicht mehr so weitermachte wie bisher. Dass sie erkannte, wie schlimm alles schon geworden war. *Nicht nur das Klima*. Deshalb – deshalb hatte sie gewünscht, dass Greta Recht hatte, so traurig das auch war. Es war alles traurig – so vieles. Auf eines mehr oder weniger kam es nicht an. Es kam nur auf das Aufwachen an. Und das Klima *war* ein Punkt zum Aufwachen, denn es war wirklich global, es war planetarisch. Es musste etwas wirklich Wesentliches bedroht sein, damit die Menschheit aufwachte. Und Greta hatte Recht. Es war alles bedroht. Tausende von Wissenschaftlern hatten ebenfalls Recht – und sie warnten alle. Was brauchte man denn noch, um aufzuwachen? Sie brauchte schon lange nichts mehr. Man brauchte eigentlich nur eines: ein Herz.

*

Sie schaute auf die Uhr. Es war kurz nach sechs. Sie überlegte. Auf einmal wollte sie total gern ausprobieren, was Lucie ihr gezeigt hatte – sich einfach mal in ein Café zu setzen und einen Latte Macchiato zu trinken. Die Uhrzeit passte überhaupt nicht. Auch deshalb nicht, weil sie spätestens in einer halben Stunde Abend essen würden. Das hatte sich als ‚Familienleben' erhalten – auch wenn dort gerade am meisten gestritten wurde, natürlich immer nur zwischen ihren Eltern.

Der Wunsch in ihr, dem zu entfliehen, und sich in das Café zu setzen, gerade heute, wo sie so müde und erschöpft war, wurde immer stärker. Aber dafür würde sie lügen müssen. Niemals konnte sie sagen, sie gehe einfach in ein Café, statt Abendessen. Das wäre ein Tabubruch, schlimmer als nackt in der Wohnung herumzutanzen oder so etwas – vermutete sie jedenfalls. Ihr Vater war noch nicht da. In letzter Zeit machte er oft Überstunden, vielleicht sagte er aber auch das nur. Er würde sie sogar sicher verstehen. Es war merkwürdigerweise ihre Mutter, die allen das Leben zur Hölle machte und dennoch geheimnisvoll auf der Forderung bestand, dass es eine gemeinsame Mahlzeit am Tag gab. Warum? Sie stellte sich dort ja doch nur als von allen verlassen hin, obwohl ihr niemand etwas tat und alle sie nur *deshalb* immer weniger mochten, *weil* sie so schlimm war. Und dabei hatte sie selbst auch einen Freund. Hasste sie es, dass der Haushalt an ihr hängen blieb? Obwohl sie sonst nichts anderes tun musste? Hasste sie es, dass sie nicht geliebt wurde? Nicht mehr von ihrem Mann? Denn sie und Tamara hatten sie bis zuletzt geliebt, besonders Tamara tat es noch immer, so gut sie, ihre Mutter, es zuließ. Sie verstand es einfach nicht. Nein, sie verstand ihre Mutter nicht. Und der Entschluss, dem zu entfliehen, nur heute, wurde übermächtig.

Obwohl sie sich dabei nicht wirklich gut fühlte, ging sie zur Küche.

‚Mama, ich muss nochmal zu Lucie. Sie hat gerade angerufen, dass wir zu morgen ein Referat aufhatten, das wir beide vergessen haben. Tut mir leid ... das ist blöd gelaufen...'
Ihre Mutter stand gerade am Herd und schien bis jetzt selbst auch halb in Gedanken versunken gewesen zu sein. Jetzt sah sie sie an, ein Abstand von vier Metern, sicher genug, weil sie nur an der Tür stand, trotzdem fühlte sie sich wie durchschaut, fühlte auch die Kränkung, die sie ihrer Mutter bereitete, den Ärger, die Schwäche und noch so vieles andere, was sie gar nicht benennen hätte können. Dann wandte ihre Mutter den Blick wieder ab und sagte nur ein Wort, fast mehr zu sich selbst als zu ihr:
„Ja..."

Alles andere. Es hätte alles andere sein können. Jetzt aber fühlte sie sich durch dieses resignative kleine Wort wie ein geprügelter junger Hund – noch schlechter, als sie es sich vorgestellt hatte.

„Ich beeile mich...", sagte sie, um überhaupt irgendetwas zu sagen – und erkannte im selben Moment die Absurdität dieser Worte. Sie konnte sich vor lauter Schuldgefühl nicht vom Türrahmen losreißen, vom Anblick ihrer Mutter, die dastand wie eine Verlassene, was sie ja auch war, aber wenn sie jetzt nicht ging, würde die Zeit stillstehen bleiben und sie es nie wieder schaffen. Sie riss sich also aus ihren eigenen Schuldgefühlen heraus, die in dem Moment wie Feuer brannten, und murmelte noch ein freundliches ‚Bis dann...', dann waren der Türrahmen und der Anblick der Mutter verschwunden und der Bann gebrochen. Nur das innere Feuer verfolgte sie noch, als sie das Treppenhaus hinunterlief, jeden Schritt mit seiner Verurteilung versengend...

Warum hatte ihre Mutter ihr nicht vorwurfsvoll und streng verbieten wollen zu gehen? Warum hatte sie keinen Aufstand gemacht, kein Theater, wie so oft, nicht nur beim Essen? Wieso jetzt gerade das Gegenteil? Sie tat ihr leid. Und sie konnte sie nicht aus ihren Gedanken bekommen. Sie hatte sich vorgestellt, eine kleine Notlüge zu gebrauchen und dann schnell dem Umkreis des Drachen zu entkommen. Aber nun kam dessen Feuer die ganze Zeit mit, und sie war nichts weniger als frei. Es konnte keine Rede davon sein, dass sie sich jetzt ins Café setzen konnte, so, wie Lucie es sich wünschte. Dennoch wollte sie es versuchen, dennoch sehnte sie sich danach – wenn auch die Schuldgefühle selbst diese Sehnsucht überlagerten.

Als sie ankam, waren die meisten Tische draußen besetzt. Sie hatte nicht gewusst, dass auch abends hier so ein Andrang herrschte. Aber das Wetter war auch einfach zu schön. Sie erblickte aber einen freien, kleinen runden Tisch und steuerte darauf zu. Dann setzte sie sich dort – und das war ein komisches Gefühl. Sie ging zum ersten Mal in ein Café. Allein. Von sich aus. Sie hatte das Gefühl, dass sie das gar nicht verdiente. Nicht wegen des Abendessens zu Hause. Sondern generell. Sie hatte nie Geld für so etwas ausgegeben, aber das war es nicht einmal. Sie hatte das Gefühl, dass man das gar nicht *durfte*. Dass *sie* das nicht durfte. Sie hatte das Gefühl, dass dies etwas war, was Verschwendung war, ungenutzte Zeit, egoistisch. Ja, das war es, das war dieses Gefühl: sie hatte das Gefühl, dass Genießen, das, was Lucie ‚Leben' nannte ... dass sie das nicht durfte. Weil sie nicht egoistisch sein wollte. Nicht an sich selbst denken. Nicht so werden wie die anderen – bei denen sie das fortwährend *spürte*. Dieses, was sie nie haben wollte. Dieses Selbstgewisse, aber auch Selbst*bezogene*.

Mitten in diesem fühlend-denkenden Nachsinnen wurde sie unterbrochen, weil die Bedienung kam – eine nette, aber auch sehr beschäftigt wirkende junge Frau.

‚Ich hätte gern einen Latte Macchiato...'

Ihr schlug das Herz auf einmal heftig.

Sie fand es unglaublich, dass sie sich von so einer jungen Frau, überhaupt von irgendeinem anderen Menschen, *bedienen* lassen konnte. *Das* war ihr noch viel unangenehmer, als nachher irgendetwas zu genießen. Sie hatte kein Recht, etwas zu genießen, aber noch weniger richtig war es, sich bedienen zu lassen. Dies war *immer* falsch. Wie konnten die einen sich einfach hinsetzen – und die anderen für sich arbeiten lassen? Sie verstand dieses Gefühl nicht. Und dass das für alle so normal zu sein schien. Wie war das möglich? Wie konnte man da sitzen und *nichts* fühlen, während ein anderer für einen arbeitete? Dachte man, man hätte das verdient? Oder es wäre in irgendeiner anderen Weise berechtigt? Oder dachte man einfach gar nicht?

Als die junge Frau mit dem Latte Macchiato wiederkam, hatte sie dasselbe Gefühl noch einmal. Diese stellte das Glas gekonnt vor ihr ab, aber sie fühlte sich wiederum schuldig, dass sie hier saß, während ein anderer Mensch für sie arbeitete.

‚Vielen Dank!', sagte sie sehr freundlich, ja fast innig.

Die Frau lächelte kurz, war aber dann bereits wieder unterwegs.

Die Gedanken ließen sie nicht los. Sie sah die übrigen Leute an – belebte Tische, draußen auf dem Bürgersteig einer frühlingsabendlich belebten Stadt. Für sie alle war es normal, dass sie sich amüsierten und den Abend genossen – während zwischen ihnen zwei, drei junge Frauen herumgingen, durchaus gestresst, bestimmt, wenn auch es verbergend, aber sie liefen die ganze Zeit, den ganzen Tag, und jeder hielt es für selbstverständlich. Vor allem dieses Sitzenbleiben, während der andere einen bediente. Dieser *Moment*. Der Moment der Begegnung: Man selbst blieb sitzen und bestellte – und der andere lief und tat es. Und wiederum, wenn er das Gewünschte brachte: Man blieb sitzen und nahm es reglos hin. Sie wusste, dass viele nicht einmal ‚danke' sagten – ja mehr noch, einfach weitersprachen, die ‚Bedienung' nicht einmal beachteten. Und genau das war es, was sie spürte: die tiefe *Unrichtigkeit* dieses Verhältnisses. Es war nicht menschlich. Es war sklavisch. Es war Unterwerfung – vor aller Augen und von allen akzeptiert, nicht einmal mehr gesehen.

Natürlich – man konnte sagen, es war ein Beruf. Man konnte sagen: Ich bezahle doch den Kaffee. Den Kaffee und die Bedienung. Ich gebe sogar ‚Trinkgeld'. Sie kannte das alles auch, weil sie ein paar Mal als Familie Essen gegangen waren. Man kannte das alles irgendwie. Aber verstehen tat sie es nicht. Denn was hieß, man bezahlte auch die Bedienung? Was hieß Trinkgeld? Die Bedienung bekam natürlich irgendeinen Lohn, ein Gehalt. Sie wusste nicht, wie viel das war – aber das Trinkgeld war gerade dazu da, das aufzubessern, also musste es wenig sein. Die ‚Bedienung' bekam also sehr wenig Geld und dazu noch das Trinkgeld, das jeder ihr am Ende gönnerhaft gab – ein paar Cent dazu. Man bildete sich ein, großzügig zu sein, wenn man auf einen Euro aufrundete oder irgend so etwas. Man gab Almosen und fühlte sich wie der Herrscher. Irgend so etwas war es doch. Es war nicht so etwas wie im Geschäft, wo man für eine Ware den festgesetzten Preis bezahlte, es war etwas Zusätzliches. Und das empfand man als ‚Gnade'. Die ‚Bedienung' hatte dafür *dankbar* zu sein, dass man so ‚großzügig' war. Und sie war einem auf Gedeih und Verderb ausgeliefert. Man konnte auch gar nichts geben, man konnte sich auf Heller und Pfennig das Restgeld herausgeben lassen. Dann hatte sie einen von Anfang bis Ende bedient und man gab ihr *nichts* dafür. Nur das, was irgendwie im Preis doch schon mit einberechnet war.

Aber selbst wenn der Lohn in Ordnung wäre – das Verhältnis war es nicht. Es war nicht in Ordnung, dass ein Mensch in seinem Stuhl saß – und ein anderer ihn bediente. Und er sich *bedienen* ließ, ohne zu spüren, wie falsch das war. Wie falsch es *wurde*, wenn man nicht zumindest besonders freundlich war. Wenn man nicht zeigte, dass es nicht normal war, dieses Verhältnis. Aber was, wenn selbst die ‚Bedienungen' es normal *fanden* – so wie anscheinend die junge Frau eben? Was, wenn nur sie selbst ein Problem damit hatte? War *sie* es, die die Dinge falsch sah? War es tatsächlich normal, andere Menschen für sich arbeiten zu lassen und sie nicht einmal zu beachten, wenn sie dies taten? Sie kannte so etwas nur aus Filmen, wo es Diener, Butler oder Sklaven gab. Da machte man das so. Man behandelte Menschen wie Gegenstände. Und heute, hier, immer noch?

„Ist hier noch frei?"
Die Stimme riss sie erneut aus ihren Gedanken. Es war ein junger Mann, der erwartungsvoll auf ihre Antwort wartete.
„Ja..."
Sie hatte wahrheitsgemäß, aber ungern geantwortet, weil sie nicht mit anderen an einem Tisch sitzen konnte. Die Privatsphäre war dann zerbrochen. Es war, wie wenn fortwährend jemand im selben Badezimmer anwesend war. Man konnte nicht mehr man selbst sein...
Der Mann setzte sich. Er war wohl Mitte zwanzig. Sie erwiderte sein Lächeln und schaute dann schnell auf ihren Latte Macchiato, von dem sie in diesem Moment merkte, dass sie ihn bis jetzt ganz vergessen hatte. Es war praktisch, dass man so etwas vor sich hatte, um sich etwas anderem zuwenden zu können. Sie rührte ihn erst einmal um, leckte dann etwas verschämt den Löffel ab und nahm einen Schluck. Dann rückte sie ihren Stuhl etwas um, was sie gegenüber dem Mann fast unverschämt fand, und schaute angestrengt auf die anderen

Tische und ihre Gäste – so, als mache sie das fortwährend und jeden Tag und als sei sie das völlig gewohnt.

„Warum sitzt du allein hier?“
Ein heißer Strom schoss ihr durch die Glieder, als sie diese Frage, so warm und freundlich sie auch gesprochen war, so direkt an sich gerichtet fühlte.
Sie blickte den Mann an, der sie von neuem freundlich anlächelte – oder immer noch.
„Wieso?“, fragte sie, fein abgewogen zwischen Freundlichkeit und größtmöglicher Abwehr.
„Nur so“, erwiderte der Mann. „Tut mir leid...“
Sie schaute wieder weg, in die Blickrichtung, die sie sich geschaffen hatte, und *ihr* tat es leid. Sie spürte das Abgeschnittene der Frage und ihre eigene Schuldigkeit daran. Sie war nicht der Mensch, der anderen feindselig entgegenkam und Fragen abschnitt – nur, wenn sie sich in die Enge getrieben fühlte.
In diesem Moment kam die Bedienung, und der Mann bestellte. *Auch* einen Latte Macchiato. Zufall!?
Er hatte doch nur eine Frage gestellt... Aber sie schließlich auch. Und er hatte sie nicht beantwortet. Er hatte sich entschuldigt, also gemerkt, dass die Frage zu weit ging. Aber an seiner Reaktion hatte *sie* gemerkt, dass sie zu unfreundlich gewesen war. Sehr deutlich gemerkt...
Sie blickte weiter angestrengt in ihre Richtung. Zugeben konnte sie das natürlich nicht. Sagen konnte sie es nicht. Denn dann begann womöglich doch noch ein Gespräch und dann... Sie wollte ihre Ruhe haben. Sie wollte *allein* sein, deswegen war sie hierhergekommen, wegen nichts anderem. Und nun hatte sie nicht mal diesen winzigen Tisch für sich allein. Sie überlegte kurz, ob sie den Tisch wechseln könne, wenn es die Möglichkeit gab, aber das war natürlich Unsinn, das konnte man nicht machen...

Die Bedienung kam mit seinem Latte Macchiato, und aus den Augenwinkeln verfolgte sie, wie dieser vor ihm abgestellt wurde und wie er kurz freundlich zu der Bedienung aufblickte und sich bedankte. Sie merkte, wie sie das schön fand. Ihr ‚ungebetener Gast' hatte diese geheime Probe bestanden. Sie schaute wieder auf die anderen Gäste und hatte ihren Latte Macchiato in die Hand genommen, um ihn ganz in Ruhe ab und zu zu genießen.
Allmählich gelang es ihr sogar halbwegs, die Situation zu genießen, den Frühlingsabend, die ganze Atmosphäre um sie herum, die anderen Menschen, die den warmen Abend ebenfalls genossen, sich unterhielten, das *Leben* spürten, von dem Lucie immer sprach – und das sie jetzt auch zu spüren begann... Sie selbst genoss es vor allem, dass sie das *schaffte*, sogar unter erschwerten Bedingungen, mit nur einem halben Tisch, völlig eingeklemmt zwischen anderen... Sie dachte daran, wie sie es stolz Lucie würde berichten können, morgen...

„Es tut mir *wirklich* leid", sagte der junge Mann auf dem anderen Stuhl. Und als sie ihn überrascht wieder anschaute: „Ich wollte wirklich nicht, dass du es als unverschämt empfindest..."
„Nein, ist schon gut", sagte sie aufrichtig. „Hab ich nicht..."
Der Mann lächelte erleichtert, und auch sie freute sich, dass damit alles ausgeräumt war.
Gerade, als sie sich wieder abwandte, sagte er dann:
„Ich überlege trotzdem die ganze Zeit, wie ich mit dir sprechen könnte..."
Augenblicklich sah sie ihn wieder an:
„Was? Wieso?"
Sie spürte wieder die Gefahr – sie wollte keine Begegnung.
„Weil ich ...", sagte der Mann schnell, fast bittend, zumindest darum, ihn anzuhören, „nun ... ehrlich gesagt ... habe ich mich hierhin gesetzt, weil ich das *wollte*..."
Sie war schockiert.

„Was? Mit mir sprechen? Wieso das?“
„Weil du *schön* bist...“
„Was!?“
„Das ist doch nicht schlimm, ich meine –“
„Ich glaube, ich muss jetzt gehen...“, sagte sie und wollte aufstehen, in ihrem Kopf wirbelte alles, aber dieses ‚alles' wollte die Situation auf jeden Fall abbrechen und beenden.
„Warum?“, fragte der junge Mann entsetzt. „Warum denn? Bloß weil ich das gesagt habe? Die Wahrheit? Ist die denn so schlimm?“
Sie wusste nicht, was sie darauf antworten sollte – nur, dass er es eigentlich selber wissen müsste, was daran so schlimm war. Sie war völlig unentschlossen und wollte noch immer aufstehen, fühlte sich aber in seinen Worten gefangen. Sie verfiel in eine Art Sprachstarre, konnte nichts erwidern, konnte nicht gehen, nicht bleiben...

„Es *ist* doch nicht schlimm...“, behauptete der Mann wieder. „Ich will doch nur mit dir sprechen... Wenn ich *darf...*“
Die letzten Worte berührten sie wieder. Mehr noch die Art, wie er sprach. Er wollte ihr nichts tun. Sie spürte, dass er freundlich war, sogar fast hilflos. Was sollte man da tun? Weggehen konnte man nicht. Man konnte nur abwarten. Sie könnte immer gehen, wenn sie wollte. Eigentlich wollte sie noch immer, denn was *wollte* er – sie wollte nicht! Und auf keinen Fall wollte sie, dass jemand mit ihr sprach, weil sie ‚schön' war! Allein schon deshalb wollte alles in ihr wegrennen. Wieso musste sie ausgerechnet heute hierher wollen!?
„Und...“, fragte der Mann, so vorsichtig er konnte. „Darf ich…?“
„Nein“, sagte sie. „Ich verstehe nicht, warum.“
Der junge Mann nickte schuldbewusst.
„Ja, auch das verstehe ich. Auch das tut mir leid... Ich weiß nicht ... ich ... wollte nur einfach nicht *lügen*, verstehst du?“

Seine Unsicherheit rührte sie nun wirklich. Sie spürte, wie *ihre* Unsicherheit sich leise ein wenig zurückzog.
„Und was soll das?“, fragte sie zögernd. „Was *wollen* Sie?“
„Sag doch bitte auch ‚du‘ zu mir. Ich bin doch kein – – Ich meine ... bitte sag auch ‚du‘.“
„Und was will–st ... du?“
„Es ist verrückt“, sagte er nun. „Es tut mir leid. Ich weiß nicht, was ich mit diesem einen Satz angerichtet habe. Ich wollte das nicht... Ich weiß nicht, was ich machen soll. Ich wollte einfach nur mit dir reden. Ich möchte nicht, dass du dich so fühlst...“

Sie war überwältigt. Diese Sätze nahmen ihr jede Unsicherheit – bis auf den letzten Rest. Im Moment fühlte sie sich nicht nur zum Bleiben eingeladen, sie vergaß ganz, dass sie *gehen* wollte.
„Ja, ist gut...“, sagte sie verwirrt.
Sie blieb sitzen, saß hier, sah diesen jungen Mann an und fühlte sich wie eingehüllt in ein geheimnisvolles Geschehen mit völlig offenem Ausgang, jedoch ohne Gefahr. Geheimnisvoll wie ein rätselhaftes Schloss im Nebel, das man nur von weitem sah... Und das alles inmitten der ganzen Situation des Cafés und der Tische und der Straßengeräusche, die sie natürlich *auch* wahrnahm und hörte...
Der Mann lächelte sie an, und sie wusste seinen Blick nicht recht zu erwidern – sie wusste eigentlich überhaupt nichts.
„Geht es dir jetzt besser?“, fragte er aufrichtig, warm und geradezu lieb besorgt.
„Ja ... schon...“, sagte sie und fühlte sich auf einmal wie ein kleines Schulmädchen, aber höchstens beschämt über sich selbst, dass sie erst so ein Problem gehabt hatte...
Sie konnte mit diesem lieben, warmen Blick des Mannes nicht umgehen.
„Und was wollen Sie nun?“, fragte sie wieder.
„Ich wollte...“, sagte er leise, „du würdest ‚du‘ sagen...“

„Oh...“, sagte sie, und ein heißer Blitz der Scham rann durch ihren Körper.

Es trat eine Pause ein.
Sie fühlte sich unsicher. Sie fühlte, dass sich auch der Mann unsicher fühlte. Und um überhaupt etwas zu sagen, sagte sie:
„Und worüber *wollen* Sie – ähm ... ich meine ... du ... mit mir nun reden...?“
Der Mann lächelte freudig.
„Das wäre mir fast egal!“, sagte er mit einer stillen Begeisterung, die ihr fast den Atem raubte. „Aber, da du nicht mit *mir* reden wolltest, werde ich wohl irgendwie ein Thema vorschlagen oder beginnen müssen, nicht wahr?“
Sie wusste darauf gar nicht wirklich zu antworten. Aber er fuhr fort:
„*Darf* ich ... darf ich denn fragen, warum du ... hier so alleine sitzt? Was hat dich denn hierhergeführt? Machst du das immer? Öfter...? Ich bin so froh, dass ich dich gesehen habe...“
Sie war völlig verwirrt – noch immer, oder immer wieder von neuem. Was wollte dieser Mann? Wovon sprach er die ganze Zeit? Als ob er sie *gefunden* hätte oder so etwas...
Sie entschloss sich, diesen Punkt zu überspielen. Man musste das einfach unerwähnt lassen...
„Ähm, nein – ich ... ich mache das eigentlich *nie*. Das ist“ – der Mann schien ihr noch nicht ganz glauben zu wollen – „reiner Zufall, dass ich jetzt, heute, hier bin...“

„Dann ist das aber ein glücklicher Zufall“, sagte er. „Ein ... eine Art *Wunder...*“
„W- Warum *sagen* Sie – – warum sagst du so etwas immer? Ich verstehe nicht, was –“
„Nein, natürlich“, erwiderte er etwas traurig. „Das Wunder ist ja immer einseitig... Das haben Wunder so an sich. Für einen sind sie ein Wunder. Für den anderen ... etwas ganz Unbedeutendes, vielleicht sogar Lästiges...“

Sie fühlte eine Art Schuld. Wieder konnte sie nichts erwidern...
Der Mann schien sich aber ebenfalls leise schuldig zu fühlen. Mit einer hilflosen Körperbewegung sagte er:
„Ich *will* überhaupt nichts Falsches sagen! Ich will einfach nur mit dir reden – so unglaublich gern... So gern wie noch nie etwas in meinem Leben...“ Er seufzte. „Das war jetzt wahrscheinlich auch wieder falsch...“
Nun eilte sie ihm berührt entgegen.
„Nein...“, sagte sie. „Das ist doch nicht falsch... Ich meine ... ich meine ... es ist einfach nur ... ungewohnt... Ich meine ... können ... kannst du das nicht verstehen?“
„Doch! Doch, natürlich kann ich das verstehen! Ich will nur nicht, dass du aufstehst... Alles andere kann ich verstehen. Sogar das könnte ich verstehen. Aber ich *will* es nicht...“

Diese hilflosen Worte nun rührten sie bis tief ins Innerste. Sie wusste nicht, was sie sagen sollte... Sie war überwältigt von Liebe, von Zuneigung – die ihr zuströmte, ohne dass es ihr so recht und klar bewusst wurde. Das Einzige, was ihr wirklich bewusst wurde, war, dass sie nichts zu befürchten hatte. Dass sie nicht weglaufen musste. Ja, nicht einmal wollte. Und selbst das war doch mehr gespürt als bewusst.

„Ich steh ja nicht auf...“, sagte sie – und hatte das märchenhaft schöne Gefühl, jemandem ein Geschenk zu machen – jenes Geschenk, dass dieser sich am meisten wünschte...
Das Gesicht des jungen Mannes leuchtete auf.
„Und wie heißt du...?“, fragte er fast schüchtern.
„Marja.“
Und erst nach einer langen Sekunde wurde ihr bewusst, dass sie vielleicht auch nach seinem Namen fragen sollte.
„Und ... und du?“
„Richard.“
„Richard?“

„Ja, ich weiß – ein blöder Name. ‚Richard Löwenherz' und so weiter, es ist immer das gleiche mit diesem Namen."
„Nein!", sagte sie betont. „So meinte ich es gar nicht. Ich ... ich fand ihn nur – –"
Der Mann wartete geduldig, fast schicksalsergeben, aber auch froh, sie einfach nur ansehen zu dürfen, wie sie meinte, was ihr zugleich noch immer ein völliges Rätsel war. Fremd und leise unangenehm und zugleich so unglaublich schön...
„Nur irgendwie komisch ... aber selbst *so* meine ich es nicht! Merkwürdig ... gewöhnungsbedürftig. Ein bisschen. Nur ein bisschen!"
Der Mann lächelte belustigt und glücklich.
„Du brauchst dich nicht zu verteidigen", sagte er mit dieser seltsamen Wärme. „Es ist schon in Ordnung. Dafür ist dein Name so viel schöner. Ich will nicht wieder einen Fehler machen – aber er ist *unglaublich* schön..."

Sie schaute ihn ungläubig an.
„Das ist nicht dein Ernst. Das glaubst du nicht wirklich...!?"
Überrascht erwiderte er ihren Blick.
„Was!? Natürlich! Wie – muss ich das begründen? Das ist doch offensichtlich!"
Sie musste fast lachen. Der feine, sehr leise, warme Humor des Mannes gefiel ihr.
„Doch...", sagte sie herausfordernd. „Bitte begründen Sie es!"
Sie musste an die Szene mit Lucie denken – wo diese die strenge Lehrerin gespielt hatte.
„Bist du jetzt wieder beim ‚Sie'?", fragte der Mann mit leiser Traurigkeit.
„Nein", blieb sie in ihrer Rolle. „Wir haben nur gerade eine Prüfungssituation. Also begründen Sie es bitte!"
„Ah, ich verstehe", spielte er das Spiel nun mit. „Also, Moment, ich muss kurz nachdenken... Ähm..."
Er tat unglaublich echt so, als müsse er tief nachdenken, fasste sich an den Kopf, so dass sie nicht mehr unterscheiden

konnte, was jetzt Ernst und was Spiel war – und musste nun wirklich in leises Lachen ausbrechen.
Die lieben Augen des Mannes waren sofort glücklich bei ihr und dankten es ihr ohne Worte... Sie fühlte sich immer wohler...
„Und?“, fragte sie wie eine gönnerhafte, aber strenge Zarin. „Ich warte...“
„Ja, ja...“, erwiderte er eilig. „Ähm...“
Er dachte noch verbissener nach – bis sie in *Wirklichkeit* eine ganz leise Enttäuschung spürte, dass er es wohl doch nicht ganz ernst gemeint hatte.

„Du weißt es nicht. Du kannst es nicht sagen, stimmt's?“
Erschrocken brach der Mann sein Spiel ab.
„Doch! Aber natürlich! Marja...“
Wie er ihren Namen aussprach... Ein heiliger Fluss sanftester Scham durchzog ihr ganzes Inneres. Sie hatte ihm nicht vertraut. Sie hatte nicht geglaubt, was sie von Anfang an doch gehört hatte – dass er es nämlich ernst meinte, völlig!
Und noch während sie ihn erstaunt ansah, sagte er:
„Ich habe noch nie so einen schönen Namen gehört. Und noch nie einen Namen, der so sehr zu jemandem passt. Wenn es nicht schon dein Name wäre, müsste man einen so schönen Namen für dich *erfinden* – und *nur* für dich. Man ... man kann vielleicht nicht begründen, warum er so schön ist – aber er ist es, Marja. Glaub mir... Und ... wenn ich genug Zeit hätte, *könnte* ich es bestimmt auch begründen. Aber was würde das denn nützen? Man spürt es doch schon im ersten Moment... Könnte die Begründung dem noch etwas hinzufügen?“
Sprachlos sah sie ihn nur an...
„Willst du *wissen*, warum dein Name schön ist, Marja? Oder reicht es dir, zu wissen, *dass* er schön ist? Wenn du das selbst nicht weißt, wirst du mir glauben müssen... Aber weißt du es denn wirklich nicht selbst...?“

Nun war sie völlig erschlagen.
„Ich...“, stotterte sie und schwieg dann. Sagte dann doch: „Ich ... ich fand ihn nur einfach ... normal...“
Der Mann lächelte kopfschüttelnd, nun leise tadelnd, doch wieder in einer Rolle, diesmal umgekehrt.
Sie fühlte sich schuldig... Schuldig dafür, dass sie ihren eigenen Namen nicht als etwas ganz Besonderes erkannte. Was für eine verkehrte Welt war dies gerade...! Es war aber auch unangenehm, weil sie so im Mittelpunkt stand.
„Können wir“, bat sie, „von etwas *anderem* reden?“
„Ja“, erwiderte er sofort. „Wovon du willst. Oder wovon ich soll...“
Sie lächelte. Wieso machte er diesen Unterschied.
„Rede doch von dem, was *du* willst“, sagte sie. „Aber nicht von mir.“
Er erwiderte ihr Lächeln.
„Ich will ja dich hören...“, sagte er. „Ich will ja nicht selbst reden – jedenfalls nicht nur. Auch nicht hauptsächlich. Was beschäftigt dich denn? Warum bist du hier...?“

Sie lächelte wieder. Er war hartnäckig. Zum dritten Mal fragte er dies.
„Bestimmt nicht, um dir zu begegnen“, sagte sie spielerisch, mit leise gewonnenem Selbstvertrauen. Dennoch wollte sie ihn nicht verletzen. Denn als sie seine leise Enttäuschung, ja Furcht sah, fügte sie hinzu: „Jedenfalls hatte ich das nicht vor...“
Sein Gesicht hellte sich wieder auf.
„Und was *hattest* du vor?“, fragte er von neuem.
Nun entsann sie sich lächelnd, wie es eigentlich gewesen war. Ihr Lächeln vertiefte sich, als sie den schamhaften Punkt darin entdeckte, den sie vielleicht dennoch, trotz allem, mit dem großen Unbekannten teilen konnte.
„Ich bin ... meiner Mutter und dem Abendessen entwischt, weil ich einmal wissen wollte, wie es ist, zu *leben*...“

Mochte er mit diesen geheimnisvollen Worten anfangen, was er wollte. Sie sah ihn neugierig an.
Sein eigener Blick zeigte eine Art warmes Erstaunen.
„Zu leben? Lebst du denn sonst nicht? Ist ... ist deine Mutter schlimm?"
„Nein... Das heißt – was soll ich sagen? Doch, sie ist schon schlimm. Aber was kann man daran ändern? Aber darum geht es eigentlich gar nicht. Ich wollte einfach nur mal hier sitzen. Das habe ich noch nie gemacht..."

„Wirklich nicht?"
Sie schämte sich etwas.
„Nein..."
„Und ... gerade heute?"
„Ja."
Er sah sie fortwährend an, bis es ihr wieder unangenehm wurde, so im Mittelpunkt zu stehen.
„Was..."
Er senkte auf ihre Frage hin leise den Kopf. Dann sah er sie wieder aufrichtig an.
„Ich...", begann er leise, „möchte mich nicht zum Narren machen, Marja... Ich möchte fortwährend Dinge sagen, die mich zum Narren machen *würden*, weil du sie sicher gar nicht hören willst – oder weil du irgendwann über mich lachen wirst oder was weiß ich, vielleicht auch einfach aufstehen und gehen. Und das wäre das Schlimmste."
Bestürzt sah sie ihn an.
„Was meinst du denn...?", fragte sie beschämt.
Noch einmal sah er sie lange an, seine schönen Augen schienen sich fast durch sie hindurchzuglühen, so fragend schauten sie... Dann sagte er hilflos:
„Marja ... entweder dies ist heute wirklich ein Wunder, oder aber der größte Unglückstag meines Lebens. Denn ich werde dich nie wieder vergessen... Je länger ich mit dir rede ... sozusagen Sekunde für Sekunde ... wird dies stärker... Am Anfang

sagte ich, du seist schön... Das bedeutete schon viel mehr als nur dieses Wort, diese Tatsache. Aber mit jeder Sekunde ...“, er zögerte kurz, schien sich sogar jetzt noch überwinden zu müssen, „mit jeder Sekunde ... werde ich hilfloser ... vor ... vor dieser Schönheit! Ich meine damit etwas, was ich nicht erklären kann. Ich meine damit etwas, was ich nicht fassen kann. Allein schon die Tatsache, dass du hier allein sitzt. Ich meine – hast du nicht tausend Freunde? Einen Freund? Sicher ... wie kann ich so dumm sein, zu glauben, du hättest keinen Freund... Dann aber wäre heute ... mein Unglückstag, denn ... denn ich habe dies noch nie erlebt, Marja... Nicht *so*... Nein...“, er schüttelte geradezu hilflos den Kopf. „Nicht so...“
Er sah sie verstummend an, und sie war sprachlos.
Sie geriet wie in eine andere Welt. Von ferne war es ihr noch, als käme irgendwoher das Wissen, dass sie jetzt Angst haben müsse. Angst vor etwas Schicksalhaftem. Aber in diesem seltsamen Zwischenreich hatte sie keine Angst. Sie hatte eigentlich gar nichts – nur dieses seltsame Gefühl eines anderen Reiches...
„Und was *meinst* du mit ‚nicht so’...?“, hörte sie sich sagen, wie leise außerhalb ihrer selbst.

„So verliebt, Marja. Ich habe mich vom ersten Anblick an in dich verliebt. Und mit jeder Sekunde begreife ich mehr, warum...“
Es war wie ein Schlag, sogar in dieser anderen Welt. Sie verstand dies alles nicht – nichts von dem, was hier geschah. Aber es gab kein Zurück mehr. Also fragte sie auch ihrerseits fast völlig hilflos:
„Aber *warum*?“
„Es gibt niemanden, der so ist wie du, Marja...“, sagte der junge Mann vorsichtig.
Das etwas Nüchternere ließ auch sie wieder leise in die äußere Wirklichkeit zurückkehren.
„Wie bin ich denn?“

„Das kann ich nicht beschreiben."
Wieder beschlich sie eine leise Angst, dass er etwas nur so sagte.
Sie sah ihn irritiert an. Dann schlug die Bedeutung seiner vorherigen Worte voll zu ihr durch – in ihr gewöhnliches Bewusstsein. Sie fühlte sich auf einmal hilfloser als je zuvor. Was sollte sie nun machen? Sie saß hier mit einem jungen Mann von etwa Mitte zwanzig, der sich in sie verliebt hatte und der von Wundern und Unglückstagen redete – und sie hatte nicht die geringste Ahnung, was daraus noch werden sollte. Auf einmal beschlich sie von neuem ein leise wachsender Fluchtinstinkt.

Er sah, dass etwas mit ihr vorging, schien es aber nicht recht deuten zu können. Furchtsam fragte er:
„Was ist, Marja?"
„Ich weiß nicht...", sagte sie zögernd.
Ihre Abwehr wuchs, sie spürte es. Sie wollte ihn gar nicht verletzen, er war eigentlich sehr, sehr nett. Aber sie wusste nicht, was sie tun sollte.
„Ich, ähm ... ich will dich nicht verletzen. Aber ich weiß nicht, was ich jetzt machen soll..."
Sie sah ihn hilflos und zugleich auch nicht hilflos an. Sie wusste nicht, was sie erwartete. Wenn er die falsche Antwort gab, würde sich ihr Fluchtinstinkt nur vergrößern. Eigentlich wollte sie jetzt schon weg, aber irgendetwas hielt sie noch – sie wusste nur nicht, was.
Sie sah nur *seinen* wachsenden Schrecken, und dieser besänftigte sofort wieder. Sie nahm einen Schluck von dem Latte Macchiato, der nur noch lauwarm war – und war danach noch immer nicht schlauer. Sie wusste nur, dass etwas von ihr erwartet wurde, denn auch *er* wusste offenbar nicht, was er jetzt machen sollte...
Aufrichtig und schuldbewusst gestand sie deshalb:

„Ich ... kann damit glaube ich gerade nicht wirklich umgehen...“
Sie sah das sanfte Mitleid in seinen Augen – und seine Sehnsucht. Er liebte sie wirklich. Langsam drang es zu ihr durch, was das hieß. Dennoch blieb es ihr ein Rätsel. Warum ausgerechnet sie?
„Ich bin erst sechzehn.“
Es erschien ihr wie ein rettender Gedanke. Vielleicht kam er dadurch zur Vernunft – vielleicht konnte sie es dadurch noch irgendwie abwenden.

„Was meinst du damit?“, war jedoch seine sanfte Antwort. „Findest du ... findest du mich *sehr* alt?“
Völlig perplex sah sie ihn an.
„Wie alt bist du denn?“, fragte sie zögernd.
„Vierundzwanzig.“
„Das sind acht Jahre Unterschied“, sagte sie, zu spät erkennend, dass das schon fast als eine Art halbe Zusage verstanden werden könnte. Sie wollte nicht, dass es so wirkte, als würde sie auch nur *überlegen.*
„Deswegen frage ich ja“, erwiderte er leise. „Findest du das ... sehr schlimm?“
Wieder sah sie ihn entgeistert an.
„Ich? Ich weiß nicht ... ich kann mir das nicht vorstellen ... ich meine, ich kann es mir *überhaupt* nicht vorstellen. Unabhängig vom Alter ... das kommt nur noch dazu...“
„Oh...“, sagte er, völlig geschlagen.
Dann sah er sie nur an, mit diesen Augen. Als hätte er sie schon verloren. Aber diese Augen... Glühende Wärme... Sie hatte noch nie solche Augen gesehen. In sie könnte man sich wirklich verlieben.
„Wie stellst du dir das denn vor?“, fragte sie, nur um es einmal von *ihm* zu hören. „Ich meine: du vierundzwanzig, ich sechzehn. Klingt das für dich denn *irgendwie* realistisch?“

Das klang härter, als sie es meinte. Sie war wirklich zutiefst verunsichert. Es wirkte so unglaublich irreal...

„Nein...", gab er zerknirscht zu – und diese Antwort entsetzte sie doch wiederum, denn sie hatte sie überhaupt nicht erwartet. „*Einerseits*."
Er sah sie an.
„Ich habe nie", fuhr er fort, „damit *gerechnet*, dass es realistisch wäre. Ich wusste, dass ich dir, wenn du so jung bist, viel zu alt wäre. Dass du dir das überhaupt nicht vorstellen kannst. Ich wusste, dass es so kommt, dass es darauf hinausläuft. Auf die bloße Altersfrage. Dass es *das* letztlich ist, was zählt... Und deshalb: Ja, ich wusste, dass es unrealistisch ist. Aber wenn du *meine* Antwort hören willst, Marja – dann kann ich nur sagen: Ich weiß im Moment nicht, wie mein Leben noch realistisch sein kann, wenn ich hier weggehen muss in dem Wissen, dich nie mehr wiedersehen zu dürfen... Das ist das einzige Unrealistische, was ich im Moment sehe. Dir begegnet zu sein – und ein Leben ohne dich zu denken..."

Die Worte überfielen sie wie ein sanfter Sturm. Sie wusste nicht, dass die Liebe eines Menschen die Gewalt eines Sturmes haben konnte – nur die Worte allein schon, und was in ihnen lag. Sie war völlig überwältigt. Sie war sprachlos, sie war bis ins Innerste hilflos, aber vor allem vor innerer Berührung. Sie war noch nie so berührt worden. Sie hatte schon oft geweint, ja. Aber dies hier war etwas anderes. Dies hier war eine Macht, die ihr bisher noch ganz unbekannt gewesen war – und nun auf sie einstürmte. Aber wie sanft!
Sie sah ihn an ... und stellte sich zum ersten Mal vor, wie es wäre, ihn als Freund zu haben. Acht Jahre älter. Aber so wunderschöne Augen. Ein wunderschönes Wesen... Was heißt ‚aber'? Sie begann zu spüren, dass sein Alter, sein Ältersein, sie gar nicht störte – nicht persönlich... Sie spürte, wie sie vor allem mit den Augen ihrer Umwelt dachte... Sie dachte daran,

was ihre Eltern sagen würden, andere Erwachsene, die anderen aus der Schule, vielleicht sogar Lucie, durchaus möglich... Und dennoch hatte auch *sie* Angst. Es war nicht *nur* die Umwelt, die in ihr gedacht hatte.

„Ich glaube doch, dass ich noch viel zu jung bin...“, sagte sie zögernd.
Er aber sah sie nur immer auf die gleiche Weise an und sagte mit dieser unglaublichen Sanftheit:
„Gib mir eine Chance, Marja... Du bist nicht zu jung... Ich ... ich tue nichts, was du nicht willst...“
Sie spürte, wie sie leicht errötete – zu leicht, hoffentlich, um von ihm bemerkt zu werden.
„Das meinte ich gar nicht...“, erwiderte sie befangen, nicht einmal wissend was *er* gemeint hatte. „Ich meinte nur generell...“
„Ich meine es auch generell, Marja. Wovor hast du denn Angst? Kannst du es mir sagen?“
„Ich hab keine Angst“, behauptete sie schnell. „Ich weiß nur nicht ... ob ich schon *reif* dafür bin.“
„Wofür? Für einen Freund...?“
Sie sah ihn leise beschämt an.
„Ja.“
„Schon Kinder haben einen Freund, Marja.“
„Aber nicht so.“
„Ich kann dein Freund sein, wie du es möchtest. Es ist ... Marja, ich meine es so unglaublich ernst. Ich will nichts lieber, als deine Freundschaft zu gewinnen. Wie mache ich das...? Bitte hilf mir...“
Wieder war sie unglaublich gerührt.

„Du willst mein Freund sein?“
„Ja!“
Ihr Inneres wagte sich vor.
„Aber ich *habe* Angst ... Richard.“

„Wovor denn, Marja?“
„Es ist ... alles viel zu überraschend. Viel zu plötzlich. *Und* es ist dieser große Altersunterschied.“
„Aber Marja, verstehst du denn nicht? Es *muss* nichts plötzlich sein. Für mich ist es auch plötzlich. Aber ich wollte dich dennoch in keiner Sekunde überfallen. Ich will dich nur nicht wieder verlieren. Aber ich will *alles*, wirklich alles tun, was du willst, damit es ... damit du keine Angst haben musst! Ich will wirklich alles tun. Alles, damit es für dich auch nur ansatzweise so schön sein kann, mir begegnet zu sein, wie ... bei mir...“
„Ich werde dich bald langweilen“, sagte sie – eine neue Hoffnung, als Schlupfloch, dem Schicksal zu entfliehen. Oder eine neue Furcht?
„*Du* mich langweilen? Dafür kennst du mich schlecht. Oder dich... Du kennst dich schlecht, Marja. Nie – keine einzige Sekunde wirst du mich langweilen...“

Verlegen schaute sie einen Moment zur Seite – und nahm wahr, wie ein Mann zu ihnen, zu ihr hinüberstarrte. Man konnte aus der Nähe theoretisch alles mithören. Ihr war auf einmal sehr unwohl.
„Ähm ... ich möchte jetzt lieber gehen...“
„Was –“, fragte der junge Mann entsetzt, „was *ist* denn, Marja – habe ich was falsch gemacht?“
„Nein – du kannst mitkommen. Ich möchte nur von hier weggehen...“
Er schien zu begreifen – er sah, wie es ihr ging, und offenbar auch ungefähr, was los war. Er sah sich um und rief eine Kellnerin – und sehr bald kam ihre Bedienung.
„Kann ich bitte zahlen?“
Er machte eine kurze Geste, die sie beide einschloss. Dann zahlte er, mit Trinkgeld, bedankte sich – und sah sie an.
Sie stand auf, sehr dankbar für alles, etwas beschämt über ihr noch halbvolles Glas lauwarmen Latte Macchiato – und erst

recht darüber, dass er seinen noch fast gar nicht angerührt hatte. Ohne einen weiteren Blick zu dem Nachbartisch zu wagen, schlängelte sie sich ins Freie, wo er an ihrer Seite ging.

Sie ging unschlüssig ein paar Schritte und sagte dann befangen:
„Ich weiß gar nicht, wohin ... ich wollte nur da weg, weil am Nachbartisch jemand so geguckt hat..."
„So richtig?"
„Ja, richtig rübergestarrt..."
„Tut mir leid, Marja... Ich hätte ja was sagen können."
„Was meinst du?"
„Na dem, der so geguckt hat. Wenn du etwas gesagt hättest. Ich hätte was sagen können. Dann hätte er uns doch in Ruhe gelassen?"
„Ich weiß nicht – trotzdem konnte man alles hören. Es war viel zu eng dort..."
„Tut mir leid, Marja...", sagte er wieder untröstlich.
„Es ist ja nicht *deine* Schuld", erwiderte sie warm. „Ich weiß nur nicht, wohin wir jetzt gehen sollen."
Er schlug einen Park in der Nähe vor – und sie war dankbar, dass sie sich darum nun wenigstens keine Gedanken machen musste.
Während sie langsam die Richtung einschlugen, trat eine erneute Pause ein, und es kam ihr nun wieder zu Bewusstsein, wie irreal die Situation war: Sie ging hier mit einem jungen Mann, der acht Jahre älter war, in sie verliebt war und den sie nicht loswerden würde können – sie wusste nicht, wie. Sie wusste aber auch nicht einmal, ob sie daran denken wollte. *Wenn* sie daran dachte, fühlte es sich unangenehm an, weil sie sich dann rat- und hilflos fühlte. Wenn sie aber nur an den Moment dachte, fühlte es sich schön an, seltsam schön... Ein fremder Mann, so viel älter, mit so wunderschönen Augen...

„Ist es dir mit *mir* schon langweilig, Marja...?“, fragte er plötzlich vorsichtig.
„Nein...“, sagte sie beschämt und errötete – und hoffte, dass er es von der Seite nicht sehen würde. „Ich weiß nur nicht, was ich sagen soll...“
„Das geht mir jetzt auch ein bisschen so. Es liegt wahrscheinlich daran, dass wir uns jetzt beim Gehen nicht einmal sehen können. Das macht es etwas merkwürdig...“
„Ja...“, erwiderte sie und staunte innerlich, dass es genau so war – und wie er das auf Anhieb erkannt hatte.
Sie fühlte sich durch seine Worte wieder etwas aufgefangen. Ganz kurz hatten sich ihre Blicke gekreuzt – und dies hatte sie nur noch mehr erröten lassen. Was war bloß mit ihr los...! Wenn sie noch befangener werden würde, würde sie sich vor ihm schämen müssen...
Um endlich etwas zu sagen, flüchtete sie sich in das, was sie finden konnte.
„Du hast deinen Latto Macchiato überhaupt nicht trinken können...“
„Das macht doch nichts.“
„Lässt du so was öfter stehen?“
„Nein!“, lachte er. „Nur, wenn ich mit schönen Mädchen mitgehe...“
Sie verstummte wieder errötend – und auch ein wenig eifersüchtig über seine Andeutung.
„Das ist mir allerdings noch nie passiert...“, sagte er leise und aufrichtig.
Ihr Herz tat einen Sprung, und sie wunderte sich über sich selbst.

„Wohnst du hier in der Nähe?“, fragte sie – wieder, um irgendetwas zu fragen.
„Ja.“
Er nannte ihr seine Straße.
„Und was machst du? Sonst, meine ich...?“

„Ich hab Grafikdesign studiert. Jetzt arbeite ich für eine kleine Firma. Ist nicht das richtige, aber ich hab im Moment nichts anderes."
Sie verstummte wieder. Sie konnte sich unter ‚Grafikdesign' nicht wirklich etwas vorstellen. Und sie wollte sich weder eine Blöße geben noch überhaupt weiter fragen. Aber auch andere Fragen fielen ihr nicht ein.
„*Jetzt* ist dir mit mir langweilig, stimmt's?"
Ihr Herz schlug plötzlich heftiger, wie wenn man sich ertappt fühlte – und sie wusste nicht einmal, ob er es ernst meinte, oder einen Spaß machte."
„N-nein...", sagte sie unsicher.
„Wir sind gleich da, Marja. *Ich* bin ein schlechter Unterhalter. Ich nehme alle Schuld auf mich. Ich kann das auch nicht so nebenbei, beim Laufen. Aber gleich wird es besser. Bitte hab noch Geduld mit mir..."

Sie wusste nicht, was sie erwarten sollte. Was würde denn gleich kommen? Sie wollte ihre Freiheit bewahren. Sie wollte nicht, dass er auf einmal irgendetwas als ‚gesichert' betrachtete. Es hörte sich zwar nicht so an. Aber irgendetwas in ihr hatte Angst. Und mit einer Art Entsetzen erinnerte sie sich an die Geste des Russen neulich. Einer der schlimmsten Momente in ihrem Leben. In der Nacht davor war *sie* verliebt gewesen, allerdings unter Alkoholeinfluss...
Plötzlich musste sie sich fast ein wenig zwingen, einfach so weiterzugehen.

Sie bogen in den Park ein.
„Wo möchtest du sitzen? Da auf der Bank?"
Er deutete auf die Bank, die sie in wenigen Metern erreichen würden. Aber das fand sie auch wieder zu öffentlich – selbst wenn hier gar nicht so viele Leute gingen.
„Wir können doch auf der Wiese sitzen", schlug sie vor.

Dort saßen oder lagen vereinzelt auch andere Leute, die die Frühlingssonne genießen wollten – in genügend großem Abstand, dass man ganz für sich sein und sprechen konnte.
„Ja, gut“, erwiderte er und ging neben ihr auf das Gras und ließ sie einen schönen Platz aussuchen.
Sie ging bis zu einer Stelle, die sie vorher angepeilt hatte, blieb dann dort stehen und fragte:
„Hier?“
„Ja, sehr gern...“
Sie kam sich dumm vor und schämte sich für ihre Unsicherheit. Aber als sie sich nun niederließen, gegenüber voneinander, wurde sie nur noch befangener. Nun also war die Situation die gleiche, nur dass sie völlig ungestört waren – und sie jetzt im Grunde völlig ratlos war. Gleich würde er erkennen, dass die ganze Sache keinen Sinn hatte...

Er sah sie an, fast feierlich, jedenfalls sehr liebevoll – nun aber auch ein wenig besorgt.
„Geht es dir gut, Marja?“
„Ähm ... ja, wieso?“, schwindelte sie.
Nun blickte er sie vollkommen aufrichtig an und sagte, leise, wie immer, wenn er etwas sehr ernst meinte und wohl auch unsicher war:
„Ich habe vorhin ja gesagt, dass ich alles tun möchte, damit ... damit es dir *gut geht*, Marja. Das meine ich unglaublich ernst. Und bitte ... *vertrau* dem... Du musst nicht *mir* gefallen – ich muss dir gefallen, Marja... Und wenn es dir nicht gut geht, musst du es mir sagen. Du hast keinerlei Verpflichtungen... Ich möchte nicht, dass es *daran* scheitert...“
Sie war tief verwundert – und wusste wieder nicht, was sie antworten sollte.
„Geht es dir also nicht so gut?“
„Eben...“, sagte sie aufrichtig. „Eben ging es mir nicht so gut.“

Sie sah, dass er ruhig wartete, und fühlte sich aufgefordert, weiterzusprechen.
„Weil...“, sagte sie zögernd, „ich nicht weiß, was ich machen soll. Was ich sagen kann. Und was als nächstes passiert...“
Er lächelte warm, und diese lieben Augen fingen sie immer wieder auf.
„Du brauchst nichts zu machen – und kannst alles tun. Du brauchst nichts zu sagen – aber kannst alles sagen, was du nur willst. Und als nächstes passiert immer nur das, *was* du willst...“

Sie war von neuem berührt, aber als sie noch immer mit leiser Befangenheit schwieg, fuhr er fort:
„Aber das Problem ist vielleicht, dass du mit mir noch immer nicht so viel anfangen kannst. Ich weiß nur für mich, was ich machen kann, sagen kann und was als nächstes passiert. Ich will alles tun, Marja, damit es dir *so* gut geht, dass du dich wohlfühlst – und dass du an das, woran du gerade dachtest, nicht mehr denken musst. Wenn man sich *wohlfühlt*, braucht man nicht zu überlegen, was man sagen will, machen will, was als nächstes kommt – denn dann fühlt man sich wohl. Dann ‚stimmt' alles. Man ist glücklich... Ich hoffe, dass *das* irgendwann so sein wird, Marja. Dass du dich wohlfühlst. Dass du mir vertraust. Dass du merkst, dass du alles sagen kannst, alles denken, alles machen. Ich möchte, dass ich für dich nicht *fremd* bin – sondern vertraut, ein Freund. Vertraut bis zu einem tiefen Wohlfühlen... Wohlfühlen bis zu einem tiefen Vertrauen... Dann denkt man an all das nicht mehr – weil es einfach sinnlos wäre. Absurd... Verstehst du?“
Ihr Herz war tief mitgegangen mit seinen Worten. Er hatte nichts anderes ausgesprochen, als was Freundschaft war. Er hatte im Grunde ihre ganze Sehnsucht ausgesprochen – etwas, was sie so noch bei niemand anderem gefunden hatte. Bei Lucie *hatte* sie das. Aber diese *Gedanken* machte Lucie sich auch nicht...

„Ja...“, sagte sie.
„Was ‚ja’?“, fragte er dankbar. „‚Ja’, du verstehst...?“
„Ja, ich verstehe, und ja, das ... würde ich *auch* gern.“
„Du würdest es auch gern?“
„Ja.“
„Du glaubst, dass es möglich ist?“
„Ja.“
„Mit ... *mir* möglich ist?“
„Ja...“, sagte sie.
Es war gewagt. Sie spürte, dass sie den festen Boden zurücklassen musste...
„O, Marja...“, sagte er ergriffen. „Ich bin so ... so *dankbar...*“
„Na ja...“, wehrte sie ab.
„Auch für den Moment“, erwiderte er. „Für diesen Moment. Mit dir... Und den nächsten... Und alle bisherigen... Für den heutigen Tag. Für dieses Wunder... Selbst wenn du es nicht begreifst. Ich will es doch sagen. Ich will, dass du es *weißt*, Marja... Und dass du es nie vergisst. Es sei denn, es würde dich belasten. Aber das würde ich nicht wollen. Ich will nur, dass du weißt, wie *glücklich* man sich in deiner Gegenwart fühlen kann...“
„Na ja...“, sagte sie wieder.
„Was ‚na ja’?“, fragte er bestürzt.
„Was soll ich machen, wenn du solche Dinge sagst? Das ist doch viel zu viel... Das ist doch ... ich hab nicht mal Worte dafür!“
„Es ist nicht zu viel. Es mag dich überfordern, ja. Aber es ist nicht zu viel. Du hast keine Ahnung, Marja. Du hast keine Ahnung, was du mir bedeutest. Und ja, ich weiß, das hört sich bescheuert an. Irreal. Ist es auch – irreal. Wunder sind immer irreal. Und ich weiß – natürlich kannst du damit nicht umgehen. Könnte ich bestimmt auch nicht ... nicht so schnell. Aber ... aber es könnte dir die größte Sicherheit geben. Denn *ich* bin in deiner Gegenwart immer glücklich, Marja. Mich kannst du nicht enttäuschen. Also brauchst du auch keine

Angst zu haben. Also kannst du ganz und gar vertrauen. Denn du kannst nichts falsch machen. Egal, was du machst – ich würde dich lieben. Der Einzige, der Angst haben muss, bin ich. Denn ich kann alles falsch machen, jederzeit. Ich kann dich enttäuschen, jederzeit. Eigentlich könnte ich in keinem Moment vertrauen. Und dennoch vertraue ich dir blind! Das ist es wohl, wenn man sagt ‚sein Schicksal in die Hand eines anderen legen'... Ich habe mein Schicksal längst in deine Hände gelegt, Marja. Und jetzt *kann* ich nur noch vertrauen. Mir bleibt nichts anderes. Trotz aller Angst, etwas falsch zu machen. Ich wünsche mir nur eins: dass du spürst, wie *sehr* du mir vertrauen kannst. Weil *ich* dich nie verletzen würde, Marja... Niemals... Und du kannst mit mir alles machen. Aber ich vertraue dir... Ich habe dir längst mein ganzes Herz in deine Hände gelegt... Wirklich das ganze..."

Wieder der Sturm... Sie spürte, dass äußerlich kein Windhauch wehte, aber ihr Herz spürte den Sturm – wie wenn einen Engelsflügel halb bewusstlos schlugen, aber mit einer Süße, die man nicht beschreiben konnte...

Sie war wie mit Stummheit geschlagen.
„Wenn ich nie in meinem Leben sprechen könnte – dann?"
Er sah sie unsicher an.
„Was ... meinst du?"
„Wenn ich nichts zu sagen wüsste? Wenn ich nicht sprechen könnte? Nie mehr?"
„Dann würde nur ich sprechen, Marja. Oder ich würde dir einfach nur ewig in die Augen schauen. Ich würde dich ganz ebenso lieben. Ich würde dich *immer* lieben..."
„Dann sag lieber du was..."
„Marja!", sagte er eindringlich. „Ich weiß aber, dass es nicht so ist. Du bist nicht stumm! Du hast nur noch immer Angst. Ich sehe es doch. Aber das brauchst du nicht. Glaub mir doch. Ich möchte dich so gerne kennenlernen! Sag doch, was

für ein Mensch du bist ... was dich beschäftigt ... was dir auf dem Herzen liegt... Irgendetwas. Bitte, Marja. Irgendetwas. Etwas von dir..."

Sie seufzte innerlich. Sie konnte damit überhaupt nicht umgehen. Mit Lucie konnte sie alles teilen. Aber sonst gab es keinen einzigen Menschen auf der Welt. Sie hatte immer nur erlebt, wie man Dinge *nicht* teilen konnte. Jetzt wollte dieser Mann etwas mit ihr teilen – und sie erwies sich als unfähig. Plötzlich kam ihr der Begriff ‚frigide'. Sie hatte ihn vor nicht allzu langer Zeit aufgeschnappt. Nun fragte sie sich, ob man auch geistig gesehen ‚frigide' sein konnte. Unfähig... Selbst wenn man wollte, unfähig...

„Ich hab das ... nie gelernt", gestand sie aufrichtig und leise beschämt zugleich.
„Was denn?", fragte er verwundert.
„Etwas zu teilen..."
„Und warum?", fragte er mitfühlend.
„Weil ... weil es nie jemanden gab. Außer meiner Freundin. Es gab sonst nie jemanden. Es gab sonst immer nur ... Leute, mit denen man *nicht* teilen konnte..."
„Du hast es immer wieder versucht?"
„Ja ... ich denke schon. Irgendwann nicht mehr. Ich habe es immer gemerkt. Man merkt es. Man merkt es an winzigen Kleinigkeiten. Man versucht es irgendwie und merkt: es geht nicht..."
„Es gibt keine Resonanz..."
Sie schaute verwundert auf und sah ihm direkt in die Augen.
„Kennst du das *auch*?"
Er lächelte warm und leise schmerzlich.
„Ja – ja, Marja. Ich kenne das auch..."
„Und was", fragte sie aufgeregt, „ich meine, womit ... womit hast *du* diese Erfahrung gemacht? Was beschäftigt *dich*?"

Er sah sie ruhig und schweigsam an, sehnsüchtig und doch zurückhaltend. Langsam sagte er:
„Das kann man gar nicht so in Worte fassen. Ich würde so gerne etwas sagen, womit du dich sofort verbunden fühlen könntest, verwandt, verstanden... Aber ich fürchte, du machst dir noch viel tiefere Gedanken als ich, Marja... Man sieht das. *Ich* sehe das... Vielleicht ... ist das der einzige Beweis dafür, dass auch ich mir Gedanken mache. Dass ich das kenne...
Und sonst ... mache ich mir eigentlich nur um eines Gedanken. Das wage ich aber fast nicht auszusprechen, denn ich fürchte mich vor deinem Urteil. Das kann eigentlich auch niemand verstehen. Du *könntest* es verstehen, das weiß ich. Aber ob du es würdest, das weiß ich auch nicht... Ich habe wahrscheinlich schon viel zu viel gesagt. Ich möchte dich nicht verlieren, Marja... Aber ich kann zu dir auch nichts anderes, als ehrlich sein..."

„Wieso", fragte sie unsicher. „Was ist es denn? Ist es etwas Schlimmes?"
„Nein, es ist nichts Schlimmes. Aber wie andere darüber denken, das kann ich nicht beeinflussen."
„Du machst es ja spannend. Sag es doch..."
„Es ist nicht so einfach, Marja. Nimm es bitte nicht leicht. Ich könnte es mir nie verzeihen, wenn ich dich verliere..."
„Wenn es nicht schlimm ist, würdest du mich doch nicht verlieren – ich meine, ich würde doch nicht anders sein als jetzt."
„Wenn du es mit reinem Herzen verstehen könntest..."
„Mit reinem Herzen?"
„Ja, ohne dass du mich deswegen verurteilst..."
„Muss man das denn?"
„Nein... Aber ... es liegt nahe... Für viele liegt es nahe."
„Jetzt habe ich aber doch Angst."
„Ein reines Herz würde es verstehen können."
„Auch wenn es schlimm ist?"

„Es ist nicht schlimm."
„Dann sag es. Ich werde dich nicht verurteilen."
Sie wusste nicht, woher sie diese Sicherheit nahm.
Er sah sie an.
„Ich vertraue dir, Marja...", sagte er fast beschwörend.
„Ja..."
„Also gut... Worüber ich nachdenke... Was mich beschäftigt...?"
„Ja..."
„Es ist das Wunder."
„Das *Wunder*? Welches Wunder?"
„Das Wunder der Mädchen..."
„Was?"
„Mädchen... Mich beschäftigen Mädchen..."

Sie verstand kein Wort. Sie war von neuem wie erschlagen. Sie fühlte sich innerlich wie tot. Sie starrte ihn an wie etwas Fremdes.
„Mädchen...", wiederholte sie starr.
Entsetzt blickte auch er sie nun an.
„Du hast es nicht verstanden...", sagte er leise, mit einer tiefen Traurigkeit. „Nein ... wie auch... Wie konnte ich das je glauben? Ich dachte, du *hast* ein reines Herz, Marja. Aber wahrscheinlich muss man erst einmal das Falsche denken. Wahrscheinlich geht es überhaupt nicht anders. Und so hast *du* wenigstens deine Freundin – mit ihr kannst du alles teilen, was dich beschäftigt, was du in der Seele trägst. Ich habe *niemanden*. Was ich in der Seele trage, kann ich mit niemandem teilen. Alle laufen weg, wie vor der Bestie in ‚Die Schöne und das Biest'. Kennst du das? Sie kann innerlich noch so schön sein – aber man sieht nur das Äußere... Hier ist es auch so. Man sieht nur das Äußere. Das, was naheliegt. Wie sollte man auch etwas anderes sehen? Schon die ersten Stolpersteine bringen einen zum Stolpern. Und das war es dann..."

Seine Worte vermittelten ihr ein Schuldgefühl. Außerdem hatte sie selbst ihr Versprechen gebrochen – sie hatte es ihm versprochen. Bewusst hatte sie ihn nicht verurteilt, aber unbewusst. Und das war genauso schäbig. Doch was sollte sie auch denken?
„Was meinst du denn mit: dich beschäftigen Mädchen?“

„Es tut so weh, Marja... Zu sehen, was gerade eben verloren gegangen ist. Du spürst es ja selbst. Nur durch dieses eine Wort. Und schon siehst du mich ganz anders. Was hat mich so verändert? Warum verurteilst du mich so? Was sind denn deine Gedanken dabei? Was hat dich so enttäuscht?
Was denken die Leute, wenn man das so sagt? Was denkst du? Natürlich dasselbe. Aber was ist das? Und *ist* es so natürlich, dass auch du dasselbe denkst?
Mädchen! Das ist offenbar ein ganz abwegiges Thema, nicht wahr? Und wenn dann jemand sagt, ihn beschäftigen Mädchen, noch dazu ein Mann, der schon Mitte zwanzig ist – ja, da kann man ja nur denken: Da ist etwas falsch. Wenn er sagen würde: Mich beschäftigen *Frauen* – das wäre sicherlich normal, nicht wahr? Aber Mädchen!? Wie abwegig ist das denn! Ja, Marja – so ist das Urteil der Welt. Nicht wahr? Und? Hat die Welt eine Ahnung? Siehst du es auch so? Siehst du dich selbst auch so *unwichtig* – im Gegensatz zu Frauen? Siehst du die Frauen als vollwertig und dich als erst halb reif, noch nicht erwachsen, also auch noch nicht als ... etwas von voller Bedeutung? Überall wird dir eingeredet: Werde erstmal erwachsen, vorher bist du noch kein ganzer Mensch. Merke es dir. Du bist erst noch ein *Mädchen.* Das ist per Definition nicht vollwertig. Merke es dir.
So ist dann das Urteil. Und ein Mann, den Mädchen beschäftigen, ist ebenfalls nicht voll entwickelt. Ja sogar abwegig, er ist abwegig entwickelt. ‚Pervers' nennt man es dann. Muss er ja wohl sein, denn vollwertig-erwachsen würde er sich auch

nur mit vollwertig-erwachsenen Menschen abgeben, also Frauen und nicht *Mädchen*. Oder? Ist es so?
Mädchen sind noch nicht erwachsen. Und ein Mann darf sich nicht für Mädchen interessieren. Für *ein* Mädchen vielleicht. Darüber kann man gerade noch hinwegsehen, oder? Aber für Mädchen an sich? Was soll denn das heißen – wenn nicht eine perverse Veranlagung? Weil eben Mädchen noch gar nicht vollwertig sind. Sie müssen also per Definition *übersehen* werden. Obwohl sie viel schöner als Frauen sind. Und zwar nicht nur äußerlich.
Aber bleiben wir einmal beim Äußerlichen. Mädchen sind schon äußerlich viel schöner als Frauen. Frauen schminken sich – Mädchen sind schon ungeschminkt unendlich viel schöner. Frauen tragen Schmuck – Mädchen sind schon ungeschmückt unendlich viel schöner. Mädchen sind Schönheit schlechthin. Und das soll man nicht sehen? Und wenn man es sieht, nicht bewundern? Ja, am besten so tun, als gäbe es sie nicht, die Schönheit der Mädchen, nicht wahr? Es gibt sie aber! Wie verlogen ist unsere Welt denn, dass alle so tun, als sähen sie es nicht! Es sehen aber alle! Alle Männer sehen es, und alle Frauen auch, die einen mit Begehren, die anderen mit Eifersucht. Und die Mädchen stehen im Mittelpunkt – denn sie verdienen es. Sie sind die Schönheit an sich.
So, das war das Äußere. Jetzt kommt das Innere. O weh! Da ist es mit der Schönheit oft schon dahin. Bei den Frauen sowieso – aber bei den Mädchen auch. Äußerlich schön sind sie alle – aber wo sind sie innerlich schön? Das sind die Männer auch nicht, ich weiß. Aber geheimnisvoll sehnen sich gerade die Männer nach der Schönheit, die *sie* selbst verloren haben. Und wo sollen sie dann suchen? Bei den Frauen natürlich. Aber halt, bei welchen Frauen? Die Frauen haben sie ja auch verloren – über Bord geschmissen, weil sie ja mit den Männern konkurrieren wollten, nicht wahr? Und wie taten sie das? Indem sie auf ihre innere Schönheit ebenso verzichteten wie die Männer. Schon war die Konkurrenz möglich. Und

was ist die Konkurrenz? Sie ist innere Hässlichkeit an sich! Konkurrenz macht die Seele hässlich – und schon sind die Frauen den Männern gleich. ‚Emanzipation' nennt man das. Konkurrenz um die größte innere Hässlichkeit. Ein Kopf-an-Kopf-Rennen, Marja! Wer hat die Nase vorn? Hauptsache äußerer Erfolg – Hauptsache innere Hässlichkeit.

Wo soll also der Mann suchen, wenn er das ganz Andere sucht, das, was er verloren hat? Bei den Frauen ist es aussichtslos, denn sie machen ihm in der inneren Hässlichkeit Konkurrenz. Aber dann gibt es noch jemanden. Denn es gibt die *Mädchen.* Die machen noch keine Konkurrenz. Viele sind schon als Mädchen hässlich, innerlich, weil sie stolz und selbstbezogen sind und sich schon ach-so-erwachsen fühlen! Wo ist da noch der Unterschied zur Frau? Selbstbezogene Diven einer Spaß- und Freizeit-Gesellschaft. Mädchen? Sie sind nur noch wegen der Altersgrenze Mädchen, nicht aber dem inneren Wesen nach.

Dann aber gibt es *einige* Mädchen, ganz wenige, die wirklich noch *Mädchen* sind. Die es nicht eilig haben mit dem ach so tollen Erwachsenwerden. Die innerlich eine Schönheit haben, die einen erschlägt. Die innerlich leuchten – und bis ins Äußere. Mädchen, die dem Klang ihres Namens einen heiligen Glanz verleihen. Der Klang des Namens ‚Mädchen'! Aber auch Mädchen, deren eigener Name so klingt wie Engelsgesang. Zum Beispiel ‚Marja'... Und dann Mädchen, wo alles zusammenkommt: Äußere Schönheit, innere Schönheit und Schönheit des Namens. Zufälle gibt es nicht. Das heißt wohl, es soll auf Erden manchmal Mädchen geben, durch die die Menschheit noch einmal erleben darf, was das eigentlich ist: ein *Mädchen.*

Und *das* beschäftigt mich, Marja. Mich beschäftigt, was ein Mädchen ist. Und so, wie andere Leute jahrelang über ihre Bankkonten oder ihre Karriere nachdenken können, so denke ich schon mein Leben lang über die Mädchen nach. Und habe immer nur Mädchen geliebt. Von ferne. Ein paar Mal ver-

geblich auch aus der Nähe. Ich will das gar nicht vertiefen. Ich hoffe, du hältst es nicht für verwerflich, wenn man liebt. Es gibt nichts Wichtigeres.
Aber was ich Dir gegenüber empfunden habe, vom ersten Augenblick an – und dann immer nur tiefer reichend, das habe ich so noch nie erlebt. Und ich kann dir nur eines sagen, Marja: *Die* Mädchen gibt es für mich gar nicht. Ich habe zwar gesagt, mich beschäftigen Mädchen, weil ich mich von allen Mädchen irgendwie angezogen fühle – so wie ‚normale' Männer, die *diese* Anziehung verleugnen, sich von Frauen angezogen fühlen, von allen, mehr oder weniger. Aber bei Mädchen ist das noch stärker – denn wie gesagt, werden die erwachsenen Menschen innerlich meistens mehr oder weniger hässlich, während Mädchen, auch die stolzen, irgendwo noch immer unschuldig sind, innerlich, also auch noch immer schön. Deswegen sage ich, mich beschäftigen Mädchen.
Aber das bedeutet andererseits nur: mich berühren Mädchen. Ich denke nicht fortwährend daran, wie ich mit Mädchen ins Bett gehen kann – *das* ist also nicht gemeint! Aber dass das Wesen der Mädchen mich fortwährend berührt, Körper, Seele, das ist sehr wohl gemeint. Und ich bedaure die armen Leute, die sich fortwährend mit weniger Wichtigem beschäftigen, mit was auch immer! Das Berührendste ist fortwährend in unserer unmittelbaren Umgebung – die Mädchen! –, und die meisten gehen völlig unberührt daran vorbei. Ich kann nicht verstehen, wieso Mädchen so wenig beachtet werden! Was ist den anderen Menschen nur so wichtig? Beruf? Karriere? Kinder? Frauen? Ich habe keine Ahnung... Ich weiß nicht, was die anderen sich vormachen, vorlügen – oder was sie innerlich abwehren. Ich weiß nur, dass es sehr wenig gibt, was berührender ist als ein *Mädchen*. Und ich weiß, dass es pervers ist, zu sagen, es wäre pervers, sich von Mädchen berührt zu fühlen. Das ist pervers – dies zu leugnen, dass Mädchen berührend *sind*.

Man könnte auch sagen: Ich finde *Engel* langweilig und uninteressant, völlig gleichgültig. Das wäre ungefähr das Gleiche. Die Welt macht sich so unglaublich was vor mit ihrem Tabu. Sich blind gegenüber den Mädchen zu machen, ist das Eine. Aber zu behaupten, es wäre pervers, sich von Mädchen berührt zu fühlen – in jeder Hinsicht, *auch* erotisch und *auch* sexuell –, das ist der größte Unsinn, den ich je gehört habe. Es ist pervers, sich von Mädchen *nicht* berührt zu fühlen. Mit Menschen, denen es so geht, stimmt tatsächlich ernsthaft etwas nicht...

Wenn es auf Erden Engel gibt, dann sind das die Mädchen... Und wenn es auf Erden gottlose Menschen gibt, dann sind es die, die das nicht sehen... Aber wenn man die auch erotische Anziehung verteufelt, dann hat man ebenso keine Ahnung. Die Kirche hat sich hier nicht gerade mit Ruhm bekleckert. Sie hat Leib und Seele in eine tiefe Spaltung hineingeführt – und mit welchem Ergebnis? Mit dem Ergebnis tiefster Heuchelei bis hin zu schweren psychischen Krankheiten, alles nur, weil etwas verleugnet werden musste, was *an sich* überhaupt nicht unheilig ist, sondern erst dazu gemacht wurde. Diese ganze Verfolgung der Erotik und der Sexualität hat sie doch erst zu dem Schmutzigen gemacht, was sie dann wurde! Man hat ihr überhaupt nicht die Chance gelassen, das Heilige zu bewahren! Sie hätte es aber gekonnt, wenn man sie gelassen hätte – und sie kann es immer noch. Es ist eine Lüge, ihr das Heilige abzusprechen, was sie haben *kann*.

Also die Mädchen sind die Engel auf Erden. *Das* beschäftigt mich. Das und ihre Schönheit – bis in die Erotik hinein, die auch heilig ist, weil es die Erotik der *Mädchen* ist. Das, was mit einem Mädchen zu tun hat, *kann* gar nicht unheilig werden. Das sage ich mit vollem Ernst. – Aber wie kann dann das, was sich mit aufrichtiger Sehnsucht auf ein Mädchen richtet, unheilig sein? Oder ‚pervers' genannt werden? Mit welchen Lügen arbeiten die Menschen denn? Sie belügen

sich selbst, denn sie wissen gar nichts mehr. Nicht das Geringste.
Ich weiß, was ein Mädchen ist, Marja. Das kann mir niemand ausreden. Und mir kann niemand einreden, dass ich pervers sei. Wenn alle anderen sich das einreden wollen – bitte. Ich kann sie nicht daran hindern. Die ganze Welt ist pervers, Marja. Es ist alles in eine völlige Umkehr geraten. Für das Heilige macht man sich blind. Und die, die es sehen und lieben und, ja, auch begehren, aber in heiligster Weise, die nennt man ‚pervers'. Weil man nicht mehr unterscheiden kann zwischen den echten Perversen und den anderen, die die Mädchen *auch* lieben. Und zwar *wirklich* lieben...
Und jetzt ein Letztes. Ich habe immer im Plural gesprochen, in der Mehrzahl. Ich habe immer ‚die Mädchen' gesagt. Und wie gesagt: das ist auch so. Aber in Wirklichkeit habe ich das, was ich ‚das Heilige' nannte, immer nur in Spuren in den Mädchen gefunden. Alle Mädchen hatten und haben etwas davon. Aber – es gibt keine Mädchen, die alles davon haben. Die wirklich und wahrhaftig *das Mädchen* sind. Ohne Beimischung. Ohne Abschwächung. Radikal. Wie ein Engel. Die gibt es nicht. Bis heute dachte ich das. Bis heute Nachmittag. Und dann habe ich ein Mädchen getroffen. Und das hat alles auf den Kopf gestellt. Weil es der lebendige Beweis dafür war, dass es dieses Mädchen wirklich doch noch gibt. Dass es das Mädchen gibt!
Du denkst wahrscheinlich, ich rede Unsinn. Du verstehst wahrscheinlich kaum, was ich meine. Ich meine die Abwesenheit von dem Gift des Erwachsenwerdens. Des inneren Hässlichwerdens. Das meine ich! Du weißt gar nicht, wie schön du *wirklich* bist, Marja! Habe ich das schon gesagt? Ich habe immer das Mädchen gesucht, Marja. Jetzt suche ich es nicht mehr. Ich habe es gefunden... Ich habe den schönsten Menschen gefunden, den ich je gesehen habe. Und es ist – wie könnte es anders sein – ein Mädchen..."

„Nicht erwachsen?“
„Ja – nicht hässlich. Nicht eingebildet, nicht eitel, nicht selbstbezogen, nicht karrieresüchtig, nicht oberflächlich, nicht gelangweilt, nicht spaßsüchtig, nicht empfindungslos, nicht nachtragend, nicht ach-so-selbstsicher, sondern von allem das Gegenteil. Das positive Gegenteil. Etwas im Grunde Ewig-Junges...“
„Im Evangelium steht: Wenn ihr nicht werdet wie die Kinder...“
„Ja, so etwas in der Art. Aber ich schätze, wenn die Rolle der Frau damals nicht so drittrangig gewesen wäre, hätte Jesus gesagt: Wenn ihr nicht werdet wie die *Mädchen*... Verstehst du? ‚Kinder’ ging sogar noch eher als ‚Mädchen’. Dabei kann es ja wohl nicht darum gehen, wie die Kinder zu werden – jedenfalls nicht vom Bewusstsein her. Ich denke nicht, dass Gott unmündige Kleinkinder in seinem Himmelreich haben will. Aber wenn ihr nicht werdet wie die Mädchen... Das sollte man sich mal tief überlegen... Ich glaube, da würden einige Leute endlich begreifen...“

Sie war ratlos. Sie konnte wieder nichts erwidern. Was sollte man angesichts dessen auch sagen? Gerade als Mädchen konnte man gar nichts mehr sagen...
Er aber sah sie aufrichtig an und sagte:
„Ich hoffe, du verurteilst mich jetzt nicht mehr, Marja. Ich hoffe, du verstehst jetzt etwas mehr... Ich verlange ja gar nicht, dass du alles verstehst. Ich hoffe nur, dass du es *etwas* verstehst...“
„Ja...“, sagte sie leise. „Ja ... ich verstehe es mehr als etwas... Und ... ich schäme mich...“
„Warum denn?“
„Weil ich es zuerst *nicht* verstanden hatte...“
„Das ist doch offensichtlich normal.“
„Ja – aber das ist traurig.“
„Ja, es ist traurig...“

„Es tut mir leid, Richard."
„Du brauchst dich nie zu entschuldigen, Marja. Du trägst keine Schuld."
„Ich möchte es aber."
„Schuld tragen?"
„Nein, mich entschuldigen."
„Ich liebe dich, Marja... Ich liebe dich so unglaublich..."
„Weißt du, was ich an *dir* am meisten liebe?"
„Nein, was denn?"
„Deine Augen..."
„Das liebe ich an dir auch am allermeisten..."

*

Sie hatten sich für den nächsten Nachmittag wieder im Park verabredet. Mit dieser seltsamen Berührung im Herzen, dieser seltsamen Stimmung zwischen Unsicherheit, sogar Ratlosigkeit, noch immer, aber auch einem merkwürdigen Glück war sie nach Hause gegangen. Und dort erwartete sie die nächste Überraschung.

„Du warst bei Lucie, ja?", erwartete ihre Mutter sie.
Sie wusste sofort, dass etwas nicht stimmte.
„Wieso...?", fragte sie zögernd, schon von der Hitze belagert, die sie gleich durchströmen würde.
„Weil ich bei ihr angerufen habe, nachdem du dein Handy offenbar hier vergessen hattest. Du solltest noch eine Packung Mehl mitbringen – aber offenbar warst du gar nicht bei deiner lieben Freundin. Also – *wo warst du*?"
„Ich...", stotterte sie – und nun kam auch Tamara angerannt, die sie auch zurückkommen gehört hatte.
„Wo warst du, Marja?", fragte sie. „Du warst nicht beim Abendessen, und du warst auch nicht bei Lucie. Mama hat gesagt, du hast gelogen! Warum hast du gelogen, Marja?"

Die Augen ihres geliebten kleinen Schwesterchens waren noch so rein, und in ihrer Stimme lag so ein unschuldiger, fragender Vorwurf, dass ihr, von der anderen Seite bedrängt durch die schon so lange bestehende Verständnislosigkeit der Mutter, ohne Vorwarnung die Tränen in die Augen schossen.

„Ich –“, brachte sie schluchzend heraus, „war nur einmal im Café! Lucie hat es mir beigebracht! Ich wollte es nur einmal probieren! Ich – ich halte das alles nicht mehr aus! Dieses Essen! Warum essen wir überhaupt noch gemeinsam? Immer dieses Gestreite! Ich *verstehe* das nicht!“ Ihr Leid war mit einem Mal hell aufgelodert, als hätten sich die Holzscheite von Monaten aufgetürmt. „Ich halte das nicht mehr aus!“
Mit diesen Worten lief sie schluchzend in ihr Zimmer und schlug verzweifelt die Tür zu... Sie warf sich auf ihr Bett und weinte hemmungslos weiter...

Von draußen hörte sie ihre Mutter rufen:
„Ja, natürlich! Du hältst es nicht aus! Was hältst du schon aus? An mich denkt ja keiner! Ich bin ja immer nur die Schlimme, nicht wahr? Gott, wie ich das *hasse*! Und euer Vater versteckt sich natürlich wieder im Wohnzimmer. Er ist ja der Gute, nicht wahr! Macht doch euren ganzen Scheiß alleine!“
Sie hörte eine Tür knallen – die Schlafzimmertür. Sie weinte noch heftiger, noch hilfloser...
Dann spürte sie eine kleine Hand auf ihrem Rücken – Tamara hatte sich neben sie gesetzt, wollte sie trösten ... und weinte doch ebenfalls...
Sie setzte sich auf und nahm ihre arme, arme, kleine Schwester in den Arm und weinte nur noch hemmungsloser, und das arme kleine Wesen ebenfalls. O, wie sehr sie sie liebte! Bald waren sie nur noch *ein* schluchzendes Bündel...

Als sie sich schließlich halbwegs beruhigten, jammerte Tamara:
„Mama ist böse! Ich will, dass Mama weggeht..."
Ihr stiegen erneut die Tränen in die Augen.
„Das darfst du nicht sagen, Tamara..."
„Aber Mama ist böse! Ich habe immer Angst vor ihr..."
„Sie kann nichts dafür..."
„Ich will nicht, dass du weggehst. Wo warst du?"
„Im Café..."
„Was hast du da gemacht?"
„Ich habe einen Kaffee getrunken."
„Und warum?"
„Weil ich es ... ich wollte es einmal tun, Tamara."
„Aber warum nicht nach dem Abendessen?"
„Das ist zu spät."
„Mama hat die ganze Zeit nur gestritten! Und sie hat die ganze Zeit gesagt, du hast gelogen. Du bist eine Lügnerin geworden. Papa hat gesagt, es wird schon nichts Schlimmes sein. Aber Lügen ist doch auch schon schlimm?"
„Ja, Lügen ist auch schlimm."
„Warum *hast* du dann gelogen?"
„Weil ich dachte, dass einmal nicht schlimm ist..."
„Aber es war doch schlimm."
„Ja, weil Mama es herausgefunden hat."
„Und warum *hast* du gelogen?"
Sie war noch so klein, dass sie es einfach nicht verstand...
„Tamara, wir können so nicht weitermachen... Streiten ist viel schlimmer als Lügen. Ich habe nur gelogen, weil es alles ... so *schwierig* ist. Wir sollen zusammen essen – aber was ist daran ‚zusammen'!? Nichts ist zusammen. Es wird nur gestritten – und alle sollen das aushalten. Einfach so! Ich *halte* es aber nicht mehr aus!"
„Ich auch nicht!", sagte Tamara und fing wieder leise an zu weinen.
Sie tröstete sie zärtlich...

„Wir können zu Papa gehen“, sagte Tamara schließlich, „und ihm sagen, er soll sagen, dass Mama weggehen soll.“
„Das ist keine Lösung“, sagte sie – gegen ihre eigenen Gefühle, aber da waren auch Schuldgefühle.
Ihre Mutter hatte auch Recht – obwohl sie nicht Recht hatte. Aber *beide* waren Schuld, ihre beiden Eltern. Ihre Mutter steigerte sich nur hinein – aber das würde sie gerade niemals getan haben, wenn nur sie Schuld gehabt hätte. Vielleicht hatte sogar ihr Vater mehr Schuld, sie wusste es einfach nicht. Sie wusste nur, dass ihre Mutter die Dinge offensichtlich erscheinen ließ, aber das waren sie nicht. Ihre Mutter spielte die Rolle eines Teufels, aber irgendwie war sie da auch *hineingeraten* – und es nützte nichts, nur den Endzustand zu nehmen und alles daran festzumachen...
„Dann soll Papa mit *uns* weggehen“, schlug Tamara als nächstes vor, als ob das etwas anderes wäre.
„Sie müssen *gemeinsam* einsehen, dass sie sich trennen sollten, Tamara. Und sie sollten es ohne Streit tun. Sie sollten *erst* den Streit beenden und sich dann trennen...“
„Ja. Warum machen sie es nicht?“
„Ich weiß es nicht. Vielleicht wegen uns. Vielleicht denken sie, man muss eine Familie bleiben. Das sollte man ja auch. Aber nicht so...“
„Ja – nicht so! Aber warum *ist* es so?“
„Weil wir nichts sagen, Tamara... Weil wir es auch zugelassen haben...“
Von einem Moment auf den anderen war die Erkenntnis da, alles andere wäre ebenfalls eine Lüge gewesen.
„Dann sag beim nächsten Mal was – ja, Marja?“

Es war nicht so, dass sie das nicht vorher gespürt, gewusst hätte. Sie hatte nur niemals einen Ansatzpunkt gesehen – und es auch nicht gewagt. Selbst heute hatte sie nur eine Lüge gewagt. Erst als diese ans Licht gekommen war, war alles aus ihr herausgebrochen. Und wie lähmend waren diese Streite-

reien! Sie lähmten einem die Worte im Munde – man *konnte* nichts sagen... Bis jetzt hatte sie es nicht gekonnt. Sie hatte zu sehr darunter gelitten.
„Ja, Marja? Sagst du morgen was?“
„Ja.“
„Und lügst du jetzt nicht mehr?“
„Nein...“
„Und gehst du auch nie mehr weg?“
„Beim Essen?“
„Ja?“
„Ich versuche es... Wenn sich was ändert, dann bestimmt nicht.“
„Ändert sich was?“
„Ja, das hoffe ich.“
„Du sagst einfach, dass sie nicht mehr streiten sollen, ja?“
„Ja, wenn das so einfach ist...“
Sie lächelte über die Naivität des kleinen Mädchens.
„Und dann müssen sie machen, was du sagst.“
„Ja“, lächelte sie. „Ja, das müssen sie dann machen...“
„Hurra!“, jubelte Tamara.
„Aber so leicht wird es nicht sein. Du musst auch mithelfen. Sie müssen uns *beiden* zuhören. Und dann einsehen, dass sie nicht streiten *dürfen*, wenn sie uns liebhaben. Dass sie eine andere Lösung finden müssen – welche auch immer.“
„Ja – nicht mehr streiten.“

„Ich hab dich so lieb, Tamara!“, sagte sie und küsste sie innig auf die Wange.
„Ich dich auch!“, sagte diese und machte es ihr nach...

In der ersten großen Pause erzählte sie ihrer Freundin ihre gestrigen Erlebnisse – indirekt war diese ja längst halb im Bilde. Lucie hatte ihr auf dem zu Hause gelassenen Handy eine Nachricht hinterlassen, aber sie hatte sie dann auf den nächsten Tag vertröstet.

„Was war denn gestern nun los, Marja? Warum hast du gesagt, du wärst bei mir? Was hast du *gemacht*?“
„Ich war im Café...“
„Im Cafe?“
„Ja, ich wollte es ausprobieren... Was du mir beibringen wolltest...“
Lucie war von den Socken.
„Echt jetzt? Du bist ja *süß*, Marja... Und warum sagst du das zu Hause nicht einfach?“
„Weil wir immer zusammen essen, du weißt doch...“
„Ja, ich hab dir ja schon längst gesagt, du sollst deinen Eltern mal die Meinung sagen, mit den Türen knallen und so. Das hilft manchmal...“
„Aber ich *bin* so nicht. Das hab ich dir doch auch gesagt...“
„Ja ... und jetzt hast du also gelogen, ja? Und es ist natürlich sofort rausgekommen.“
„Ich hätte nie gedacht, dass meine Mutter anruft – und dann auch noch bei dir! Ich sollte nur noch Mehl einkaufen...“
Lucie lachte.
„Na, so ein Pech auch!“

Sie streichelte ihr tröstend über die Schulter.
„Und – war's sehr schlimm?“
„Ja, schon... Aber jetzt will ich wirklich was sagen. So kann es nicht mehr weitergehen.“
„Gratuliere zu dieser Erkenntnis.“
„Es tut nur alles so weh...“
„Aber es kann doch nur besser werden?“

„Ja, eigentlich schon..."
„Na, siehst du. Hättest du das mal vorher erkannt."
„Bei dir klingt alles immer so leicht..."
„Ist es doch eigentlich auch."
„Nein, nicht wirklich."
„Was denn nicht?"
„Du verstehst das nicht."
„Ja, genau – und warum nicht?"
„Weil es für dich einfach *ist* – und für mich nicht."
„Aber *warum* denn nur nicht?"
„Du nimmst dir die Dinge nicht so zu Herzen."
„Ja – und das ist ein Vorteil, wie du siehst."
„Nur in *dem* Fall, Lucie..."
„Wie ‚nur in dem Fall'?"
„Es ist wieder unser altes Thema... Ich bin einfach *anders*, Lucie. Und ich kann das nicht einfach aufgeben. Ich möchte es gar nicht, und ich kann es auch nicht. Es ist einfach ... man kann nicht mal dieser und mal dieser Mensch sein. Entweder ist es *immer* leicht – oder *nie*. Ein Zwischending gibt es nicht. Für dich ist es immer leicht – für mich nie. Und mal ist das vielleicht ein Vorteil ... aber ich möchte das nicht... Das Andere ist mir zu wichtig..."

„Das Andere? Dieser ‚immer leiden'?"
„Ich habe dir doch schon erklärt, dass es gar nicht *nur* Leiden ist. Es ist *auch* Leiden. Aber dieses ‚Leiden' bedeutet gerade, dass einem die Dinge nicht *egal* sind, Lucie. *Das* ist das Wichtige. Nicht das Leiden..."
„Mir sind sie doch auch nicht egal."
Sie schwieg wieder hilflos. Sie wollte nie sagen, dass sie ein ‚besserer' Mensch wäre. Darum ging es nicht...
„Ja, Marja – ich verstehe es ja. Natürlich... Ich weiß, dass dir die Dinge noch viel weniger egal sind. Das weiß ich. Es ist nur immer wieder das Gleiche: Ich *will* nicht, dass du leidest. Es tut mir immer selber weh, wenn ich das sehe..."

„Aber das muss es nicht, Lucie. Das tut es nur, weil du denkst, dass es schlimm wäre. Aber es ist nicht schlimm. Das, was *passiert*, ist schlimm – nicht das Leiden daran. Ich wünschte, du würdest das auch spüren ... erkennen. Aber diese Erkenntnis hast *du* nicht. Bei mir kommen andere Erkenntnisse spät, aber bei dir ... kommt manches vielleicht auch spät ... oder gar nicht, weil du es ja nicht willst..."
„Und ... findest du das schlimm?"
„Nein. Aber es tut mir auch irgendwie weh – so wie es dir weh tut, mich leiden zu sehen. Weil du denkst, das wäre schlimm. Mir tut es manchmal weh, dich *nicht* leiden zu sehen, so merkwürdig das klingt. Aber es tut mir nur deshalb weh, weil ich weiß, dass das Leiden nicht schlimm ist, sondern dass einem etwas fehlt, wenn man nicht leidet..."
„Mir fehlt nichts."
„Ja, das weiß ich. Aber fehlt dir wirklich nichts? Denkst du ... denkst du, das, was ich ... ‚habe' ... ist falsch?"
„Nein, es ist nicht falsch, Marja. Wenn ich so denken würde, würde ich dich nicht so unendlich liebhaben..."
Sie schwieg nachsinnend eine kleine Weile. Dann sagte sie leise:
„Siehst du, Lucie? *Das* meine ich... Du siehst auch etwas. Du weißt es nur nicht... Und deshalb kannst du auch nicht wissen, wie schön das ist. Du siehst es nur. Du hast es lieb – so wie du *mich* lieb hast, aber das *bin* ich ja gerade –, aber selbst willst du es nicht haben. Weil du spürst, dass es auch schwer ist. Aber lieb hast du es trotzdem... Verstehst du, was ich sagen will?"
„So halb...", gab Lucie zu.
„Das reicht", lächelte sie.

„Und ... wie war es im Café? Hast du es wenigstens *genießen* können ... bevor dann zu Hause das Gewitter losbrach?"

„Ja...", lächelte sie. „Ich habe es zumindest versucht. Es war schön. Und dann ... dann setzte sich plötzlich ein junger Mann an meinen Tisch..."
„Wie ... sag jetzt nicht, der wollte gleich was von dir..."
„Doch! Es war ein ganz merkwürdiger Zufall. Ich kann es überhaupt nicht erklären – und schnell schon gar nicht."
„Sag doch!", drängte Lucie neugierig. „Was ist denn passiert. Jetzt sag nicht, du hast dich *auch* verliebt!"
„Nein. Na ja – selbst *das* weiß ich nicht! Verstehst du jetzt, dass es etwas kompliziert ist?"
„Heilige Neune! Was war denn gestern los? Da passierte ja wohl alles auf einmal! Erzähl doch endlich, Marja. Erzähl einfach der Reihe nach, was passiert ist."
„Also gut... Also er kam und fragte, ob neben mir der andere Stuhl noch frei sei. Und ich sagte natürlich ja und wollte dann aber meine Ruhe haben, was eigentlich gar nicht mehr ging, aber ich versuchte es trotzdem. Und dann fragte er mich, warum ich so *allein* da sitzen würde. Und dann..."

Und sie erzählte alles so ausführlich, wie sie konnte, und es dauerte zwei volle Pausen. Und dann waren sie noch nicht am Ende, denn nun begannen Lucies Fragen. Und so waren sie damit noch beschäftigt, als sie schließlich nach Hause gingen.

„Und ihr habt euch gleich für heute wieder verabredet? Ich fasse es ja nicht..."
„Wieso denn?"
„Weil ich ... weil mir der ganze Typ noch nicht in den Kopf will. Wie kann man so merkwürdig drauf sein?"
„Wieso denn merkwürdig?"
„Wieso denn merkwürdig? Na, siehst du *irgendjemanden*, der so drauf ist? Der so rumläuft?"
„Vielleicht ist das ja gerade das Problem? Hast du es nicht verstanden, was er meinte?"

„Doch, schon. Aber deswegen muss man ... muss man aus dieser Sache doch nicht gleich ... eine *Religion* machen!"
„Religion? Was meinst du mit Religion?"
Lucie schwieg ein paar Schritte.
„Ich will ja nichts sagen, Marja ... aber ... merkst du nicht, dass er dich *anbetet*? Er spricht doch sogar von Engeln. Du bist für ihn der wandelnde Engel auf Erden. Willst du das? Willst du von einem Mann angebetet werden?"
„*Nein!*", sagte sie abwehrend. „Aber das tut er doch gar nicht..."
„Das tut er doch gar nicht? Ich glaube, du hast ihm nicht richtig zugehört. Du kannst zwar alles ganz genau erzählen – aber du begreifst den Sinn nicht ganz. Er betet dich an – das ist so was von klar. Du bist so eine kleine Göttin für ihn. So ein leuchtender Engel, den er ‚schon immer gesucht hat'. Was für ein Glück, dass es ihn tatsächlich gibt! Und jetzt bist du seine Religion..."

„Machst du dich über ihn lustig?"
„Nein, nicht wirklich. Ich überspitze es nur etwas."
„Das ist unfair."
„Warum?"
„So was macht man nicht."
„Marja – ich will dir nur sagen, wie es ist. Nicht, dass du nachher wieder unglücklich wirst, weil du das nicht wolltest und auf Dauer auch gar nicht aushältst. Ich meine, wer *würde* das schon aushalten? Vergöttert zu werden? Manch einer will das – aber ich glaube, niemand hält das auf Dauer aus. *Ich* würde es nicht wollen..."
„Ich will es ja auch nicht..."
„Gut – dann sag ihm am besten gleich, dass er damit aufhören soll. Dann könntet ihr ja vielleicht ein schönes Paar werden. Der Rest klingt doch ganz vielversprechend..."
Sie grinste.
„Was soll denn das heißen?", fragte sie leise empört.

„Na ja – überleg doch mal: dein erster Freund, Marja...“
„Was meinst du?“
„Ich freu mich einfach für dich...“
Sie schwieg nachdenklich.
„Ist das etwa verboten?“
„Nein – du nimmst es nur wieder etwas leicht...“
„O je... Ja, klar – das war ja klar... Aber ich freu mich wirklich, Marja. Ich meine es auch ernst...“
„Ja, das weiß ich...“
„Gut, dann bin ich beruhigt.“

Als sie sich verabschiedeten, sagte Lucie noch einmal:
„Also, Marja – wasch ihm ein bisschen den Kopf. Er kann dich ja lieben, das soll er sogar. Aber er soll aus dir keine Göttin machen – es sei denn, du *willst* das...“
„Nein, das will ich nicht...“
„Dann sag's ihm – nicht, dass es wochenlang kompliziert bleibt ... und am Ende sogar noch ein Unglück gibt, weil er keine Freundin, sondern eine Göttin will...“
„Meinst du das ernst? Denkst du, das könnte sein?“
„Was auch immer – sein kann alles. Vielleicht ist er andersherum pervers. Steht nicht auf kleine Mädchen, aber kleine Göttinnen...“
„So darf man nicht reden, Lucie!“
„Aber stimmt doch. Vielleicht stimmt's ja. Und wenn man dann nicht so redet, versteht's keiner. Die Wahrheit ist doch manchmal hart, Marja. Ich will nur, dass es dir gut geht. Wenn ich das immer wiederhole, klingt's auch blöd – aber ich meine es so. Ich will nur, dass du aufpasst. Und dass du es nicht unnötig kompliziert machst. Frag ihn das einfach: ob er eine Göttin will. Und dass du dann die Falsche wärst. Wenn er dich dann immer noch liebt, ist alles in Ordnung. Ist das nicht ganz einfach?“
„Ja ... doch ... vielleicht...“
„Also dann – viel Glück...!“

„Danke...“

*

Als sie das letzte Stück allein nach Hause ging, ging ihr unendlich viel im Kopf herum...

Sie verabschiedete sich dann zu Hause schon bald erneut und kündigte an, spätestens um sechs Uhr wieder zu Hause zu sein. Und mit gemischten Gefühlen ging sie dann in Richtung Park...

An der gemeinsamen Stelle sah sie ihn bereits warten. Er stand auf, als er sie erblickte, und sie fühlte sich von seiner offensichtlichen Zuneigung geschmeichelt, berührt ... aber da waren nun auch fortwährend Lucies Worte...
„Hallo, Marja!“, sagte er voller Freude.
„Hallo...“
„Wie geht es dir?“
„Gut...“
„Hattest du einen schönen Tag?“
„Ja.“
„Wollen wir uns setzen?“
„Ja.“
Er sah sie an ... glücklich. Sie sah, dass er sie liebte.
„Und...“, fragte er vorsichtig. „Wie geht es dir heute ... mit allem? Wie fühlst du dich?“
Sie wusste wieder nicht, wie sie es anfangen sollte. Sie hatte nie gelernt, Konflikte auszusprechen – denn ihre Sehnsucht war immer die Harmonie. Anderen fiel das leicht, weil sie einfach lossprachen, egal, was dann passierte. Aber ihr war es *nicht* egal, was passierte – deswegen war es so schwer. Sie wusste nicht einmal, was sie wollte. Sie wusste nur, was sie nicht wollte – irgendetwas leichtnehmen. Also war es bereits

schwer, Anfänge zu finden. Wieder war es die Suche nach dem Faden...

Als sie einmal schwer ausatmete, wusste er, dass etwas nicht stimmte.
„Was ist denn, Marja...?“, fragte er noch einmal warm, nun auch besorgt.
Sie sah ihn an. Diese lieben Augen wollte man nicht einmal verletzen – niemals. Und nun saß sie erst recht zwischen den Stühlen. Zwischen Lucies Wahrheit – und seiner. Zwischen der Tatsache, wie albern es wäre, jemanden zur Göttin zu machen – und der Tatsache, dass dieser junge Mann etwas in dieser Richtung tat. Zwischen der Tatsache, dass sie das gar nicht wollte – und der Tatsache, dass sie sich nie wohler gefühlt hatte als in *seiner* Gegenwart. Und als sie dies erkannte und spürte, wurde sie ratloser als je zuvor...
Sie sprang einfach ins Wasser...
„Meine Freundin Lucie sagte, du machst mich zur Göttin...“
Ein wenig entsetzt sah er sie an.
„Hast du ... hast du deiner Freundin alles erzählt?“
„Ja ... durfte ich das nicht? Sie ist meine Freundin. Wir können uns alles sagen – und tun das auch...“
„Ja ... natürlich ... das ist doch schön... Und ... und du? Was denkst du, Marja?“
„Ich denke, ich will keine Göttin sein.“

„Denkst du, ich mache dich zur Göttin?“
„Tust du das denn nicht?“
„Marja ... ist es denn so wichtig, was ich tue? Was ist für dich denn wichtig? Kannst du mir denn nicht sagen, was *du* denkst und was *du* fühlst? Du hast jetzt offenbar gehört, was deine Freundin denkt. Aber ist das das Gleiche, was du denkst? Und worum geht es eigentlich? Sagen wir: Was für einen Freund würdest du dir wünschen, Marja? Geh doch von dir aus... Lass dich nicht beeinflussen... Lass dir deine eigenen

Gedanken und Gefühle nicht von anderen verfälschen... Nur die deinen sind wichtig, Marja... Wie sind *sie?* Kannst du *sie* spüren...?“

Sie musste an das Video denken. ‚Nicht von anderen verfälschen’. Wieder ging es um Manipulation... Sogar ganz ungewollt. Lucie wollte sie bestimmt niemals manipulieren. Aber sie hatte eine eigene Sicht – und das war nicht immer *ihre* Sicht. Ihre Freundin wollte sie warnen, wollte ihr manchen guten Rat geben. Aber ihre Sicht war und blieb anders. Was aber war ihre eigene Sicht? Hatte sie eine eigene? Nach ihr war sie jetzt gefragt worden...

Sie sah den jungen Mann an – der sie nun selbst so fragend, aber so ruhig abwartend, so liebevoll, so treu und aufrichtig ansah ... und sie versuchte, ihre eigenen Gefühle zu finden, nach denen er gefragt hatte.
„Ich...“, begann sie zögernd. „Ich denke, es stimmt... Ich will ... ich will bestimmt keine Göttin sein. Und ... und auch nicht mal ein Engel. Das bin ich nämlich nicht. Also ... wäre es auch nicht richtig, so zu tun, als wäre ich einer. Und ein Wunder will ich auch nicht sein – und bin ich ebenfalls nicht. Ich will einfach nur ein normaler Mensch sein. Und ... ich glaube übrigens an Gott – im Gegensatz zu meiner Freundin –, und ... ich würde mir wünschen, dass Menschen *ihn* anbeten und verehren und an ihn glauben. Ja ... das ist es vielleicht, was ich sagen möchte...“
Sie sah ihn etwas besorgt an, ob er es verständnisvoll aufnehmen würde. Aber er nickte langsam, was sie sofort einigermaßen beruhigte.

Dann sagte er:
„Also war es dir gestern die ganze Zeit irgendwo unangenehm?“
„Irgendwo, ja...“

„Und irgendwo anders?“
„Wie...“
„Ging es dir auch noch anders? Oder war es nur unangenehm?“
„Nein, nicht nur.“
„Sondern...?“
Sie fühlte sich ein wenig in die Enge getrieben.
„Was meinst du?“
„Marja...“, sagte er fast bittend. „Ich bin etwas hilflos... Denn ich hoffe so sehr dieses Eine: dass du dich mit mir wohlfühlst. Bei mir wohlfühlst. Dass du mir vertraust, weil du dich wohlfühlst. Aber wie könntest du das, wenn du Bedenken hast? Dann geht es gerade nicht. Alle Menschen sehnen sich so sehr nach Vertrauen – aber wo lebt dieser Zustand, wo lebt er zwischen zwei Menschen? Das ist doch ein Rätsel, oder nicht? Wo lebt das Vertrauen...
Ich habe dir gesagt, ich möchte nichts falsch machen. Aber ich kann nichts richtig machen, wenn du mir nicht sagst, wie das geht. Was ich tun kann ... um dein Vertrauen zu gewinnen. Was ich tun kann, damit du dich bedingungslos wohlfühlst bei mir... Vielleicht kann ich gar nichts tun. Vielleicht kannst nur du etwas tun.
Ich weiß nicht, ob es schlecht ist, Marja, dich so zu lieben, wie ich es tue. Deine Freundin sagt, ich mache dich zur Göttin. Ist das so? Weil du ihr erzählt hast, was ich über die Mädchen sage? Ja, die Mädchen *sind* für mich Engel – und sind es doch nicht, weil es so wenig ‚Mädchen’ sind. Und dann warst da auf einmal du – und du warst so unglaublich stark Mädchen... Und also Engel... Und ja, du kannst es abstreiten, du kannst es nicht sein wollen – und bist es doch.
Was deine Freundin Anbetung nennt, ist einfach Liebe, Marja. Ich kann nur auf meine Weise lieben. Darin liegt auch Verehrung – ja. Weil ich das verehre, was die Mädchen haben, was vor allem du hast, und was der übrigen Welt so verlorengegangen ist. Wenn man das nicht tief, tief lieben darf,

Marja ... dann weiß ich nicht, was die ganze Liebe soll. Ich weiß ja nicht, wie deine Freundin liebt oder geliebt wird, aber ich weiß, wie ich liebe. Und wenn du das verurteilst oder falsch findest ... oder nicht möchtest ... dann ... dann muss ich versuchen, zu verstehen, was *du* möchtest... Aber ich hoffe, es ist kein Widerspruch, Marja. Denn ich bete dich nicht an. Es sieht für andere, die das nicht kennen, vielleicht so aus. Aber ich *liebe* dich nur, Marja... Es ist schlimm, das mit dem Wort ‚nur' verbinden zu müssen... Kann es sein, dass andere Menschen zu *wenig* lieben – und es deshalb ‚Anbetung' nennen müssen...?"

„Und warum sagst du, dass ich ein ‚Engel' wäre?"
„Weil du etwas hast und bist, was kein anderer hat und ist. Das habe ich gestern versucht, zu beschreiben. Die anderen Menschen sind einfach Menschen, und du leuchtest daraus hervor. Auf Anhieb. Wenn man das ‚Engel' nennt, ist das nur der Versuch, zu beschreiben, was man sieht. Man sieht es einfach..."
„Aber man kann es doch auf Dauer gar nicht ertragen, immer als ein Engel betrachtet zu werden?"
Der junge Mann dachte nach. Dann sagte er:
„Marja, weißt du, was ich glaube? Ich glaube, die wirkliche Liebe sieht im Anderen *immer* den Engel. Gegenseitig. Ich meine damit nicht, dass das von Anfang an so sein muss. Und ich meine auch nicht, dass das alle Liebespaare jemals schaffen. Aber das bedeutet, kaum jemand findet diese wirkliche Liebe. Die meisten hören schon vorher auf, kommen gar nicht bis dahin. Und finden das sogar noch ganz normal, sind damit zufrieden, weil sie auch gar nicht mehr wollen. Denn in dem anderen einen Engel zu sehen, *ist* schon so etwas wie Anbetung, etwas von der Art. Und jetzt schau dich mal um, wie viele Leute noch an Gott glauben. Ich auch nicht so ganz, das gebe ich zu. Aber viele andere glauben an dies oder jenes, an irgendeine ‚Macht' und so weiter – das ist ja auch so un-

glaublich einfach! Aber etwas zu *verehren* – das ist nicht so einfach, darum tut es auch keiner. Denn dann macht man etwas anderes größer als sich selbst. Man erhebt es, weil es erhaben *ist*. Doch damit tun sich fast alle Menschen sehr, sehr schwer. ‚Etwas, was höher steht als ich? Das gibt es nicht!' Hör dich mal um – mit dem Herzen, meine ich. Dann wirst du das überall hören. Überall. ‚Gleichberechtigung' – ja! Das ist das Höchste. Gleichberechtigung dann auch mit den göttlichen Mächten, an die man so glaubt. ‚Irgendwas wird es da schon geben, irgendein Schicksal oder was auch immer.' Aber das ist auch alles, was man dann glaubt. Hauptsache, man muss sich nicht näher darauf einlassen. Dann ist das etwas, was es auch noch gibt, was aber nicht weiter wichtig ist. Weder verehrt man etwas, noch betet man etwas an. Man ‚glaubt' nur, dass ‚da irgendwas ist'. Aber der Kreditkartenautomat um die Ecke ist auch ‚irgendwas'. Also wo ist da der Unterschied?
Lange Rede, kurzer Sinn – was ich meine, ist, die Verehrung hat heute einen schweren Stand, Marja, weil keiner mehr dazu bereit ist. Man macht sich sogar lustig darüber. ‚Der vergöttert dich doch!', sagt man dann. ‚Der betet dich an. Der macht dich zu einer Göttin'. Und man mokiert sich darüber. ‚Wie ist der denn drauf?' Dazu ist heute niemand mehr bereit. Niemand, Marja. Aber Liebe besteht *immer* daraus. Immer. Es gibt nur eine Liebe – und diese Liebe hebt das Geliebte in den Himmel. Wer mir etwas anderes erzählen will, kennt die wirkliche Liebe noch gar nicht. Dann soll er mit seiner gewöhnlichen Liebe glücklich werden – wenn er kann. Ich wüsste nicht, wie das gehen soll. Das ist dann nur noch ‚Liebe, solange man Lust hat'. Und wenn es langweilig wird, sucht man sich den nächsten ‚Lebensabschnittspartner'. So heißt es heute doch so schön? Das ist eben die Folge dessen, dass man nicht mehr wirklich lieben kann. Die Liebe wird dann ‚Lebensabschnittspartner-Hopping'. Sie bemisst sich

dann nach Jahren, Monaten oder sogar nur Wochen. Das ist nicht die Liebe, die ich suche, Marja...

Weißt du, warum die wahre Liebe so sehr der Anbetung ähnelt? *Ähnelt*? Weil sie auf Hingabe beruht. Die Hingabe hat sie mit der Religion gemeinsam. Und Liebe, die nicht auf Hingabe beruht, *ist* keine Liebe. Und da man die Hingabe heute so wenig kennt, nämlich gar nicht mehr, hält man für Liebe, was gar keine Liebe ist, und hält für Anbetung, was einfach nur Liebe ist, aber die wahre Liebe. Man hält etwas für Religion, weil man weder Religion noch Liebe mehr kennt. Man kennt nur noch das oberflächliche ‚Loving' als Liebe, das ‚Sich-irgendwie-Gernhaben', gemeinsames Sich-Amüsieren, Spaßhaben, ja, auch Sexhaben, aber in Wirklichkeit ist es nur ein gepaarter Egoismus, Selbstbezug im Doppelpack sozusagen. Weil man nicht ganz allein ist, nennt man es dann Liebe – aber wo ist die Hingabe dabei, Marja? Wo ist das, was Liebe erst wirklich zu Liebe macht? Das frage ich mich...

Lass deine Freundin ruhig denken, dass ich dich zur Göttin mache. Ich liebe dich einfach nur... Und ich sehe in dir auch einen Engel – selbst wenn du das nicht willst. Ich frage mich, was deine Freundin in dir siehst. Wenn sie so anders ist als du, muss sie in dir doch auch irgendetwas sehen. Aber du *bist* ein Engel, Marja. Lass es dir nicht ausreden – und leide auch nicht so darunter, wenn jemand, der dich zutiefst liebt, dies wirklich sieht... Du selbst kannst es ruhig abwehren. Aber lass mir die Wahrheit..."

Sie war zutiefst betroffen. Dieser Mann sprach so viel von dem aus, was sie selbst immer dunkel gefühlt hatte, ohne es derart in Worte fassen zu können. Aber hatte sie nicht über all diese Dinge mit Lucie selbst auch gesprochen – wenn auch in anderer Weise? Waren es nicht dieselben Dinge? War es nicht genau das, was sie immer sagte? Das Ernstnehmen? War das Ernstnehmen in der Liebe nicht genau dies – Hingabe? Wer nahm die Liebe denn ernst? Sie selbst sah doch genau dies, was er beschrieb. Sie wusste, dass er Recht hatte. Nein, mehr als das. Sie wusste, dass es ihre eigenen Gedanken waren...

„Und ... was *denkst* du, Marja?“
Seine Worte rissen sie aus ihren eigenen Empfindungen.
Sie sah ihn an – wieder einmal ratlos.
„Ich denke das auch irgendwie...“, gestand sie einfach nur.
„Wirklich? O, wie bin ich dann erleichtert...!“
Sie war froh, dies zu sehen. Aber sie selbst war noch nicht erleichtert. Denn er hatte so schön von der Liebe gesprochen – aber sie wusste überhaupt nicht, ob sie ihn liebte. Es kam ihr so vor, als *wollte* sie ihn gerne lieben – aber wüsste nicht, wie man das machte. Man konnte es ja nicht erzwingen. Aber hieß das, sie liebte ihn nicht? Und würde es auch nicht können?
Glücklich sah er sie an.
„Und jetzt?“, fragte sie fast furchtsam und geradezu schuldbewusst.
„Jetzt“, sagte er mit warmer Zuneigung, „machen wir da weiter, wo wir aufgehört haben, nämlich bei der Frage des Wohlfühlens. Wie müsste ... denn ein Freund sein, Marja, bei dem du dich unendlich wohlfühlen würdest...?“

Sie spürte, dass er die Frage stellte, um zu versuchen, genau dies zu erfüllen – was sie sehr rührte. Zugleich fühlte sie fortwährend seine Hoffnung ... was in ihr natürlich eine Art Erwartungsdruck aufbaute.
Nachdenklich, ja bittend, erwiderte sie:
„Also ... er müsste mir *Zeit* lassen...“
Sie sah seine warmen, geduldigen Augen ... und war dankbar, dass er genau dies tat... Auf einmal spürte sie eine leise Wärme rund um ihr Herz zusammenströmen...
„Er müsste liebevoll sein...“

Sie zählte einfach weiter auf, was in ihrer Empfindung lebte.
„Und ... wie sähe das aus?“, erkundigte er sich vorsichtig.
„Genauso wie bei dir jetzt...“
Ein unglaublich zartes, vorsichtiges Leuchten ging über sein Gesicht... Sie wusste, dass sie ihm nicht unnötig Hoffnung machen durfte, und das wollte sie auch gar nicht. Nicht unnötig. Und doch stimmte es – er machte so ungefähr alles richtig, was man richtig machen konnte... Es lag eigentlich alles nur noch an ihr...
„Er müsste ein guter Zuhörer sein...“
„Aha...“
Das Erstaunen ihres guten Zuhörers wuchs...

„Aber natürlich nicht nur. Er müsste selbst auch was sagen...“
„Und woran würde er das jeweils merken?“
„Das würde sich bestimmt ergeben...“
„Ja, wahrscheinlich...“
Ihr wurde es immer wärmer. Sie errötete ein wenig. Sie fühlte sich so wohl...
„Er würde mich immer verstehen...“
„Ja, das würde er...“
„Und mich mutig gegen alle Angriffe verteidigen?“
„Gegen welche zum Beispiel?“
„Gegen Drachen, Räuber, böse Ritter...“
„Ja, das würde er alles tun.“
„Er würde mich nie enttäuschen.“
„Und was ... was würde dich enttäuschen?“
Sie dachte an das Erlebnis mit dem Russen. Wie sollte man das ausdrücken?
Auf einmal war ihr deutlich, dass *er* dies nie tun würde. Alles, was er gerade beschrieben hatte, war das Gegenteil von dem, was an jenem Morgen geschehen war.
„Manche Leute brauchen davor gar nicht so viel Angst zu haben...“

Er sah sie verwundert an. Dann begriff er langsam, dass das *ihre* zarte Art war, vorsichtige Liebeserklärungen zu verteilen...
Er lächelte in genauso zarter Weise ... die sie von neuem leicht erröten ließ.

„Und was beschäftigt dich?", fragte er schließlich. „Ich will dich doch wirklich auch kennenlernen, Marja. Und ich wünschte mir so sehr, dass du spüren kannst, wie sehr du von dir erzählen kannst, ohne Angst haben zu müssen ... etwas von dir preiszugeben oder was weiß ich, was man eben nur tut, wenn man vertraut. Aber andererseits lernt man nur zu vertrauen, wenn man etwas preisgibt, erzählt, miteinander teilt. Das tun wir eigentlich schon die ganze Zeit. Aber trotzdem weiß ich noch überhaupt nicht, was du so machst, was du sonst so denkst, was dich beschäftigt... Was beschäftigt dich, Marja?"
„Gerade beschäftigen mich meine Eltern sehr, besonders meine Mutter. Sie streiten seit Jahren, besonders meine Mutter, immer beim Essen, Abendessen, und doch müssen wir immer zusammen essen – dazu noch meine vierjährige Schwester Tamara, die ich sehr liebe, und mein Bruder. Sie streiten, und wir leiden. Fast jeden Abend. Mindestens dreimal in der Woche. Beide haben längst neue Freunde – oder Freundin –, aber trennen sich nicht. Entweder weil sie nicht voneinander loskommen, oder weil sie denken, sie müssten wegen uns zusammenbleiben oder wegen beidem, ich weiß es nicht..."
„Hast du sie nie gefragt?"
„Nicht wirklich. Ja, ich weiß, das ist dumm. Aber ich bin erst *jetzt* so weit, daran wirklich zu denken. Es hat in gewisser Weise auch mit dir zu tun."
„Mit mir? Wieso?"
„Weil ich gestern eben zum ersten Mal in dem Café saß – und das war gerade zu der Zeit, wo wir sonst Abend essen. Ich wollte unbedingt noch raus – und das mit dem Café und

dass man das vielleicht einmal genießen kann, hat mir Lucie beigebracht – meine Freundin –, oder besser gesagt, beibringen wollen. Und gestern wollte ich es endlich einmal versuchen. Und dann habe ich zu Hause gelogen, dass ich zu Lucie müsste, wegen eines Referats, und dann sollte ich noch Mehl mitbringen, deswegen hat meine Mutter dort angerufen, aber da war ich dann nicht, und so hat sie alles rausgekriegt, und deswegen gab es ein Riesentheater, und dann habe ich losgeheult, und dann hat meine Mutter mir hinterhergeschrien, und dann ist mir auf einmal klargeworden, wirklich klar, wie sehr wir alle mit schuld sind, besonders ich, weil ich nie was gesagt habe, nicht wirklich. Meine kleine Schwester ist natürlich die einzig unschuldige..."

„Wow... Und wie lange geht das schon so?"
„Fast vier Jahre. Seit Tamara auf der Welt ist."
„Ich verstehe dich schon..."
„Wirklich? Womit?"
„Dass du bisher nichts sagen konntest."
„Ja? Und warum nicht?"
„Ich denke, man begreift nicht, wieso das alles geschieht..."
„Ja ... ja, genauso war es!"
„Als deine Schwester geboren wurde, warst du auch erst zwölf. Du bist erst *jetzt* sechzehn..."
„Ja..."
Es tat ihr so wohl, endlich von jemandem verstanden zu werden...
„Ich glaube", sagte sie, „die Erwachsenen haben keine Ahnung, wie das mit uns ist. Sie streiten sich – und ich hatte jedes Mal einen Kloß in der Brust. So einen ganz großen. Einen fassungslos großen... Und irgendwann wurde das weniger ... aber dann hatte man immer noch keine Worte, konnte einfach nichts sagen. Konnte nur zuhören... Und seine kleine Schwester trösten, die hinterher weinend zu einem kam. Oder manchmal schon am Tisch weinte, was heißt manchmal..."

„Meine Güte..."
„Ja."
„Und jetzt?"
„Jetzt will ich beim nächsten Mal was sagen."
„Und was?"
„Ich weiß noch nicht, was. Dass es so nicht weitergehen kann. Und ich habe Tamara gesagt, sie soll auch was sagen."
„Mit vier?"
„Ja, sie kann das schon. Wir werden zusammenhalten."
„Und was ... sagen die neuen Partner deiner Eltern, dass sie noch immer zusammen sind?"
„Das weiß ich nicht. Die kenne ich überhaupt nicht. Ich denke, das ist so etwas, was man ‚Liebschaften' nennt. Vielleicht haben *die* ja auch wieder Partner, ich meine Ehepartner."
„Was für eine kranke Welt..."
„Ja."

„Und was beschäftigt dich ganz persönlich? Ich meine, ohne dieses Schlimme? Etwas Positives? Was macht dir Freude?"
„Oh... Ich weiß nicht... Ich spiele gern Klavier. Ich ... ich gehe glaube ich ganz gern ins Café...", sie errötete, sie war sich dessen noch gar nicht so *ganz* sicher. „Und sonst hat mich in letzter Zeit vor allem die Klimakatastrophe beschäftigt, aber das ist ja nichts Positives..."
„Die Klimakatastrophe? Hast du bei den Demos mitgemacht?"
„Ja. Aber auch mit gemischten Gefühlen. Ich mache mir immer mehr Gedanken als andere. Da auch. Ich kann nicht einfach so mitlaufen. Da sind dann diese Lautsprecherwagen, da kommt dann diese Musik – als ob eine Demo immer gute Stimmung verbreiten müsste, aber offenbar ist das so. Dann gibt es diese Ansprachen. Und die ganze Zeit läuft man hinterher oder hört sich das an. Man soll sich als eine große Gemeinschaft fühlen, aber mir fällt das schwer, weil die anderen

mich schließlich auch in allem anderen schon nicht mehr verstehen würden, wenn es darauf ankäme."
„Zum Beispiel bei was?"
„Zum Beispiel ... zum Beispiel darin, dass man jemanden mögen kann, der in einem einen Engel sieht..." Sie errötete wieder. „Das versteht sogar meine eigene Freundin nicht."

Er lächelte voller Liebe in seinen Augen. Einen Moment lang dachte sie daran, dass auch er so fast wie ein Engel aussah...
„Aber", sagte er, „bei einer Demo kommen natürlich Menschen zusammen, die außerhalb des einen Themas alles Mögliche denken und auch grundverschieden sind. Nur das eine Thema vereint sie erstmal."
„Ja, aber das ist doch traurig. Ist das dann nicht ein bloßer Schein-Zusammenhang? Wie kann man gemeinsam etwas fordern, wenn man sich schon untereinander gar nicht wirklich ernst nimmt?"
„Basiert darauf nicht auch immer die Hoffnung, dass diese Demos sowieso schnell wieder aufhören?"
„Der Politiker, meinst du?"
„Ja."
„Jedenfalls *hören* sie deswegen sicher mehr oder weniger bald wieder auf – aber nicht nur, weil die Leute sich untereinander gar nicht kennen und nicht verstehen würden, sondern auch, weil sie schon das Thema selbst zu wenig ernst nehmen."
„Die Klimakatastrophe?"
„Ja – man findet es ‚schlimm', aber man hat gar keine wirkliche Ahnung, und *so* schlimm findet man es auch wieder nicht, wenn es hart auf hart kommt. Es ist nicht so, dass die meisten freitags einfach nur Schule schwänzen wollen. Aber es geht ein wenig in die *Richtung*, was ich meine. Es ist für die meisten keine wirkliche Lebensangelegenheit."

„Hingabe", erwiderte er.

„Was?“
„Hingabe. Auch da fehlt wieder die Hingabe.“
Bestürzt verstand sie, was er meinte.
„Ja...“, sagte sie langsam und erstaunt. „Du hast Recht! Was ich ‚Ernst' nenne, nennst du ‚Hingabe' – oder wo das eine ist, ist auch immer das andere. Und sie haben vielleicht sogar Hingabe – wenn ich die hingebungsvoll gemalten Schilder sehe, sieht man, dass da irgendwo Hingabe ist. Oder eben Ernst. Aber das ist so wechselhaft... Und dann ist die Hingabe auf einmal wieder beim Handy ... oder bei der nächsten Party ... und das Klima ist nur *eines* von vielen Dingen. Verstehst du?“
„Ja, ich verstehe. Denn die wirkliche Hingabe konzentriert sich ja gerade. Sie verzettelt sich nicht. Deswegen ist sie so ernst. Und dem Ernst geht es genauso. Deswegen ist er so voller Hingabe.“
„Ja!“, sagte sie beglückt von dieser neuen Erkenntnis. Dann wiederholte sie langsam: „Die Hingabe konzentriert sich...“

„Ich muss gestehen“, sagte er, „ich habe von der ganzen Klimafrage leider auch noch viel zu wenig Ahnung. Ich *weiß*, dass das wichtig ist, aber ich habe mich damit noch immer nicht wirklich beschäftigt. Das ist ziemlich beschämend...“
„Das habe ich aber auch erst neulich. Und das hat *wieder* mit dir zu tun – denn nachdem ich so viele Tage so unglaublich angestrengt recherchiert hatte, kam der Punkt, wo ich so müde war, dass das, was mir Lucie beibringen wollte, wie ein ... eine Art Licht am Horizont erschien. Oder einfach nur ein Ausgleich. Endlich einmal das Gegenteil tun. Das, was sie ‚Leben' nennt, oder ‚das Leben spüren'. Ich wollte ... es auch ihr zuliebe endlich einmal versuchen. Und auch mir zuliebe. Seltsam nicht? Jedenfalls ... und ausgerechnet dann kamst du, gleich, nur ein, zwei Minuten, nachdem *ich* mich dort hingesetzt hatte. Ist das nicht merkwürdig? Doch, ist es...“

„Ja, ist es. Für mich bleibt es ein Wunder, Marja. Aber ich will dich damit nicht belasten. Du nennst es ‚merkwürdig'. Ja, es ist merkwürdig. Für mich war es die glücklichste Merkwürdigkeit, die nur möglich ist. Der ganze Lauf der Welt hat sich dadurch geändert."
„Wie meinst du das?"
„Ist das nicht immer so? Das sich durch eine Begegnung die ganze Welt ändert? Unsere persönliche Welt ganz sicher. Aber das hat doch immer Auswirkungen..."
„Ach so, ja."
„Dennoch möchte *ich* lieber bei dem Begriff Wunder bleiben. Alles andere ist zu schwach..."
Sie lächelte.
„Wegen der Göttin?"
„Nein", verbesserte er. „Wegen des Engels..."

Dann fragte er:
„Und was war nun das Wichtigste dieser ganzen anstrengenden Tage? Was *hast* du herausgefunden?"
„Also, das begann mit so einem Video, was Lucie gefunden hatte. Irgend so ein ‚Anthroposoph' – kennst du das? Nein? Das hat mit Rudolf Steiner zu tun, der hat die Waldorfschulen gegründet, ich gehe übrigens auch auf eine –, also so ein älterer Mann hat so Videos gemacht, wo er erklärte, dass das alles Manipulation sei. In Wirklichkeit würde man völlig übersehen oder leugnen, dass alles ‚Mutter Erde' und die Sonne mache, und dass sich das Klima schon immer geändert habe und auch weiter ändern werde – und dass es sogar gut sei, wenn es wärmer würde, weil wir im Moment in einer Eiszeit leben – das ist wirklich so, das bedeutet nur, dass die Pole Eis haben, was nicht immer so war, sogar ein Großteil der Zeit nicht –, und weil die nächste Kaltzeit sowieso irgendwann kommt, sei es besser, wenn es stattdessen wärmer wird, auch weil es angeblich ein ‚Klimaoptimum' gab, zur Römerzeit und nochmal im Mittelalter. Und deswegen sei die

ganze menschengemachte Klimaerwärmung Manipulation oder sogar noch gar nicht bewiesen. Und wenn, dann restlos übertrieben. So ungefähr...“
Sie hielt inne – und merkte dann erst, dass das nur die Vorgeschichte war. Also fuhr sie fort:
„Und da waren wir natürlich entsetzt. Denn er warf Greta – also Greta Thunberg – und auch allen anderen Schülern und dann noch allen Erwachsenen vor, dass sie manipuliert werden würden, weil sie Thesen für Tatsachen halten und Unbewiesenes für Bewiesenes und so weiter. Übertreibungen für die wirkliche Zukunft und so. Und wir haben beide gedacht: Das kann nicht sein. Aber er hat es so dargestellt, und es war auch ... also es hat einen auch wirklich durcheinandergebracht, weil er so viele Grafiken gezeigt hat, die alle von Wissenschaftlern waren, und dann noch andere Fakten, die man erstmal so hinnehmen musste. Und zuerst entstand wirklich so ein Bild von: Das ist also alles übertrieben, und die Erde hat ihr Klima immer verändert, und zwar viel stärker, als jetzt befürchtet wird, mit so einer Alarmstimmung. Und die Schüler gehen also auf die Straße, blind, an der Nase herumgeführt, völlig in die Irre geleitet. So ein Bild entstand. Und irgendwie war man wirklich irritiert, verunsichert, weil das alles zu stimmen schien, irgendwie...“

Er hörte aufmerksam, voller Hingabe zu – und dies tat so gut. Noch nie hatte sie dies so erlebt... Ein stilles Glücksgefühl begleitete sie, als sie weiter sprach.
„Und dann habe ich angefangen, zu recherchieren. Oh Mann, war das anstrengend! Ich fasse es heute noch nicht, dass ich das hingekriegt hab. Fast die ganze letzte Ferienwoche, immer bis spätabends, die ganzen Tage, und dann auch noch die ersten beiden Schultage... Ich weiß nicht, wie viele Stunden insgesamt. Ich kam mir schließlich selbst vor wie ein richtiger Forscher. Ich hab meine Englischkenntnisse verdoppelt

und hab wirklich nichts anderes getan außer das – und Essen und Schlafen.
Und – was habe ich dann alles herausgefunden? Ich habe die großen Bewegungen des Klimas in der langen, langen Zeit der Erde verstanden, wofür ich dem Mann sozusagen sogar dankbar bin – für alles andere auch, was ich jetzt weiß. Dieses ‚Klimaoptimum' ist bei weitem nicht so eindeutig, wie es manchmal, zum Beispiel von dem Mann, dargestellt wird. Es geht um ein paar Zehntelgrad oder meinetwegen auch ein Grad. Aber die Gefahr jetzt ist ein Anstieg von zwei, drei, vier Grad – und das allein innerhalb eines einzigen Jahrhunderts! Auch wird behauptet, Grönland sei im Mittelalter eine ‚grüne Insel' gewesen und von den Wikingern fröhlich besiedelt worden – in Wirklichkeit ist schon der Name reine Übertreibung, sollte weitere Siedler anlocken, und die Siedlungen kamen über ein paar armselige Stellen ganz an der Küste nie hinaus. Die jetzige Erwärmung hat Römerzeit und Mittelalter längst überschritten und ist im Gegensatz zu diesen global, nicht nur an einigen Stellen der Erde. Und was die von dem Mann behauptete Rolle der Sonne angeht, so ist diese für das bisherige Klima oft sehr wichtig gewesen, aber seit den 70er Jahren findet eine Erwärmung statt, die der Sonnenaktivität völlig entgegenläuft, und auch andere Faktoren wie Aerosole in der Atmosphäre bremsen sie eher noch. Das Kohlendioxid ist also eine riesige Gefahr – und es ist der nachgewiesene Faktor, was der Mann ebenfalls bestreitet. Ja, so ist das – die Dinge sind längst ganz klar, von ganz vielen Wissenschaftlern sorgfältig erforscht. Aber dieser Mann, der behauptet, wir würden manipuliert, ist *selbst* manipuliert, weil er nicht einsehen kann, was er nicht einsehen will. Und das alles habe ich herausgefunden, und darüber bin ich sehr, sehr froh..."

Sie sah ihn erwartungsvoll und dankbar an – und er erwiderte ihren Blick mit dieser lieben Ruhe ... und sagte:

„Weißt du, dass dein Gesicht richtig leuchtet, wenn du so erzählst, Marja...? Du wirst nur *noch* schöner..."
Wieder spürte sie eine leise Röte aufsteigen.
„Aber darum ging es jetzt doch gar nicht!", sagte sie, auch ein winziges bisschen enttäuscht.
„Doch, Marja – darum geht es auch. Bitte glaube nicht, dass ich dir nicht zugehört hätte. Ich habe dir unglaublich gut zugehört. Und ich bewundere, was du alles herausgefunden hast. Du hast es nicht nur herausgefunden, du kannst es auch unglaublich gut erklären. Ich habe glaube ich in zwei Minuten jetzt mehr gelernt, als ich selbst in zwei Tagen hätte herausfinden können. So klingt es zumindest. Und du sagst ja selbst, wie lange *du* daran gesessen hast. Das alles bewundere ich ganz ebenso. Aber am meisten bewundere ich die Schönheit daran – und die zeigst sich nun einmal auf deinem Gesicht. Denn weißt du warum? Weil du mit *Hingabe* erzählt hast... Warum sonst sollte ein Gesicht wohl so wunderschön leuchten... Und das ist mir einfach mehr wert als die bloßen Fakten – obwohl diese natürlich auch sehr, sehr wichtig sind und ich sie keineswegs überhört habe. Aber sie sind dennoch nicht so wichtig wie du, Marja..."

Berührt konnte sie dies anhören, aber nicht hinnehmen.
„Ich bin ja wohl kaum so wichtig wie die Klimakatastrophe, Richard."
„Nein, vielleicht nicht. Aber vielleicht doch. Denn die Frage ist doch: Woher kommt die Klimakatastrophe. Und wer kann uns daraus retten?"
„Du meinst, *was* kann uns retten?"
„Ja – was und wer. Ich meine nicht, dass du persönlich uns retten könntest, ich meine es prinzipiell. Aber was kann uns wohl retten, Marja? Vernunft? Wir haben genügend Vernunft auf dem Erdball, um uns tausendmal zu retten – passiert dadurch etwas? Nein. Oder besser gesagt Verstand. Vernunft haben wir gerade nicht. Was kann dann wohl retten?"

„Einsicht?“
„Ja, aber wir haben auch längst genügend Einsicht, oder nicht?“
„Ich meinte, dass man etwas wirklich einsieht. Also, dass man ... etwas ändern *will.* Dass man es sich unendlich wünscht. Dass man eine Sehnsucht danach hat.“
„Und wenn du ein einziges Wort wählen müsstest, welches wäre das? Was bräuchten wir?“
Sie überlegte. Dann kam sie zu dem gleichen Schluss.
„Sehnsucht...“
„Richtig. Und wo sitzt die Sehnsucht?“
„Wie ‚wo sitzt sie’?“
„Was ist der Ort, wo sie herkommt. Sitzt sie in den Füßen?“
Sie musste fast lachen.
„Nein! Wie meinst du das?“
„Ist sie einfach so da, diese Sehnsucht? Wo kommt sie her? Sitzt sie im Gehirn?“
Jetzt verstand sie allmählich, worauf er hinauswollte.
„Nein“, sagte sie. Dann zögernd: „Im Herzen...?“
„Wenn jetzt eine Million Menschen behaupten würden, sie säße im Gehirn? Was würdest du dann mit deiner zögernden Antwort tun?“
Irritiert sah sie ihn an. Dann sagte sie noch einmal fest:
„Die Sehnsucht sitzt im Herzen. Sie kommt aus dem Herzen!“

„Genau, Marja! Sie kommt aus dem Herzen. Und wenn jetzt so wenig Leute so wenig Sehnsucht nach der Rettung des Klimas haben – was folgern wir daraus?“
Sie sah ihn noch immer verwundert an. Dann versuchte sie, seine Frage zu beantworten.
„Dass ... die Menschen nicht genügend Verbindung mit ihrem Herzen haben?“
„Marja, du bist wirklich ein Engel...“
„War ich wieder zu unsicher?“

„Nein – sondern es wären ja auch ganz andere Antworten denkbar. Zum Beispiel, dass die meisten Menschen zu wenig Herz haben oder sie im Herzen irgendwie ausgelöscht haben oder was auch immer. Aber du sagst einfach: Sie haben nicht genügend *Verbindung* mit ihrem Herzen."
„Ja..."
„Das heißt, für dich ist das Herz ein Heiligtum, was irgendwie gar nicht zerstört werden *kann*. Man kann eigentlich nur die Verbindung verlieren, nicht aber das Herz selbst."
„Ist das nicht so?"
„Marja – wer weiß schon, wie es ist! Entscheidend ist, dass du es *so* siehst – während tausend andere Leute es anders sehen würden, oder schon die Frage überhaupt nicht ernst nehmen würden."
„Und was willst du damit nun sagen?"

„Dass die Rettung offenbar nicht dadurch zustande kommt, dass wir hundert weitere Konferenzen mit eben diesen tausend Leuten haben werden, sondern dass sich die *Herzen* ändern werden – oder, wie du sagst, dass man die *Verbindung* zum Herzen wieder finden wird."
„Ja. So muss es sein."
„Wer also kann allein das Klima retten, Marja? Du. Ich meine es ganz ernst. Nicht du persönlich – aber die Tatsache, alles wieder so anschauen zu können wie du. Das allein ist die Rettung. Und du bist der Engel, der es zeigt – die ganze Zeit, auch wenn keiner hinschaut..."
Betroffen musste sie dies innerlich sanft abweisen...
„Aber Greta doch auch. Sie sagt es doch auch!"
„Ich weiß nicht. Ja, sie spricht furchtbar ernste Wahrheiten aus. Sie ist wie so ein ernster Prediger. Sie konfrontiert die Leute mit ihren eigenen Heucheleien und Versäumnissen. Aber sie sagt: ‚Ich will, dass ihr Angst habt und in Panik geratet – wie ich.' Sie will, dass die Leute aufwachen. Dass sie bemerken, dass sie real *spüren*, wie ernst die Lage ist.

Aber *deine* Predigt ist anders, Marja. Du predigst die Liebe! Du predigst das Herz. Das ist ein großer Unterschied..."
„Ich predige doch gar nicht! Ich *sage* nicht einmal etwas..."
„Das meine ich auch gar nicht. Ich meine es grundsätzlich. Ich meine das, was du *bist*. Das, was du ausstrahlst. Das, was ich mit ‚Mädchen' meine. Ja, Greta ist auch ein Mädchen. Und was für eins! Auch sie ist mehr Mädchen als so viele andere. Und dennoch *konfrontiert* sie die Welt mit ihren Versäumnissen. Das ist nicht weiblich, das ist männlich. Greta ist Mädchen auf durchaus männliche Weise. Sie hat Mut und sie steht da, unerschütterlich. Konfrontiert immer wieder aufs Neue. Wie der Hofnarr im Mittelalter – aber im Gegensatz zu ihm vollkommen ernst.
Greta ist nicht *nur* Mädchen, verstehst du, was ich meine, Marja? Sie kämpft mit männlichen Waffen, obwohl sie das Herz an der rechten Stelle hat. Aber ich frage mich, ob das reichen wird – und ich bezweifle es. Sie wird die Welt eine Weile vor sich hertreiben, in neue Konferenzen, die durchaus möglicherweise ernstere Beschlüsse fassen. Aber das Ganze ist ein Ausweichen. Man macht Zugeständnisse – aber mehr auch nicht. Man ändert sein *Inneres* nicht, Marja. Die Konfrontation führt zu der Einsicht – vielleicht! –, dass einiges geändert werden muss, aber diese Einsicht wird höchst unvollständig bleiben. Und die größte Unvollständigkeit wird sein, dass sie nicht das *Herz* erreicht. Weil Greta es nur halb anspricht, höchstens indirekt. Indirekt über die Angst. Denkst du, dass Angst ein guter Ratgeber ist? Viel besser wäre es doch, die Erde *lieben* zu lernen – und *deshalb* zu handeln! Das aber ist nicht Gretas Botschaft. Das wäre *deine* Botschaft..."

Sie schwieg tief beeindruckt. Dann sagte sie:
„Aber ich bin nur ein schwaches Mädchen... Ich bin nicht mal so stark wie Greta. Und sie ist genauso alt wie ich..."
Richard lächelte.

„Auf die Stärke kommt es gar nicht an. Das ist auch wieder nur so ein männlicher Gedanke – oder ein Gedanke, der in einer männlich geprägten Welt Gewicht gewinnen konnte. Natürlich zählt in einer solchen Welt nur Stärke. Aber glaubst du, dass diese Stärke je etwas *ändern* könnte? Wieviel ist eine Änderung wohl wert, wenn sie allein auf *Stärke* beruht?"
„Ja – nichts..."
„Also."
„Trotzdem kann ich doch nichts *ändern*."
„Nein – und exakt darum geht es auch gar nicht. Denn es geht ja genau darum, dass sich die *anderen* Menschen ändern. Du brauchst nicht nur ‚nichts' ändern, du brauchst nicht einmal dich selbst zu ändern. Die anderen Menschen müssten sich ändern – und etwas in sich ... ja, wie soll ich sagen ... ‚aufwecken', was du schon hast, die ganze Zeit. Du tust schon genug für die Änderung, weil du fortwährend *sichtbar* machst, wie die Änderung aussehen müsste. Denn du bist es selbst... Du musst nicht für die Änderung sorgen, du *bist* sie schon, Marja. Die anderen müssen für die Änderung sorgen. Denn sie müssen so werden wie du..."

„Und wie ändert man sich...?", fragte sie, um zart von dem Bezug auf sie abzulenken.
Er sah sie einen langen Moment lang lächelnd an.
„Das weiß ich nicht. Aber soll ich dir einmal was sagen? Sich wieder in *Mädchen* zu verlieben, generell meine ich, würde schon einmal helfen..."
Sie lächelte.
„So schließt sich der Kreis..."
„Ja, Marja. So schließt sich der Kreis."
„Du willst also, dass sich die Menschheit – die Männer natürlich, aber das sind ja die schlimmsten – in Mädchen verliebt?"
„Ich sage nur, wenn das wirklich stattfinden würde, und zwar aufrichtig, dann *wäre* die Welt bereits gerettet."

Sie sann beeindruckt über diesen Gedanken nach.
„Und wenn es nicht aufrichtig wäre?“
„Ja, dann passiert genau das, was heute auch passiert: Männer verlieben sich in Mädchen und wollen aber eigentlich nur das Eine.“
Sie errötete innerlich leicht.
„Aber du hast ja gesagt, die Menschen können sich gar nicht mehr richtig verlieben. Also ist dieser Weg gar nicht möglich. Es muss etwas anderes geben, als sich in Mädchen zu verlieben.“
„Ja“, seufzte er. „Das Problem ist, dass man erst dann ein Mädchen wieder richtig lieben könnte, wenn man sich schon verliebt *hätte*. Aber schon das Sich-Verlieben geschieht eben falsch, bleibt nämlich bloße Begierde. Der Mann verliebt sich, aber er ändert sich nicht. Er verliebt sich gar nicht wirklich – er begehrt nur. Das ist keine Liebe. Der heutige Mann, der es auf ein Mädchen abgesehen hat, hat zu einem Vergewaltiger oft weniger Unterschied, als er denkt. Er vergewaltigt das Mädchen zwar nicht, aber er begehrt es genau wie dieser. Was *innerlich* stattfindet, ist fast das gleiche, auch wenn die Gewalt ausbleibt.“

Sie schwieg...
„Es ändert sich also nichts. Der Mann nimmt sich von dem Mädchen, was er haben will, aber er ändert sich nicht. Er nimmt nichts von dem auf, was das Mädchen ist und ihm beibringen könnte. Und erst wenn dies geschähe, könnte er es auch *richtig* lieben, nämlich zärtlich, sanft – denn das ist ja eigentlich Mädchen-Eigenschaft.“
„Und was heißt das jetzt?“
„Dass sich Männer nie richtig in Mädchen verlieben können, denn dazu müssten sie sich schon verliebt *haben* und etwas von den Mädchen gelernt haben. Sie werden also *nie* etwas von den Mädchen lernen, weil sie sich immer falsch verlie-

ben, nämlich gar nicht. Sie werden immer nur die Eroberer bleiben, die von den Mädchen gar nichts lernen *wollen.*“
„Und du?“
„Was ich?“
„Warum bist du nicht so?“
„Weil ich die Mädchen anders liebe.“
„Und warum? Wie kannst du das?“
Er dachte eine kleine Weile nach.

„Weil ich diesen männlichen Weg so nicht mitgemacht habe. Natürlich bin ich ein Mann. Aber nicht so wie andere Männer – so wie du nicht wie andere Mädchen oder Frauen bist. Aber du bist nicht männlicher, du bist *weiblicher*. Ich bin in gewisser Weise auch weiblicher. Ich habe dieses betont Männliche immer verabscheut – weil ich spürte, dass es eigentlich immer nur auf Gefühllosigkeit hinausläuft. Auf Abtötung. Und ich hatte, wie ich dir erzählt habe, immer eine tiefe Liebe zu Mädchen. Und diese Liebe hat mich davor bewahrt. Ich habe ... ich habe gewusst, dass ich den Mädchen nur *würdig* bin, wenn ich das in mir bewahre. Diese ... diese Verehrung ihres Wesens... Um also auf deine Frage zurückzukommen: Ich hatte die Liebe zu den Mädchen von Anfang an in mir. Ich musste sie nicht lernen – ich durfte sie nur nicht *verlernen*...“

„Und warum ist keiner so wie du?“
„Das weiß ich doch auch nicht Marja. Warum ist denn keiner so wie *du*? Siehst du? Wir wissen es beide nicht... Und doch weiß ich etwas. Denn dieses ganze Männliche, es fängt doch schon ganz früh an. Die Jungs wollen ‚cool‘ sein. Das wollte ich sicher auch. Aber ich wollte darüber, soweit ich mich erinnern kann, nicht meine Aufrichtigkeit verlieren. Ich habe offenbar irgendwie gespürt, was die eigentlichen Werte sind – und habe meine Liebe dazu bewahrt. Ich wollte nicht cool *auf Kosten* dieser anderen, wahren Werte sein oder werden.

Die anderen bemerken diese entscheidende Frage gar nicht – oder geben diese anderen Werte leichthin auf, um *wirklich* ‚cool' werden zu können.
Und jetzt kommen die Mädchen ins Spiel, Marja. Wie gesagt, ich habe immer empfunden, dass man den Mädchen in Wahrheit nur *würdig* ist, wenn man diese Männlichkeitsgeschichte nicht mitmacht. Es kann sein, dass einige Mädchen darauf stehen, aber das waren nie die Mädchen, die für mich *Mädchen* waren. Diese echten Mädchen, das waren für mich die Engel, schon immer. Es waren diese sanften, anmutigen Wesen, die buchstäblich und wortwörtlich mädchenhaft waren – und den Mut oder das Wesen hatten, es auch zu bleiben. Die anderen Mädchen haben den Weg der Coolness mitgemacht, wie die Jungen. Und dann haben die sich auch zusammengefunden – die coolen Mädchen und die coolen Jungen. Sollten sie doch, mir war das egal. Ich habe immer nur die *echten* Mädchen gesucht, verehrt, geliebt: die sanften, die mit einem wunderschönen Herzen. Die, von denen ein Junge, wie ich jetzt weiß, unendlich viel lernen konnte, auch wenn er es nicht tat...
Und was ich sagen will, ist, dass ich glaube, dass *jeder* Junge, wenn er diesen falschen Weg der Coolness nicht mitmachen würde, in der Lage wäre, ein Mädchen so zu verehren, wie ich das immer getan habe, bei allen Mädchen, in die ich je verliebt gewesen war. Und *nur dann* kann man von einem Mädchen lernen – wie soll es denn sonst gehen? Ich habe dir das mit der wahren Liebe erklärt. Jede andere Liebe ist zu *oberflächlich*, um voneinander zu lernen. Denn ich glaube sehr wohl, dass auch das Mädchen von dem Jungen etwas lernen kann, aber davon spreche ich jetzt nicht, davon könntest *du* sprechen, wenn du dir darüber Gedanken machst. Ich spreche von dem Mädchen. Jeder Junge könnte ein Mädchen verehren. Und dann würde er nicht dieser coole Typ werden, dieser oberflächliche, gefühlsarme Mann, der er wird, wenn er *kein* Mädchen verehrt und das nie kennengelernt hat. Mit

anderen Worten: Später ist es zu spät. Denn dann ist der Weg verschüttet. Dieser Weg, den deine Freundin so abfällig mit ‚Göttin' bezeichnet hat."

Sie war unglaublich tief beeindruckt. Sie verstand diesen jungen Mann immer tiefer – und bewunderte längst seinen Ernst.
„Du kannst die Dinge auch so wunderschön klar ausdrücken", sagte sie leise.
„Danke, dass du das sagst...", erwiderte er auch er sanft und voller Dankbarkeit.

Sie blickte sich einmal um. Wieder saßen weit verteilt einzelne Menschen oder Pärchen auf der Wiese. Der Nachmittag war wunderschön warm. Und sie spürte eine wachsende Liebe zu diesem Mann in sich. Auch eine sehr konkrete Sehnsucht. Sie nahm allen Mut zusammen, spürte ihr Herz klopfen und fragte:
„Darf ich ... darf ich mich einmal in deinen Schoß legen...?"
Sie spürte seinen erschütterten Blick – er wusste nicht einmal, was er sagen sollte, aber er setzte sich so, dass sie es tun konnte... Sie spürte auch *seine* ganze Liebe...
Sie legte mit diesem Herzklopfen ihren Kopf auf seinen weichen Oberschenkel. Und kurz darauf spürte sie seine warme Hand durch ihr Haar streichen – und es war wunderschön, und es brauchte keine Erklärung, und ihr Herz schlug noch immer, nun aber anders, voller Glück und zarter Aufregung...

„Es ist doch noch nicht sechs Uhr...?", fragte sie sanft.
„Nein, erst halb sechs."
„Es ist so wunderschön... Deine Hand..."
„Und du, Marja... Dein Haar..."
Und dann wagte sie den entscheidenden Satz:
„Ich glaube, ich war noch nie so glücklich, Richard..."
„O, Marja..."
„Können wir noch bis kurz vor sechs so liegen...?"

„Alles, was du willst...“

*

Als sie rechtzeitig zum Abendessen kam, spürte sie, wie sehr sie bereits in einer inneren Anspannung auf den Ausbruch irgendeines Streites wartete – und all die Monate täglich gewartet hatte, den Moment fürchtend wie ein Unheil, das kommen *musste*. Und sie erkannte, dass es sinnlos war, wirklich auch jetzt wiederum auf den Ausbruch des nächsten Streits zu warten – genauso gut oder sogar besser konnte sie sofort etwas sagen.

Als alle begonnen hatten, zu essen, sagte sie zögernd:
„Ich ... würde mir wünschen, dass es keinen Streit mehr beim Essen gibt...“
Beide Eltern sahen sie etwas perplex an.
Dann sagte ihre Mutter:
„Ja – ich würde mir auch so manches wünschen.“
Dunkel spürte sie das Glatteis, das bereits in dieser ersten Antwort lag.
„Was denn alles...?“, fragte sie voller Aufrichtigkeit und gutem Willen.
„Was denn alles?“, fragte ihr Mutter, als wäre schon die Frage irgendein Sakrileg. „Dass ihr – du, Marco und Manfred – nicht immer nur Dinge tut, wenn man euch bittet oder bettelt, sondern auch mal von euch aus die Augen aufmacht, was alles zu tun ist. Ich bin schließlich nicht die Haussklavin, oder? Oder etwa doch? Dass Dinge abgesprochen werden, bevor man einseitig irgendetwas unternimmt – aber mir sagt ja keiner was. Ich werde ja inzwischen sogar angelogen –“
„Das tut mir leid!“, verteidigte sie sich. „Ich hatte es nur nicht mehr ausgehalten!“
„Was nicht mehr ausgehalten? Bedank dich mal auch bei deinem Vater! Er hat –“

„Ihr sollt beide aufhören!“, sagte sie heftig. Dann noch einmal ruhiger: „Ihr sollt beide aufhören! Es ist doch –“
„Unterbrich mich nicht ständig!“, schnitt ihre Mutter ihr wieder das Wort ab. „Wenn dein Vater die Dinge, die er tut, mit mir absprechen würde, wäre einiges leichter. Wenn ihr euch nicht immer betteln lassen würdet, auch. Wenn ihr mal etwas von *euch* aus machen würdet. Und alles so was!“
„Was sprecht ihr denn nicht ab?“
„*Dein Vater!*“
Sie wandte sich ihm zu.
„Was hast du denn –“
„Ach, es ist doch immer etwas anderes, Marja! Man kann es ihr doch sowieso nie Recht machen. Jetzt –“
„Ach! Jetzt bin ich es also wieder, ja? Das war ja klar! Wenn *du* etwas nicht absprichst, war ich es, nicht wahr?“
„Ich habe nur gesagt, es ist immer etwas anderes, was man auch macht. Du suchst –“

„Stop!“, rief sie und hielt sich fast instinktiv die Ohren zu.
Sie spürte auch wieder, wie sich der Kloß in der Brust gebildet hatte – und ihr wurde klar, dass das wieder und wieder geschehen war und sie auch dies nicht mehr aushielt.
„Nie ändert sich was! Ihr macht einfach weiter! Ihr *könnt* gar nicht mehr miteinander reden – aber ich halte das nicht mehr aus! Ich kann so nicht mehr leben! Ich werde nicht mehr mit euch essen, wenn ihr damit nicht aufhört. Aber ihr könnt es gar nicht mehr! Also lasst euch doch scheiden. Warum tut ihr das denn nicht? Warum quält ihr euch denn selbst, was soll das alles denn noch? Ihr quält auch uns! Mich, Marco und erst recht Tamara! Mir geht es unglaublich schlecht – seit Jahren! Ich will gar nicht wissen, wie es ihr geht – hört ihr nicht, wie oft sie geweint hat? Am Tisch? Nachher zu mir gekommen ist – und ich sie trösten musste? Ich *halte* das nicht mehr *aus*!“

Während der letzten Worte waren ihr wieder die Tränen in die Augen gestiegen – und auch jetzt lief sie wieder schluchzend und hilflos in ihr Zimmer...
Diesmal hörte sie ihre Mutter nicht hinterher rufen, aber kurze Zeit später brach der Streit von neuem los, und nun warf wieder jeder dem anderen die Schuld vor – und Tamara kam wieder weinend zu ihr gerannt und warf sich zu ihr ins Bett...
Und während Tamara laut weinte, weinte sie leise, rollten ihre Tränen in Tamaras Haare...

Am nächsten Vormittag war sie wieder mit Lucie auf der Freitags-Demonstration. Auch wenn sich diese weiter professionalisierten, rührte sie noch immer die Mühe, mit der so viele individuellen Schilder gestaltet waren – um so mehr, je kleiner die Kinder waren, die sie trugen. Und merkwürdigerweise fiel ihr jetzt auf, dass es vor allem die *Mädchen* waren, die sie rührten... Und sie sah, dass es immer wieder die Aufrichtigkeit war, die sie wahrnahm. Sie nahm sie bei vielen Mädchen wahr – viel seltener bei Jungen, hier eigentlich selbst dann immer gemischt mit Coolness oder Albernheit, die plötzlich hervorbrachen und dann den ganzen vorherigen Eindruck verdarben... Bei Mädchen war selbst die Albernheit unschuldiger...

Während sie die Strecke des Demonstrationszuges mitgingen, fragte Lucie:
„Und, Marja – wie ist dein Gespräch mit deinem Verehrer verlaufen?“
„Ganz anders, als ich dachte – und vor allem du dachtest. Ich habe endgültig verstanden, wie er es meinte, Lucie. Er sieht mich nicht als ‚Göttin'. Und er sagt, dass man Religion und Liebe nur da verwechselt, wo man selbst nicht mehr richtig lieben kann. Er sagt ... Verehrung in gewisser Weise, und zwar gegenseitig, gehört zu jeder wahren Liebe dazu...“
„Oh – also ein richtiger Romantiker, ja?“
„Nein, ich glaube, das geht viel tiefer. Es geht um die Frage, was wahre Liebe ist, Lucie.“
„Wahre Liebe? Was ist denn wahre Liebe? Glaubst du, man kann das definieren? Glaubst du, der Typ, den ich noch gar nicht kenne, kann eine für immer gültige Definition von Liebe geben?“
Es tat ihr weh, wie hart sie jetzt von ihm und auch von der Liebe sprach.
„Er *ist* kein ‚Typ', Lucie...“

„Ich sag das einfach so. Soll ich ‚Mann' sagen? Ist dir ‚Mann' lieber? Ist er denn schön männlich? Ach, Scheiße – ich will dich doch gar nicht ärgern, Marja. Vielleicht bin ich auch einfach nur ein bisschen eifersüchtig. Aber das will ich gar nicht. Ich will doch, dass du glücklich bist..."
„Ja, das bin ich."
„Ach – bist du wirklich verliebt?"
„Ja..."

Sie hatte es in fast heiligem Stolz gesagt – in der sicheren Erwartung, dass sich ihre Freundin nun doch aufrichtig mitfreuen würde, denn ihr verdankte sie diese Begegnung ja ganz und gar, aber diese Reaktion blieb aus. Schmerzlich musste sie feststellen, dass Lucie offenbar doch eine Art bleibende Antipathie gegen diesen ‚Typ' hegte...
„Gratuliere, Marja...", presste sie heraus.
„Was ist denn, Lucie?", klagte sie. „Was hast du denn gegen ihn? Du hast doch selbst gesagt, dass du ihn noch gar nicht kennst!"
„Ja, aber was ich von ihm kenne, war offenbar schon mehr, als ich vertragen konnte."
„Weil du nicht weißt, was er *heute* gesagt hat!"
„Doch, das hast du doch gerade zusammengefasst. Er sagt, nur Verehrung ist echte Liebe. Das ist Romantik hoch zwei. Das ist nichts für mich."
„Aber deswegen musst du doch nicht sauer auf ihn sein..."
„Bin ich das? Ja, wahrscheinlich bin ich das. Tut mir leid. Aber wahrscheinlich komme ich tatsächlich nicht darüber hinweg, dass er nun der Liebhaber meiner besten Freundin ist. Und offenbar ein so perfekter Liebhaber, dass ich gar keine Chance gegen ihn habe..."

Sie sah ihre Freundin bestürzt an. So kannte sie sie überhaupt nicht.

„Aber Lucie – er will mich dir doch nicht wegnehmen! Und überhaupt, darum *geht* es doch gar nicht!“
Lucie fasste sich ein wenig.
„Ja, du hast Recht. Darum geht es gar nicht. Ich bin etwas egoistisch – das ist Scheiße. Das wollte ich auch gar nicht. Verzeih mir, Marja. Gott, bin ich Scheiße drauf, heute! Das ist nicht meine Art. Das sollst du auch nicht denken. Ich hör schon auf...“
Bestürzt ging sie schweigend neben ihr weiter...
„Du musst ja jetzt wer weiß was von mir denken...“, knüpfte Lucie das Gespräch wieder an.
„Nein...“
„Also er ist nett...?“
„Ja.“
„Er mag dich und versteht dich und ist lieb zu dir?“
„Ja...“
„Dann *freu* ich mich für dich, Marja...“

Sie spürte den Arm ihrer Freundin um ihre Schultern.
Und plötzlich schossen ihr wiederum völlig unerwartet Tränen in die Augen – und sie musste sie wegwischen, bevor sie über ihre Wangen rollten...
„Marja! Was ist denn...?“
„Ich –“, schluchzte sie und atmete dann einmal tief durch. „Ich halte es ... nur nicht aus ... wenn es zwischen uns nicht stimmt, Lucie! Ich war eben so unendlich gerührt, als wieder alles *gut* war – als du wieder die echte Lucie warst...!“
Lucie atmete auch einmal tief durch.
„Oh Mann, Marja... Ich war so mies... Es tut mir so leid. Du bist so ein Goldschatz... Komm, lass dich mal drücken...“
Sie blieben mitten auf der Straße stehen, und sie schluchzte hilflos in die Schulterbeuge ihrer besten, einzigen Freundin...

Als sie schließlich weitergingen, sagte Lucie nach einiger Zeit:

„Vergiss es, was ich gesagt habe, Marja. Für mich ist das nichts – aber für dich ist es wahrscheinlich das Größte. Die wahre Liebe. Das glaube ich wirklich. Es passt zu dir. Und wenn *er auch* zu dir passt – dann werdet ihr glücklich werden. Garantiert..."
„Danke, Lucie... Danke, dass du das sagst..."
„Klar doch. Das ist das Mindeste nach dem von vorhin."

Nach einer ganzen Weile fragte sie wieder zögernd:
„Und was ... ist Liebe für dich, Lucie?"
Lucie atmete einmal tief durch. Dann sagte sie:
„Aber – das wird jetzt kein Bekehrungsversuch, oder?"
„Nein ... ich will es nur wissen..."
„Mein Gott, Marja, du bist immer wieder so süß... Natürlich ist es ein Bekehrungsversuch, ich kenn dich doch. Bei dir ist immer *alles* Bekehrungsversuch, du musst es gar nicht dazusagen, und wahrscheinlich glaubst du selbst sogar, dass es keiner ist. Aber deine – ‚Seele' sag ich mal, weil du das auch immer sagst, die lässt nicht locker, weil sie das gar nicht kann. Aber das bist gerade du, Marja – deswegen lieb ich dich ja so... Also gut, *kein* Bekehrungsversuch..."
Gerade als sie glaubte, das wäre nun doch schon die Antwort gewesen, fing Lucie an:
„Also ... wir haben ja schon so oft darüber gesprochen. Aber noch mal ein Versuch – wie es bei mir ist. Also ... ich kann mit Romantik nichts anfangen. Weil die Jungs *auch* nicht romantisch sind, das ist schon mal Punkt eins. Wozu soll man sich einen Märchenprinzen erträumen, wenn keiner kommt? Na gut, du bist jetzt gerade mal ein schlechtes Beispiel – und man weiß auch noch nicht, was draus wird, aber ich meine, du *selbst* bist einfach auch ein schlechtes Beispiel, und weißt du warum? Weil du ganz hoffnungslos und abgrundtief romantisch bist. Das hält ja kein Mensch aus! Ich meine, selbst so zu sein! Wenn ich mir vorstelle, ich müsste so sein wie du – ich *könnte* das nicht, Marja! Selbst wenn ich wollte! Also

das ist Punkt zwei: Ich kann es auch gar nicht. Ein *bisschen* Romantik schon – aber sie ist sinnlos, wenn der Ritter nicht kommt, und es gibt heute keine Ritter mehr. Punkt drei: Ich glaube, dass dieses gegenseitige Anhimmeln heute schon *an sich* falsch ist. Weil es einfach ein Betrug ist. Man ist, wie man ist – und Anhimmeln ändert daran gar nichts, sondern man macht sich damit nur selbst was vor. Vom gegenseitigen Sich-was-Vormachen wird es auch nicht besser. Jeder sieht im anderen irgendwelche Engel oder was weiß ich, aber in Wirklichkeit ist man nur Null-Acht-Fuffzehn. Dann doch lieber gleich der Wirklichkeit ins Auge sehen und sich über kleine Abweichungen von diesem Null-Acht-Fuffzehn freuen – statt die große Enttäuschung zu erleben. Verstehst du, was ich meine? Ich will einfach nur *realistisch* sein. Und ich habe damit keine schlechten Erfahrungen gemacht. Im Gegenteil: Jeder wusste in jedem Moment, woran er ist, also konnte man sich auch nicht enttäuschen, nicht grundsätzlich. Wenn man sich trotzdem mag, passt man zusammen, und keiner muss dem anderen was vorlügen. Ist das nicht fast schon eine ideale Welt? Statt dieser oft so verlogenem ‚Romantik-Lüge', wo jeder dem anderen und sich selbst was vorlügt, bis alles zusammenbricht? So, das war jetzt mein Kurzlehrgang. Wenn du also sagst, das ist keine Liebe..."

Sie war ein bisschen erschlagen. Ihr Herz *suchte* in Lucies Worten die Liebe. Hatte sie sie bis auf das letzte Wort eigentlich noch irgendwo erwähnt?
„Und", fragte sie vorsichtig, „wen *liebst* du? Welchen Jungen liebst du wirklich...?"
„Ich liebe viele Jungen, Marja. Manchmal ist es nur eine Nacht – verstehst du? Es *muss* doch gar nicht immer auf Dauer sein. Mike habe ich sehr geliebt, bis er mit mir Schluss gemacht hat und eine andere hatte. Tommy habe ich geliebt, bis es zwischen uns nicht mehr stimmte ... was willst du denn hören?"

„Und wie war es ... mit Mike? Vorher...?“
Sie suchte irgendeinen Anhaltspunkt für etwas, wovon sie auch nicht genau wusste, was es war.
Lucie seufzte.
„Auch genau so. Ich fand ihn toll, war gern bei ihm, hab es wunderschön gefunden, als wir Sex hatten. Wir wollten zusammen die Sommerferien verbringen – und auf einmal, bums! Aus... Das war Scheiße...“
Es schmerzte sie bis ins Innerste – dass ihre Freundin so leiden musste, aber dass auch so sehr irgendetwas fehlte, was sie offenbar gar nicht vermisste.
„Und deine *allererste* Liebe, Lucie? Wer war das denn eigentlich?“
„Ach, du meine Güte. Marja, bist du heute in Fragelaune? Ist das wieder die Hoffnung auf den romantischen Moment? Ja, da war ich noch romantisch verblendet – ich glaube, das steckt irgendwie im Menschen drin. Sich irgendwelche illusionären Hoffnungen zu machen. Ganz am Anfang, in der vierten Klasse oder so, war ich in Frank verliebt. Und Frank beachtete mich nicht, und ich hab mich nicht bemerkbar gemacht, und in der sechsten Klasse hatte er eine Art Freundin, und da war es dann vorbei – oder es war schon vorher vorbei, ich weiß es gar nicht mehr ganz genau. Wirklich romantisch verliebt war ich sicher nur in der vierten, danach verliert es sich sowieso schnell – wenn man merkt, man wird gar nicht beachtet. Man kann ja nicht ewig träumen. Das war also meine erste Liebe, zufrieden?“

Sie fühlte sich wieder zurückgestoßen von der Härte der Erzählung. Es war sehr deutlich, dass Lucie selbst damit nichts mehr zu tun haben wollte. Sie sann nach...
„Keine weiteren Fragen mehr anscheinend?“
„Doch...“, sagte sie. „Du hast gesagt, es war nur in der vierten Klasse. Aber dann hast du ihn eigentlich doch erst in der sechsten Klasse ganz vergessen können. Das heißt doch, dass

du irgendwie noch zwei Jahre lang an ihn denken musstest, und –“

„Marja! Jetzt hör aber auf. Erstens waren es keine zwei vollen Jahre mehr, und zweitens habe ich doch schon gesagt, es verschwand einfach...“

„Aber doch nicht ‚einfach' – es verschwand vielleicht, aber doch erst nach und nach. Das heißt doch –“

„Ja?“, fragte Lucie herausfordernd. „Worauf willst du denn jetzt hinaus, Marja?“

„Dass du ihn einfach nicht vergessen konntest! Obwohl es schwächer wurde. Deine Seele konnte ihn trotzdem nie ganz vergessen. Fast zwei Jahre lang nicht...“

„Ja, gut, dann ist es eben so. Bist du denn dann zufrieden? Zwei Jahre lang hat sie noch weitergeträumt, irgendwo im Unterbewussten. Ist das gut so?“

Sie spürte das Verletzende der Worte – und durch sie hindurch das Verletzte in Lucies Seele. Aber das würde sie ihr nie begreiflich machen können. Lucie hatte sich entschieden, nicht mehr daran zu glauben, es für einen Irrtum zu halten. Sie konnte ihr nicht erklären, dass es kein Irrtum war. Oder doch?

„Dass Frank“, begann sie vorsichtig, „nicht der Richtige war, heißt doch nicht, dass die Erwartung des Richtigen generell falsch ist...“

„Die ‚Erwartung', die ‚Erwartung'! Wenn ich das schon höre, Marja, kräuseln sich mir die Haare. Hast du dir mal überlegt, wieviel Leid und sinnloses Warten auf der Welt allein durch diese falsche ‚Erwartung' erzeugt wird? Ich hasse langsam alle Hollywoodstreifen, die auf dieser Lüge herumreiten!“

„Woher willst du das denn wissen?“

„Was?“

„Dass es eine Lüge ist?“

„Weil ich es *sehe*, Marja! Hast du mal die Scheidungsstatistiken zur Kenntnis genommen? Jede zweite Ehe wird glaube ich heutzutage geschieden. Und ich gehe verdammt noch mal davon aus, dass durchaus noch ein Großteil der Menschen an diese angebliche ‚große Liebe' glaubt. Und? Was wird dann daraus? Sie heiraten glücklich – und lassen sich irgendwann unglücklich scheiden. Ohne Erwartungen wäre das natürlich auch passiert – aber man hätte nicht geglaubt, es würde oder könnte nicht passieren. Das ist der ganze Unterschied. Man hätte nicht an Illusionen und Märchen geglaubt. *Realistisch* eine Beziehung einzugehen und sich zu sagen: Vielleicht hält sie, vielleicht auch nicht, ist das einzig Richtige, finde ich. Und noch was anderes: Ich glaube nicht, dass die andere Hälfte der Ehen, die nicht geschieden wird, so viel besser ist als die, die geschieden wird. Schau dir mal die andere Hälfte bei vielen Leuten an..."
Sie musste an ihre eigenen Eltern denken und schwieg...

*

Als sie am Zielort der Demo angekommen waren, wurde alles für die Abschlusskundgebungen vorbereitet. Aber auf einmal wurde die Demo durch eine Gruppe von Menschen gestört. Ein Pulk von etwa fünfzig Leuten drängte sich von der Seite heran, von der Polizei schließlich aufgehalten und rief irgendetwas, was sie zuerst nicht verstehen konnte. Aber sie sah einige Plakate – auch hier selbstgemacht. Aber was sie las, entsetzte sie. Denn da standen Worte wie ‚Klimalüge', ‚Alarmismus', ‚Panikmache', ‚Schulschwänzer', ‚Demonstriert für was Sinnvolles!' und so weiter. Und dann verstand sie die Sprüche. Die Leute riefen: ‚Greta und Anhang, o wie dumm, kennen nicht das ‚Optimum!' Und wenig später: ‚Grönland war einst grün und warm, warum schlagt ihr jetzt Alarm?' Und dann: ‚Kleine Eiszeit kaum vorbei, Greta macht gleich groß Geschrei!' Und zuletzt: ‚Mutter Erde schwankt zwei Grad – Panik-Greta ruft den Staat!'

Sie war entsetzt. Sie kannte alle Argumente – und hier waren *wieder* Leute, die von diesen simplen, falschen Darstellungen so verblendet waren, dass sie sich selbst für erleuchtet hielten und dumpfe Stimmungsmache betrieben – wie die Neonazis mit *ihren* Sprüchen. Ihr wurde klar, wie tief dies in den Köpfen verankert war: die Sehnsucht nach einfachen Antworten, die Hybris, hiermit bereits die Wahrheit in den Händen zu halten. Der Hass auf Andersdenkende. Überhaupt die Hasskräfte, die sie in diesen Sprüchen spürte...

Und dann geriet die Situation fast außer Kontrolle. Mehrere junge Menschen wollten erst mit der Gruppe diskutieren, aber bald gab es ein gegenseitiges Geschrei – und schließlich ein wütendes Handgemenge mit der Polizei, als einige der ältesten Schüler oder sogar schon Erwachsenen entweder zu der Gruppe durchstoßen wollten oder aber sich von der Polizei falsch behandelt fühlten. Entsetzt wandte sie sich ab und brachte einige Entfernung zwischen sich und die Szene, während Lucie ihr ohne Einwände folgte, weil die Situation wirklich zu eskalieren schien.

„Was machen die?“, fragte sie entsetzt.
„Wer – die von uns oder die anderen?“
„*Alle!* Was machen sie alle? Das ist doch verrückt!“
„Ja, aber das musst du diesem idiotischen Pulk da klarmachen!“
„Nein, Lucie – die anderen sind auch nicht besser! Was soll denn das!?“
„Ich schätze, die wollten nur diskutieren, aber die Polizei hat sie nicht durchgelassen.“
„Das sah aber nicht so aus, Lucie!“

„Und wenn schon – was wollten diese Idioten hier? Die wollten doch sowieso nur Stress machen. Dann hätten sie eben Stress gekriegt...“
„Lucie – fängst du jetzt auch schon so an?“
„Jedenfalls läuft mir bei solchen Typen die Galle über. Jetzt weiß ich auch, warum ich den Typen von dem Video nicht leiden konnte. Da siehst du, worauf das hinausläuft!“
„Er wollte immerhin nur, dass man nachdenkt.“
„Ja! Von wegen! Er hat doch auch schon Greta und uns alle für dumm erklärt. Die Typen da hinten haben es einfach nur auf die Spitze getrieben. Die haben aus dem, was er da für ‚Argumente' geliefert hat, nur die passenden Hetzreden gemacht!“

„Und wie kann man das jetzt aufhalten? Dieses Gegeneinander?“
„Gar nicht – die Idioten sollten einfach wieder abziehen.“
„Kann man denn mit ihnen gar nicht reden?“
„Versuch's doch mal!“
„Das würde ich ja gerne.“
„O nein, Marja, das lässt du schön bleiben. Mit solchen Leuten kann man nicht reden! Schon gar nicht im Pulk. Die bestätigen sich alle gegenseitig. Und du hast doch gesehen, wie die drauf sind! Die würden auch dich niederschreien. Die würden gar nicht zuhören.“
Sie schwieg ratlos.
„Glaub mir, Marja. Ich war mal dabei, als ein paar Freunde und ich mit Neonazis diskutieren wollten. Na, das war was! Da war eine Prügelei auch fast nicht mehr zu vermeiden. Aber es lag nicht an uns! Na gut, wir wurden dann auch etwas aggressiv, weil einfach nichts durchdrang. Das ist wirklich wie Betonköpfe. Da ist nichts, aber auch wirklich nichts mehr von Nachdenken... Gruselig...“

Sie gingen schließlich bedrückt nach Hause. Sie hatten noch gesehen, wie die Polizei die Gegendemonstration, die offenbar nicht angemeldet war, aufgelöst hatte, so dass die Abschlusskundgebungen wie geplant stattfinden konnten, aber der Zwischenfall hatte sich tief in ihr Herz geschnitten.

*

Zuhause ging sie auf ihre Mutter zu, weil sie immer mehr das Bedürfnis nach einer Aussprache spürte.

„Mama, kann ich kurz mit dir sprechen?“
Ihre Mutter bügelte gerade irgendetwas.
„Ja, was ist.“
„Ich ... ich wollte nie, dass du irgendwas bitten oder betteln musst. Es ... es war vielleicht auch manchmal mein Fehler. Aber ich habe mich immer bemüht, alles zu tun, was ich sollte. Ich –“
„Ist ja gut, Marja. Es war ja auch gar nicht so sehr gegen dich gemünzt. Ich dachte, das weißt du auch...“
„Gegen Papa etwa?“
„Natürlich. Bei ihm ist immer irgendetwas. Immer muss ich mich über irgendetwas ärgern. Es nimmt kein Ende. Er kann einfach keine Rücksicht nehmen. Kaum ist die eine Sache mit viel Ärger vom Tisch, kommt die nächste. Es ist eine Geschichte ohne Ende, wirklich ohne Ende...“
„Könnt ihr nicht mal *miteinander* reden? Es muss doch eine Lösung geben...“
„Ha! Da kennst du deinen Vater aber schlecht. Du siehst doch – ich rede mir den Mund fusselig und es passiert nichts! Seit Jahren versuche ich, irgendetwas zu ändern. Glaubst du, es ist mir in Ansätzen gelungen? Nicht ein bisschen... Es ist immer das Gleiche...“
„Aber dann lasst euch doch scheiden, Mama...“

„Denkst du, das ist eine Lösung? Dir kann das vielleicht jetzt egal sein. Aber Tamara ist erst vier. Soll sie dann abwechselnd zum einen und zum anderen – immer hin und her? Oder soll ich dann etwa ganz alleine zuständig sein, und dein Vater zahlt ein bisschen was, und ich muss dann auch noch berufstätig sein, oder so etwas? Wie stellt du dir das denn vor?“

„Ich glaube nicht, dass es Tamara so, wie es jetzt ist, besser geht...“, sagte sie zögernd.
„Besser geht, besser geht! Dann rede mal mit deinem Vater, Marja. Es ginge *alles* besser, wenn es mit ihm besser ginge!“
„Aber *du* schreist immer so viel, Mama...“, wagte sie einzuwenden.
„Ja – also doch! Jetzt bin ich also doch wieder schuld. Das dachte ich mir. Es war ja auch klar. Weil ich schreie, bin ich schuld – nicht wahr? Ich glaube, du durchschaust den Zusammenhang nicht ganz. Dein Vater verkriecht sich immer schön hinter seinem Schweigen – was mich allein schon aufregt. Aber schön, wenn ich schreie, bin ich schuld, ich werd’s mir merken... Nur, dass die Schuldfrage damit keineswegs gelöst wird.“
Sie verstummte bestürzt und hilflos. Dann sagte sie:
„Aber das ist es, warum Tamara immer weint, Mama... Und mir geht es auch immer ganz schlecht...“
„Ja, dann sucht euch eine Lösung, Marja! Dann zieht zu eurem Vater oder was weiß ich. Meinetwegen! Sucht euch eine neue Mutter – oder keine Ahnung, was. Ich kann es jedenfalls nicht alles, weder so noch so. Scheidung ist keine Lösung – und Nicht-Scheidung auch keine. Es ist einfach eine Katastrophe. Aber es liegt an deinem Vater, Marja, nicht an mir. Das sage ich dir.“
„Ja...“

Hilflos drehte sie sich um und ging langsam aus dem Wohnzimmer. An der Tür drehte sie sich noch einmal um.

„Mama?“
„Ja.“
„Ich hab dich trotzdem lieb...“
Ihre Mutter sagte nichts. Von der ganzen Situation standen ihr Tränen in den Augen, als sie still in ihr Zimmer ging...
Sie würde später noch mit ihrem Vater reden. Aber es würde nicht viel anderes dabei herauskommen. Den Hauptteil der Schuld an der verfahrenen Situation trug ihre Mutter, das wusste sie. Sie kannte sie zu gut...

*

Unglücklich ging sie schließlich zu Richard. Ihr Gespräch mit ihrem Vater hatte ihre Befürchtungen bestätigt. Beide waren schlecht aufeinander zu sprechen, ihr Vater war kompromissbereiter – aber alles regte ihre Mutter auf. Eine Trennung konnte er sich theoretisch vorstellen, aber ein alleiniges Sorgerecht auch nicht so recht.

Am Ende hatte sie beiden eröffnet, dass sie noch zu einem Freund gehen würde. Sie hatte seine Adresse und Telefonnummer dagelassen, aber nichts weiter von ihm erzählt, weil sie dies angesichts der ganzen Situation als völlig unpassend empfand. Ihr Vater hatte aber darauf bestanden, dass sie um zehn Uhr wieder zu Hause sei, und sie hatte widerstrebend zugesagt.

Richard hatte eine kleine Zwei-Zimmer-Wohnung, und sein Schlaf- und Arbeitszimmer gefiel ihr auf Anhieb. Jetzt lag sie wieder in seinem Schoß, und während er sie sanft streichelte, klagte sie ihm ihr Leid.

„Sie werden sich nicht einigen, Richard! Sie können nicht mal miteinander sprechen. Ich weiß keine Lösung...“

„Vielleicht kann er sich das Sorgerecht ja irgendwann doch noch vorstellen...“
„Ja, aber vielleicht auch nicht – und was heißt irgendwann...“
„Wenn er sieht, dass es so nicht weitergeht.“
„Ja, wenn...“
„Er wird es schon sehen, wenn du es ihm erklärst.“
„Das sagst du so...“
„Ja, weil ich weiß, wie viel du erreichen kannst, wenn du etwas meinst – und du meinst es ja immer.“
„Bei meiner Mutter habe ich gar nichts erreicht...“
„Du hast ja gerade erst angefangen...“
„Was meinst du?“
„Manchmal braucht es eine Weile, um durchzudringen.“
„Mit was?“
„Mit irgendeiner Einsicht, welche auch immer.“

Sie seufzte. Dann erzählte sie ihm von der Demonstration heute. Und fragte dann:
„Denkst du, da kann man auch durchdringen? Lucie hatte da keine Hoffnung. Sie hatte einmal Erfahrungen mit Neonazis, wo es völlig aussichtslos war. ‚Betonköpfe‘ hat sie es dann genannt. Und was denkst du?“
„Wahrscheinlich hat Lucie Recht. Einsicht ist ja nur möglich, wenn eine Sehnsucht da ist – irgendeine Sehnsucht. Nach Verständigung oder nach Wahrheit oder was auch immer. Aber wenn nur der Wille nach *Rechthaben* da ist – wie soll sich da etwas ändern?“
Sie dachte an ihre eigenen Worte von der verlorenen Beziehung zum Herzen.

„Ich wüsste gerne, wie die Menschen so *werden*, Richard. Selbst ein Neonazi muss doch irgendwo noch sein Herz haben, das er so verloren hat...“
„Ja, irgendwo schon. Aber vielleicht unerreichbar. Vielleicht hat er es wirklich verloren. Unerreichbar für ihn.“

„Kann man ihm denn gar nicht helfen?“
„Das kommt darauf an...“
„Auf was denn?“
„Wie gesagt – darauf, ob er noch irgendeine Sehnsucht hat. Ob irgendetwas in ihm lebt, was sich nach irgendetwas sehnt, nach etwas Gutem. Oder ob alles in ihm Hass ist. Hass ist eigentlich so etwas wie abgestorbene Liebe.“
„Aber wie kann sich Liebe in das Gegenteil verwandeln?“
„Aus Rache.“
„Aus Rache?“
„Ja, weil sie etwas, wonach sie sich einst gesehnt hat, nicht bekommen hat.“
„Dann ist es aber eine hässliche Liebe.“
„Ja, eine mit dem Selbstbezug verbundene Liebe.“
„Aber sie muss doch eigentlich auch wieder zurückverwandelt werden können, oder?“
„Theoretisch. Aber dann darf sie ihre Ur-Sehnsucht nicht ganz vergessen. Sie muss sich ihrer wieder erinnern und dann alles *andere* vergessen, was sich darübergelagert hat.“
„Und will das nicht eigentlich jeder?“
„Alles nur theoretisch, Marja. In Wirklichkeit ist das andere so unglaublich überzeugend.“
„Wie überzeugend?“
„Na, so dass die Seele sich darin einrichtet. Sie will es gar nicht mehr loslassen. Denk mal an das, was du von deiner Mutter erzählt hast.“
„Und wie kann ich ihr dann helfen?“
„Ich weiß es nicht. Sie muss die Liebe zu ihrer eigenen Taktik aufgeben. Sie hält daran fest, immer anderen die Schuld zuzuschieben. So bleibt sie zwar in der Katastrophe, aber mit dem guten Gewissen, dass *sie nicht* schuld ist. Es sind immer andere. Diesen Zustand, das zu wissen, kann die Seele mehr lieben, als die Katastrophe selbst aufzugeben.“
Sie dachte nach.

„Ja, das ist auch im Großen so. Da gefällt es den Menschen auch, sagen zu können: Ich bin nicht schuld. Um die Katastrophe und die Rettung geht es dann gar nicht mehr."
„Ja."
„Aber ist das nicht furchtbar *traurig*, Richard?"
„Ja, ist es."
„Ich bin so furchtbar müde..."
„Willst du schlafen, Marja?"
„Nein, innerlich..."
„Ja, das verstehe ich. Du hast einiges durchgemacht..."
„Ein Engel wird doch eigentlich nie müde, oder?"
„Ich weiß nicht, Marja. Wenn es Engel gibt, könnte ich mir gut vorstellen, dass auch sie müde werden..."
„Das wäre noch trauriger."
„Ich denke, dass sie das auch einmal dürfen, Marja. Es ist ja nicht für immer."
„Ja, denkst du?"
„Aber natürlich."

„Richard?"
„Ja?"
„Wie viele ... Mädchen hast du schon gekannt? Ich meine, mit wie vielen ... warst du schon zusammen?"
„Mit keinem wirklich. Ich hab dir ja gesagt, es war höchstens vergeblich."
„Und warum?"
„Ich hatte etwas gehofft, was noch nicht da war. Oder vielleicht auch idealisiert. Mit einem Mädchen war ich zwei Wochen zusammen und mit einem dreieinhalb."
„Und dann?"
„Das eine Mädchen hat Schluss gemacht, weil seine Eltern es nicht wollten, und das andere Mädchen war letztlich zu oberflächlich, und wir haben uns beide getrennt."
„Und wie alt warst du?"

„Einmal neunzehn und einundzwanzig. Sie waren beide fünfzehn...“
„Und du hast nie eine Frau gesucht? Jemand gleichaltriges, meine ich?“
„Doch. Mit zwanzig. Da war ich einmal drei Monate mit einer einundzwanzigjährigen Frau zusammen. Sie war einerseits sanft und weiblich, andererseits wollte sie auch eine Art Karriere machen. Ich habe sehr um sie gekämpft, aber ich hatte keine Chance, denn je mehr ich mich bemüht habe, desto mehr hat sie sich gewehrt – und dann auch Schluss gemacht.“
„Und gegen was hat sie sich gewehrt?“
„Gegen meine Verehrung, nehme ich an. Sie sagte einmal: ‚Du willst mich nur als Frau, nur als weibliches Wesen. Ich *bin* zwar weiblich, aber nicht nur. Das wird immer unser Streitpunkt sein.’ Sie hat das so gesehen – und das war das Ende. Sie *war* unglaublich weiblich. Aber sie wollte das nicht sein. Nur teilweise. Und auf der anderen Seite hat sie sich für die Emanzipation begeistert – da wollte sie dieses Weibliche gerade verlieren. Sie wollte es haben und auch nicht haben. Am Anfang hat es ihr sehr gefallen, dass ich sie so geliebt habe, wie ich es dir beschrieb, sie wirklich verehrt habe, aber dann wollte sie nicht mehr ‚nur Frau’ sein, wie sie sagte.“

„Und mich?“, fragte sie etwas zögernd. „Liebst du ... mich nur als Mädchen? Oder auch als Marja...?“
„Marja ... ich liebe beides gleichzeitig. Ich hätte mich nicht verliebt, wenn du kein Mädchen wärst. Aber ich liebe nicht einfach ein Mädchen, sondern ich liebe *dich*. Ich liebe das, was du bist. Du... Aber verstehst du – du *bist* gerade auch dieses Mädchen, mehr Mädchen als jedes andere Mädchen. Aber ich weiß nicht – du bist eins damit. Du bist genau das. Und das liebe ich so... Und deine Freundin liebt es doch offenbar auch so...“

„Und wenn ich eines Tages *weniger* Mädchen sein wollen würde?“
„Warum würdest du das wollen?“
„Ich weiß nicht – nur angenommen.“
„Das weiß ich nicht. Wüsstest du es denn? Wenn sich jemand ändert, kann man doch nie wissen, wie sich die Liebe dann ändert. Ich würde dich *immer* unendlich für das lieben, was du einmal warst, also was du jetzt bist. Und ich würde wahrscheinlich versuchen, dich auch dann zu lieben, wenn du etwas anderes wirst, weil du es willst...“
„Und warum hat es bei der Frau nicht geklappt?“
Er überlegte eine kleine Weile.
„Bei ihr fiel das auseinander, Marja. Wie ich schon sagte: Sie war unglaublich weiblich, das *war* sie einfach. Und das habe ich geliebt – sie war das. Aber sie wollte es dann doch nicht sein – oder sie wollte nicht, dass ich das liebe, obwohl sie das hatte. Sie wollte, dass ich *sie* liebe – und nicht das Weibliche an ihr. Ich habe diesen *Unterschied* nicht verstanden, und sie hat daraus eine Spaltung gemacht...“

„Vielleicht hat sie das Gefühl gehabt, du liebst nur eine Eigenschaft von ihr.“
„Aber das war nicht so. Ich habe diese Eigenschaft *auch* geliebt, aber nicht nur.“
„Aber du hast dich doch deswegen verliebt, oder? Und wenn sie dann dieses Gefühl hatte...“
„Aber am Anfang war sie das ja auch.“
„Und was hast du noch geliebt – außer dem Weiblichen?“
„Ihren Humor zum Beispiel – aber der war auch weiblich. Ihre Lebensfreude – aber die war auch weiblich. Aber das ist doch auch nicht schlimm! Aber ich hatte manchmal den Eindruck, dass sie gar keine Frau sein *wollte* – obwohl das gerade das Schöne an ihr war. Ich verstehe die ganze Emanzipation nicht. Sie redet den Frauen aus, dass es schön ist, was sie haben...“

„Vielleicht ... vielleicht hatte sie die Sehnsucht nach etwas, was nicht nur *Eigenschaft* ist.“
„Aber es ist doch *nichts* nur Eigenschaft, Marja?“
„Wie meinst du das?“
„Ich meine – ihre Lebensfreude, das war sie! Ihr Humor, das war sie! Und so weiter. Es ist alles weiblich, natürlich, aber doch nicht einfach nur weiblich – sondern das war *sie*. *Ein* ganz bestimmtes weibliches Wesen, unverwechselbar. Aber das war ihr offenbar nicht genug. Oder sie hat nicht verstanden, dass ich das *auch* sehe...“
„Vielleicht wollte sie ja, dass du sie *nur* dafür liebst, was sie *selbst* ist – unabhängig von dem Weiblichen.“
„Aber sie *war* doch eine Frau, Marja.“

„Aber vielleicht wollte sie als *Mensch* geliebt werden.“
„Wie meinst du das?“
„Als Mensch – man ist doch ein Mensch...“
„Ja, aber *jeder* Mensch ist doch ein Mensch.“
„Aber ich meine – vielleicht wollte sie nur als das geliebt werden, was *sie* ist. Dieser eine Mensch. Unabhängig von Mann und Frau und so weiter. Einfach nur *dieser* Mensch.“
„Aber das verstehe ich nicht. Alles was sie war, dieser Humor, diese Lebensfreude und alles andere, das war dieser Mensch. Aber sie war eben auch weiblich. Alles an ihr war weiblich, Marja – und trotzdem war sie das.“
„Ja...“
„Du bist noch nicht ganz zufrieden...“
„Ich versuche noch, herauszufinden, worunter sie gelitten hat.“
„Das habe ich auch versucht. Ich glaube, die Emanzipation hat die Frauen irre gemacht – an sich selbst irre. Sie wissen nicht mehr, was sie wollen. Oder sie wollen etwas, was sie nicht sind.“
„Was sie nicht sind?“
„Ja, sie wollen männlich sein, obwohl sie weiblich sind.“

„Vielleicht wollen sie einfach *menschlich* sein."
„Ja, aber warum dann auf männliche Art?"
„Wieso denn?"
„Na ja, dieses ‚selbstständig' und so. Jeder macht seine eigene Karriere – und das soll dann menschlich sein?"
„Darf man das denn nicht?"
„Doch schon, aber ich denke, dass das Weibliche nicht einfach Karriere machen will."
„Was heißt denn Karriere?"
„Na ja, Beruf und so weiter."
„Vielleicht wollte sie einfach nur einen Beruf haben."
„Nein, sie wollte schon auch Erfolg und so."
„Und darf sie das nicht?"
„Doch, wenn sie unbedingt will. Marja, ich will ja nur sagen, dass ich das Weibliche an ihr geliebt habe..."

„Aber ... das klingt so, als wenn du wollen würdest, dass die Frau am Herd steht und so weiter..."
„Nein! So meine ich es überhaupt nicht, Marja. Ich meine nur, ‚Erfolg' ist eine männliche Kategorie. Äußerer Erfolg. Sich beweisen. Karriere. Männer haben das nötig. Warum auf einmal auch Frauen?"
„Vielleicht wollte sie sich gar nicht beweisen, sondern nur entfalten, was in ihr steckt. Vielleicht *war* sie ja eine gute Ärztin oder Anwältin oder was auch immer. Vielleicht *war* sie das ja, Richard."
„Du meinst, es geht nicht um die Karriere?"
„Ja – ich meine, vielleicht *nennt* man es nur Karriere, und in Wirklichkeit ist es einfach nur das, was *dieser* Mensch auf der Welt machen wollte..."
„Ja ... *das* hätte ich dann verstanden, Marja. Aber vielleicht habe ich das damals auch nicht verstanden. Vielleicht war es auch mein Fehler. Dennoch störte es sie, dass ich ihr Weibliches geliebt habe. Sie fand, das allein widersprach schon der

Emanzipation. Als ob die Emanzipation eine Art ‚Entweiblichungsbewegung' wäre!"
„Vielleicht fühlte sie doch eine Art Erwartung von dir, die sie daran hinderte, ganz sie selbst zu werden..."
„Das täte mir leid. Aber vielleicht fühlte sie auch eine Art Erwartung der Emanzipation, die sie daran hinderte, ganz sie selbst zu bleiben."
„Ja, vielleicht..."

Sie dachte nach. Dann fragte sie:
„Und ich, Richard...? Wenn ich Ärztin oder Anwältin oder so etwas werden wollen würde – dann...?"
„Marja...", sagte er warm. „Ich würde dich immer lieben. Das habe ich doch schon längst gesagt. Mir wäre egal, was du werden würdest, weil ich immer wüsste, dass du es auf *deine* Art wirst – und ich liebe diese Art..."
„Weiblich?"
„Ja ... sehr, sehr weiblich..."
„Und wenn ich das eines Tages nicht mehr sein wollen würde?"
„Aber wieso denn?"
„Vielleicht, weil es nur anerzogen wäre oder so etwas?"
„Das glaube ich nicht. Das kann nicht sein. Ich sehe, dass es nicht so ist."
„Aber *wenn...*?"
„Ich sehe, dass es nicht so ist, Marja. Ich sehe, wer *du* bist, nicht was anerzogen ist. Da ist nichts... Nicht viel, wenn überhaupt. Ich sehe *dich*, Marja... Glaubst du das denn nicht?"
„Doch... Aber vielleicht ändert man sich ja auch."
„Dann kann man doch nicht sagen, was die Liebe tun wird. Man hat sich doch in einen bestimmten Menschen verliebt. Wenn dieser sich nun ganz grundsätzlich ändern würde... Was würdest *du* denn machen? Wenn sich der Mensch, den du liebst, auf einmal grundsätzlich ändert?"
„Ich würde versuchen, ihn zu verstehen."

„Ja, das würde ich auch, Marja... Das würde ich auf jeden Fall auch..."

„Und wenn ich eines Tages einen schrecklichen Unfall erleiden würde und ganz verunstaltet wäre und nichts an mir mehr weiblich wäre, dann...?"
„Marja ... an dir wäre immer unendlich viel weiblich, selbst dann, wenn alles Äußere wegfiele. Ich würde dich noch immer lieben..."
„Und kennst du ‚Krabat'?"
„Ja, warum?"
„Wenn ich wie Krabat in einen Raben verwandelt worden wäre – und wenn du mich unter zwölf Raben herausfinden müsstest – dann?"
„Ich würde dich finden, Marja..."
„Woran würdest du mich finden?"
„Weil du so einzigartig bist... Ich würde wahrscheinlich dein Herz spüren..."
„Und was würdest du spüren?"
„Wenn du mich lieben würdest, würde ich deine Liebe spüren. So, wie die Kantorka die Angst Krabats um sie spürte, war es nicht so? Aber selbst wenn du mich nicht lieben würdest, würde ich dich spüren. Ich würde ein Mädchenherz spüren. *Dein* Mädchenherz..."

„Dir liegt wirklich unglaublich viel an dem Mädchen, nicht wahr? Und wenn ich älter werde? Dann?"
„Aber du *bist* noch nicht älter, Marja. Hast du es damit eilig? Weißt du ... dieses Wunder, was ich ‚Wunder' nannte ... dieses Wunder der Mädchen... Das ist wirklich das, was die Welt allein retten kann. Es geht nicht um das Älterwerden. Es geht um das Jungbleiben, innerlich. Natürlich gibt es auch junge Frauen. Und es gibt auch alte Frauen. Natürlich gibt es auch weise alte Frauen – und sie sind auch sehr wichtig, genau wie die weisen alten Männer. Aber ich glaube doch, das

Wichtigste ist das Mädchen. Und weißt du, warum? Weil noch so unendlich viele Herzen gerührt werden müssen. Die weisen Frauen und Männer können nur die auf den richtigen Weg führen, die schon einige, viele Voraussetzungen haben. Die Mädchen können *jeden* auf den richtigen Weg führen. Jeden – irgendwie, ich weiß nicht wie. Und du vielleicht auch nicht. Aber du kannst es – das weiß ich. Und das ist doch das Wichtigste, oder? Dass das möglich ist. Das nenne ich ‚das Wunder der Mädchen'. Es ist ein Wunder der Berührung, Marja...
Ich weiß noch nicht, wie das die Welt retten kann. Aber ich weiß, dass *nichts anderes* die Welt retten kann. Die Seelen müssen *berührt* werden. Und das kann nur das Mädchen..."

„Aber du hast gesagt, viele lassen sich nicht mehr berühren. Weil keine Sehnsucht mehr da ist. Und ich weiß auch nicht, was ich mit meiner Mutter machen soll. Schon meiner eigenen Mutter!"
„Ja. Wir sehen doch alle, wie hoffnungslos verfahren die Dinge in der Welt oft sind. Ich sage ja nicht, dass es einfach ist. Ich sage nur – es werden nur die Mädchen können. Wenn jemand, dann sie... Weil sie die Sehnsucht wieder entzünden werden können – irgendwie, wie auch immer. Und wenn es zunächst die Sehnsucht nach *ihnen* ist, den Mädchen selbst... Verstehst du, was ich meine? Das kann man niemandem mehr erklären. Ich kann das auch gar nicht konkreter beschreiben. Das Einzige, was ich sagen kann, ist, dass ein Mädchen eine Sehnsucht entzünden kann. Das *ist* so. Und das wird auch immer so sein. Ein Mädchen kann selbst in dem schlimmsten Menschen wieder etwas entzünden – ich meine jetzt nicht nur Begierde. Ich meine etwas anderes. Und diese Dinge werden die Welt retten – oder es wird sie nichts retten. Die Frage ist nur: Wird es in Zukunft noch Mädchen *geben*? Oder wird es keine mehr geben..."

„Aber wie soll das konkret gehen?“
„Ich sage ja, das kann ich nicht beschreiben. Es wird ein Geheimnis der *Hingabe* sein. Ja, ich weiß, es gibt die Beispiele der Alkoholiker, die man durch noch so viel Liebe nicht retten kann – aber um die geht es jetzt nicht. Es geht um andere Menschen und Konflikte und Ausweglosigkeiten, die *nur* in einem Mangel an Liebe bestehen. Und die man retten können *wird*, wenn die Liebe nur groß genug wird. Bis hin zu einem Sich-Opfern...“

„So wie Christus?“
„Ja, daran habe ich jetzt nicht gedacht. Aber so etwas in der Art...“
„Aber Christus war kein Mädchen.“
„Nein, aber ein Mädchen hat diese Kraft...“
‚Von Christus’, dachte sie – der Gedanke kam einfach zu ihr, ohne dass sie gewusst hätte, woher...
„Christus ist das Lamm Gottes...“, sagte sie.
„Ja – und die Mädchen sind auch das Lamm Gottes... Ich weiß nicht, ob ich an Gott glaube – aber *daran* glaube ich. Man könnte sagen: ich glaube an die Mädchen...“
„Also doch Religion?“
„Nein. Heißt es nicht irgendwo: ‚Ich glaube an die Macht der Liebe’? Bei Goethe oder wem auch immer? Ich meine, ich kenne das irgendwoher. So ist es gemeint. Denn in den Mädchen ist diese Macht da, Marja...“
„Gott ist die Liebe...“
„Dann ist Gott mit den Mädchen, Marja...“

„Wenn wir Mädchen doch nur die Kraft hätten, die Welt zu verändern, Richard...“
„Die habt ihr. Eure Zeit wird kommen, Marja. Weißt du was – ich habe neulich im Internet ein Wort gelesen, das bezog sich auf Greta. Da wurde sie das ‚Klima-Mädchen’ genannt. Aber das ist erst der Anfang. Es geht nicht darum, dass die

Mädchen um das Klima kämpfen – nicht allein. Es geht darum, dass sie hier auf Erden ein neues Klima *schaffen*. Es geht um eine ganz andere Klima-Frage. Wir brauchen euch Mädchen. Und wir brauchen euer Klima. Nicht nur die Rettung des äußeren Klimas. Sondern die Rettung der Erde durch ein neues menschliches Klima – und weißt du, was für ein Klima? Das Klima der Mädchen. *Mädchenklima*. Ein Klima tiefster Sanftheit, Zartheit, Behutsamkeit... Das ist die eigentliche Klimafrage..."

„Mädchenklima...", wiederholte sie. „Aber Sanftheit und dies, ist das denn nur Mädchensache?"

„Die Mädchen werden die großen Lehrerinnen dessen sein. Und ich muss noch die *Unschuld* hinzufügen, Marja – die Unschuld der Mädchen..."

„Aber du... Hast du das nicht auch alles? Du zählst das alles auf ... aber mir scheint, du hast davon auch ganz viel..."

„Ja ... aber nicht annähernd so viel wie du... Und woher habe ich das? Ich habe es von euch, Marja... Ich habe es von meiner lebenslangen Liebe zu euch Mädchen... *Ihr* habt mir das beigebracht."

„Aber wer denn konkret? Du hast dir die Mädchen doch immer nur *vorgestellt*. Du hast an sie gedacht. Du hast über die Mädchen nachgedacht..."

„Ja und nein. Ich habe sie doch auch gesehen, Marja. Und zuletzt habe ich *dich* gesehen. Aber natürlich ... natürlich habe ich über die Mädchen nachgedacht. Das macht für mich keinen Unterschied. So oder so haben mir die Mädchen alles beigebracht. Ich trage in mir ein tiefes Bild des Mädchens. Ich kann auch sagen, *dieses* hat mir alles beigebracht. So könnte irgendjemand auch kommen und sagen: ‚Dann hast du dir also selbst alles beigebracht.' Oder: ‚Dann geht es also darum, das ‚Mädchen in sich' zu finden.' So könnte man das alles sehen. Aber das wäre zu flach. Das Bild des Mädchens, Marja – das habe ich mir nicht ausgedacht. Das ist etwas Reales. Vielleicht hat jeder Mann so ein Bild in sich, eine Ur-Sehnsucht, so wie das Mädchen vielleicht auch eine Ur-Sehnsucht nach dem Mann hat und sein Bild in sich trägt, das weiß ich nicht. Aber es ist real – und das *bin ich nicht selbst*. Wenn man schon sagt, es geht darum, ‚das Mädchen in sich zu finden', so muss man sich klar darüber sein, dass es etwas ist, was *als Fremdes* in einen eintritt – wie eine Heilung, die man nie selbst zustande bringen könnte. Das Mädchen ist sozusagen für den Mann das Fremde schlechthin – und zugleich seine allertiefste Heilung. Es ist das, was dem Mann fehlt. Es ist das Ur-Fehl, wenn du so willst, die Ur-Wunde. Es ist wahrscheinlich die Rippe, die Adam entnommen wurde. Sie wurde ihm wirklich genommen...“

„Ja“, sagte sie. „Wahrscheinlich ist es so, wie du sagst, dass jeder Mensch in sich so ein Bild trägt. Der Mann von der Frau, die Frau von dem Mann – oder der Junge vom Mädchen, das Mädchen vom Jungen. Und dann sind sie zusammen vollständig...“
„Ja, das meine ich. Dennoch habe ich das Gefühl, dass der Mann viel eher das Mädchen braucht als umgekehrt. Das Mädchen ist in gewisser Weise schon *in sich* vollständig. Es liebt den Mann zwar – aber ich weiß nicht, wozu es ihn braucht. Der Mann braucht das Mädchen aber...“
„Mädchen bauen keine Kathedralen, Richard...“
Sie musste an Notre-Dame denken. Diese großartige Kirche war kurz vor Ostern in tragischer Weise abgebrannt. Es war wie ein Symbol für die Klima-Katastrophe, auch die innere...
„Ja, du hast Recht. Aber ein Mädchen kann einem Mann die Kraft geben, das zu tun.“
„Oder Gott selbst.“
„Ja – aber ich denke, heute könnten einen immer mehr nur noch die Mädchen zu Gott bekehren.“
„Warum?“
„Weil sie alles lehren würden – selbst das...“

„Möchtest du, dass ich dich ... das lehre?“
„Ja, vielleicht. Ich weiß es nicht... Versuch es... Ich habe etwas Angst ... aber das ist wahrscheinlich die männliche Angst vor der Hingabe...“
„Von ihr sprichst du aber doch immer.“
„Ja – dennoch ist sie das Reich der *Mädchen*. Und der Mann muss es von ihnen lernen. Die Mädchen können ihm auch die Angst davor nehmen. Er selbst kennt nur die Hingabe an die Mädchen selbst...“
„Aber früher haben viele Männer an Gott geglaubt.“
„Ja, das war früher, Marja. Heute glauben selbst die Frauen nicht mehr an Gott. Das geht alles verloren – wie auch alles andere. Ich glaube an die Mädchen als die großen Bewahrerinnen und Wiederbringerinnen. Letztlich ist es doch Religion, Marja...“

„Aber wird man etwas von den Mädchen lernen können, was man nicht *selbst* kann?“
„Theoretisch kann man sicher alles selbst. Aber das ist nicht real. Marja ... es *wird* erst real, wenn die Liebe hinzutritt. Erst die Liebe zum Mädchen gibt dem Mann wieder die Kraft, das zu lernen, was er vergessen und verloren hat, was das Mädchen aber noch hat... Auch das Mädchen könnte eine Kathedrale bauen – aber erst die Liebe zum Mann würde es dies von ihm lernen lassen.“
„Emanzipierte Mädchen könnten vielleicht ganz allein eine Kathedrale bauen.“
„Ja, aber emanzipierte Mädchen würden auch nicht mehr an Gott glauben – also wozu dann eine Kathedrale?“
„Aber vielleicht wünschen sich die echten Mädchen auch einen Mann, der schon an Gott glaubt?“
„Ja, das kann sein, Marja... Ich sagte ja, ich habe auch immer Angst, dich zu enttäuschen. Aber vielleicht glaube ich ja irgendwo schon an Gott. Vielleicht brauche ich nur ganz *wenig* Hilfe von dir. Dennoch brauche ich deine Hilfe. Dennoch

brauche ich dich... Ich denke ... selbst wenn der Glaube zur Blume des Mannes dazugehört, braucht diese Blume das *Mädchenklima*, um wirklich blühen zu können... Ohne das Mädchen geht es nicht..."

„Aber dann ist der Mann doch schwach? Wünscht sich das Mädchen nicht einen starken Mann?"
„Ja – aber was, wenn der Mann gar nichts vom Mädchen lernen könnte und sogar müsste? Das stimmt nicht, Marja. Das Mädchen *wünscht* sich vielleicht einen starken Mann – aber es *erkennt* nicht, wie sehr der Mann von dem Mädchen lernt und von ihm verwandelt wird. In Wirklichkeit ist das ‚schwache' Mädchen die eigentliche Macht – so wie wahrscheinlich das ‚Lamm Gottes' die eigentliche Macht ist, *gerade* als Lamm... Ich denke, *das* ist das Geheimnis der Mädchen, Marja..."

In einer heiligen Weise war sie durch das ganze Gespräch an diesem Punkt zu einem vorläufigen befriedigenden Gleichgewichtszustand gekommen, konnte all das Seltsame, Besondere jedenfalls erst einmal berührt und leise staunend nur so hinnehmen ... aber dafür war längst zart, aber unabweisbar eine andere Sehnsucht in ihr aufgestiegen.
„Und die Blume des Mädchens braucht aber auch den Mann, um immer wieder neu blühen zu können, nicht wahr?"
„Das weiß ich nicht."
„Doch, das ist so."
„Woher weißt du das?"
„Weil ich ein Mädchen bin."
„Ja, das ist schön, wenn das Mädchen den Mann auch braucht."
„Es braucht ihn nicht nur, Richard, es liebt ihn auch..."
„Wirklich, Marja? Ich habe gefürchtet, dass ich vorhin durch mein Reden über die Emanzipation und so weiter alles ver-

masselt hätte. Ich kam mir selbst so dumm und schlimm vor. Ich dachte, du hättest alles missverstanden..."
„Nein, Richard. Ich vertraue dir. Vor allem ... ich *möchte* dein Mädchen sein... Aber ich weiß, dass du mich auch in jeder anderen Form lieben würdest... Ich weiß, dass du wirklich liebst. Mehr als jeder andere. Ich spüre es die ganze Zeit..."
„Wirklich?"
Sie sah in glückliche, in wunderschöne Augen...
„Ja. Und ich möchte, dass du es auch tust, Richard..."
„Was denn, Marja?"
„Mich lieben..."
„Aber das tue ich doch..."
„Ich meine ganz..."
„Wie ... wie meinst du ‚ganz'...?"
„Ich meine ‚ganz', wie du es möchtest..."
„Meinst du – –"
„Ja... Ich möchte ... ich möchte so gerne mit dir schlafen..."
„Oh Marja... Ist das wahr?"
„Ja, es ist wahr..."
Ihre Tage standen wieder ganz kurz bevor...
„Jetzt?"
„Ja, jetzt... Bevor ich nach Hause muss..."

Sie spürte seine hingebungsvollen Lippen auf den ihren. Und dann spürte sie seine ganze, zarte, männliche Hingabe – und sie gab *sich* ganz hin, mit ihrem ganzen Mädchensein...

*

Als sie nach Hause ging, hatte eine ganz neue Welt begonnen. Sie war aufgenommen in ein Reich, das sie noch nie gekannt hatte – oder immer nur von ferne. Wieder waren es unendliche Empfindungen, auch unendlich viele, aber von so einer Reinheit, einer heiligen Freude! Es war wie ein Regenbogen des Herzens... Aber dieses Herz war wie der wahre

Himmel – und der Regenbogen erstreckte sich über alles, schloss alles mit ein.

Sie wusste ... dass sie ihren ewigen Geliebten getroffen hatte. Sie spürte nicht nur das große Wunder, sie spürte inmitten dessen auch die kleine Verwunderung, dass es so lange gedauert hatte, dies zu erkennen. Aber was spielte dies jetzt noch für eine Rolle? Ihr ganzes Herz spürte, dass sie sich hatten begegnen *müssen* – dass gar kein Weg daran vorbeigeführt hatte, oh zum Glück, zum Glück!

Ihr ganzes Wesen spürte sie von einer neuen Kraft durchzogen, zart wie der Frühling selbst, wie die wachsenden Blattspitzen, die noch gar nicht Wirklichkeit zu sein schienen und es doch mehr waren als alles andere um sie herum! Sie spürte das Wesen von Hoffnung, von Glauben, von Liebe... O ja, die Liebe! Sie war die Essenz dieses neuen Reiches und dieser neuen Kraft, sie durchzog alles, sie war Fluss, Erdboden, Luft und Himmel zugleich, sie war Blut und Atem, sie war Siegel und Versprechen und Weg. Sie war die eigentliche Wahrheit. Und *sie* war das Leben!

Mit einer nicht zu fassenden, überströmenden Liebe dachte sie an ihre Freundin, an Lucie. ‚Es ist die *Liebe*, Lucie', dachte sie, und ihre Augen füllten sich wieder mit Tränen – aber Tränen von etwas Unsagbarem, der Überfülle selbst. ‚Es ist die Liebe... O, wenn doch alle es erkennen würden. Nur das, nur dieses Eine...'

Und wie ein Wasserfall, ein heiliger Strom, ergoss sich diese Liebe *auf* alles. O, wie sehr hatte ihr Geliebter sie ihr selbst neu geschenkt! Sie wusste jetzt so sehr, was sie wollte, was sie tun musste, was dasjenige war, mit dem sie hierhergekommen war. Ja! Sie war damit gekommen, auf die Welt, auf diese wunderbare Erde. Das wusste sie jetzt unendlich sicher.

Und, ja, sie *wollte* dieses Mädchen werden – sie wollte ein *Mädchen* werden, nichts anderes. Und sie würde die Welt mit demjenigen überströmen, was sie jetzt spürte und was sie immer gespürt hatte, aber o, wie sehr war dies bisher nur ein Anfang gewesen, ein schwacher Anfang! Sie würde die Welt mit Liebe überschütten, genau so, wie der Frühling die Welt mit Leben überschüttete, wie die allergrößte Macht und doch so unendlich sanft, wie die Blattspitzen, sanft, aber unwiderstehlich, unabweisbar, die Macht des Regenbogens...

Nein, der Regenbogen zog sich nicht zurück! Er lockte an! Er wich nur, damit man ihm *folgen* würde... Ihre Augen füllten sich erneut mit Tränen. Es war alles so groß, so unendlich groß, so heilig-tief... Und sie würde bei niemandem nachlassen, nicht bei ihren Eltern, ihrer Mutter, nicht bei Lucie, nicht bei diesen anderen Menschen ... die Welt war ihre Aufgabe, die Welt! Diese wunderbare, heilige, so verlassene, aber nie verlassene *Christus*-Welt!

Sie begriff auf einmal so sehr, was Richard mit *Engel* meinte. Alle Menschen waren dazu bestimmt, Engel zu werden – und wurden es nicht. Aber es war das Licht, was ihnen allen voranleuchtete: dieses Engelwerden. Ein Engel zu werden, das war das Seligste, was es gab. Und die Menschen liebten es, wo immer sie es sahen – und gestanden es sich doch nicht ein. Aber sie war *gekommen*, um ein solcher Engel zu sein, und gerade deswegen wollte sie ein Mädchen werden! War das nicht ein wunderbares Geheimnis?

Und war es nicht wunderbar, dass es diesen ewigen Geliebten gab, der das gesehen hatte? Der mehr gesehen hatte als sie selbst – und der es ihr geschenkt hatte, durch *sein* Dasein? Und wie sehr, o wie sehr, war er selbst auch eine Art Engel, auch wenn er es nicht glaubte. Richard ... o ja, er war fürwahr ein wahres Löwenherz – aber so, wie der Löwe im Paradies neben dem Lamm lag, und nicht einem Ur-Paradies allein, sondern auch und gerade in dem künftigen Paradies! Jenem fernen Reich, zu dem sie, sie beide, sie und Richard, allen Menschen den Weg zeigen würden. Nicht durch Worte allein, sondern weil sie selbst ‚Täter des Wortes' sein würden, Helfer des Christus, mit anderen Worten also wiederum nichts anderes als *Engel*...

Sie würde diese Liebe, die sie in sich spürte, verschütten, verregnen, verschenken, wie ein Fluss, der zum Regenbogen wurde, zu Wolken, zu Regen, Regen reinsten Lebens... Und sie würde es auf die Art der *Mädchen* tun. Leidenschaftlich, mit einer Liebe, die so jung und so unschuldig war wie die Blattspitzen... Und ihr ewiger Geliebter würde es auf *seine* Weise tun – so ruhig, so lieb, so gütig, so sanft, wie es nur ein Löwe tun konnte. Ein Löwe, der aus dem Paradies kam und einem neuen Paradies entgegenging...

Die Welt hatte gerade erst begonnen. Und sie begann als ... Legende von Richard und Marja. Und das war das wahre Geheimnis. Und alle Menschen würden folgen. Auch sie würden Legenden schreiben, die Welt würde ein Märchen werden, *wieder* – und das Reich der Liebe würde anbrechen, und die Letzten würden die Ersten sein, und alle würden sich lieben, und überall würden die Löwen neben den Lämmern lagern, und überall würde die Liebe herrschen, denn sie wäre die Luft, die Erde, der Himmel, der Atem, das Leben...

FSC
www.fsc.org
MIX
Papier aus verantwortungsvollen Quellen
Paper from responsible sources
FSC® C105338